Wissenschaftstheorie für Betriebswirtschaftler

Hede Helfrich

Wissenschaftstheorie für Betriebswirtschaftler

2. Auflage

Hede Helfrich
Institut für Pyschologie
Technische Universität Chemnitz
Chemnitz, Deutschland

ISBN 978-3-658-45239-1   ISBN 978-3-658-45240-7 (eBook)
https://doi.org/10.1007/978-3-658-45240-7

Die Deutsche Nationalbibliothek verzeichnet diese Publikation in der Deutschen Nationalbibliografie; detaillierte bibliografische Daten sind im Internet über https://portal.dnb.de abrufbar.

© Der/die Herausgeber bzw. der/die Autor(en), exklusiv lizenziert an Springer Fachmedien Wiesbaden GmbH, ein Teil von Springer Nature 2016, 2024

Das Werk einschließlich aller seiner Teile ist urheberrechtlich geschützt. Jede Verwertung, die nicht ausdrücklich vom Urheberrechtsgesetz zugelassen ist, bedarf der vorherigen Zustimmung des Verlags. Das gilt insbesondere für Vervielfältigungen, Bearbeitungen, Übersetzungen, Mikroverfilmungen und die Einspeicherung und Verarbeitung in elektronischen Systemen.
Die Wiedergabe von allgemein beschreibenden Bezeichnungen, Marken, Unternehmensnamen etc. in diesem Werk bedeutet nicht, dass diese frei durch jede Person benutzt werden dürfen. Die Berechtigung zur Benutzung unterliegt, auch ohne gesonderten Hinweis hierzu, den Regeln des Markenrechts. Die Rechte des/der jeweiligen Zeicheninhaber*in sind zu beachten.
Der Verlag, die Autor*innen und die Herausgeber*innen gehen davon aus, dass die Angaben und Informationen in diesem Werk zum Zeitpunkt der Veröffentlichung vollständig und korrekt sind. Weder der Verlag noch die Autor*innen oder die Herausgeber*innen übernehmen, ausdrücklich oder implizit, Gewähr für den Inhalt des Werkes, etwaige Fehler oder Äußerungen. Der Verlag bleibt im Hinblick auf geografische Zuordnungen und Gebietsbezeichnungen in veröffentlichten Karten und Institutionsadressen neutral.

Planung/Lektorat: Claudia Rosenbaum
Springer Gabler ist ein Imprint der eingetragenen Gesellschaft Springer Fachmedien Wiesbaden GmbH und ist ein Teil von Springer Nature.
Die Anschrift der Gesellschaft ist: Abraham-Lincoln-Str. 46, 65189 Wiesbaden, Germany

Wenn Sie dieses Produkt entsorgen, geben Sie das Papier bitte zum Recycling.

Vorwort zur zweiten Auflage

In allen Angelegenheiten ist es hin und wieder sinnvoll, Dinge mit einem Fragezeichen zu versehen, die wir schon lange für selbstverständlich halten.

Bertrand Russell

Die erste Auflage dieses Buches hat bei der Leserschaft und in der Fachpresse große Resonanz erfahren. Dies zeigt, dass das Interesse an dem, was Wissenschaft ist und was sie für die Praxis leisten kann, von essentieller Bedeutung ist, obwohl die Wissenschaftstheorie in den meisten Curricula der Hochschulen oft nur eine Randstellung einnimmt. Umso mehr habe ich mich sehr gefreut, dass Frau Claudia Rosenbaum als Lektorin des Verlags Springer Gabler angeregt hat, eine zweite Auflage zu erstellen. Dieser Anregung bin ich gerne gefolgt, zumal mich Frau Rosenbaum bereits bei der Erstellung der ersten Auflage in vorbildlicher Weise unterstützt hat.

Die neue Auflage enthält nicht nur alle Stärken der ersten, sondern auch neue Einsichten und Ergänzungen. Das gesamte Manuskript wurde überprüft und – wo erforderlich – wurden Klarstellungen vorgenommen und neuere Literatur einbezogen. An zahlreichen Stellen wurde der Text erweitert, beispielsweise um auch der Künstlichen Intelligenz Rechnung zu tragen. Die Veranschaulichungsbeispiele wurden speziell so umgestaltet, dass sie die gegenwärtigen betrieblichen Gegebenheiten und Herausforderungen widerspiegeln.

Am Ende eines jeden Kapitels wurden Verständnisfragen bzw. – aufgaben eingefügt, die der Selbstkontrolle des Verstehens dienen. Die Musterlösungen befinden sich am Schluss des Buches.

Ergänzt wurde die neue Auflage auch um ein Stichwortverzeichnis, welches es insbesondere den Printbuch-Lesern erleichtern soll, die relevanten Textstellen aufzufinden. Das Glossar wurde dennoch beibehalten, da es in Kurzform wesentliche wissenschaftliche Begriffe erläutert.

Zur Groborientierung für den Leser sei noch einmal auf Abbildung 1 im Vorwort zur ersten Auflage verwiesen, das den Zusammenhang zwischen den einzelnen Kapiteln graphisch veranschaulicht.

Für hilfreiche Kommentare und Anregungen danke ich der gesamten Leserschaft, insbesondere seien Dr. Werner Fassmann, Prof. Dr. Marc Kastner, Prof. Dr. Tobias Krippendorff und André Lindemann erwähnt.

Wie bereits bei der ersten Auflage habe ich auch bei der Erstellung der neuen Auflage die größte Unterstützung von meinem Mann, Prof. Dr. Erich Hölter, erfahren.

Ich hoffe, dass Sie beim Lesen genauso viel Freude und Erkenntnisgewinn erfahren, wie ich es beim Schreiben hatte. Für Anregungen und Kritik bin ich stets dankbar.

Köln Hede Helfrich
Mai 2024

Vorwort zur ersten Auflage

Was will ich? fragt der Verstand.
Worauf kommt es an? fragt die Vernunft.
Was kommt heraus? fragt die Urteilskraft.

Immanuel Kant (1795)

Dieses Buch möchte eine verständliche Einführung in die Wissenschaftstheorie und das wissenschaftliche Arbeiten geben. Es richtet sich in erster Linie an Studierende und Lehrende der Betriebswirtschaftslehre, lässt sich aber auch von anderen an wissenschaftstheoretischen Fragen interessierten Leserinnen und Lesern nutzen.

Im einführenden Kap. 1 wird gefragt, was Wissenschaftstheorie ist und warum die Beschäftigung mit wissenschaftstheoretischen Fragen gerade in der Betriebswirtschaftslehre wichtig ist. Erörtert werden die verschiedenen Bedeutungen von „Wissenschaft" und die Frage, wie sich Wissenschaft vom Alltagswissen unterscheidet. In Kap. 2 wird die Betriebswirtschaftslehre in das etablierte System der Wissenschaften eingeordnet. Es beginnt mit einem kurzen Rückblick auf die Geschichte der relativ jungen Fachdisziplin und zeigt auf, dass diese auch heute noch im Spannungsfeld zwischen Grundlagen- und Anwendungswissenschaft steht. Ausgehend von der Zielsetzung der Betriebswirtschaftslehre als einer Real- oder Erfahrungswissenschaft werden in Kap. 3 deren Aufgaben beschrieben. Kap. 4 zeigt erste Schritte, wie die in Kap. 3 beschriebenen Aufgaben zu bewältigen sind. Beleuchtet werden hier die verschiedenen Formen, wie man zu wissenschaftlichen Erkenntnissen gelangen kann, man nennt dies „wissenschaftliches Schlussfolgern". Das Resultat wissenschaftlichen Schlussfolgerns sind wissenschaftliche Aussagen. Die Art dieser Aussagen und deren Konsequenzen werden in Kap. 5 diskutiert. Kap. 6 und 7 machen deutlich, wie wissenschaftliche Aussagen zu einem Gesamtsystem verknüpft werden, das entweder als „Theorie" oder „Modell" bezeichnet wird. Theorien und Modelle weisen viele Gemeinsamkeiten auf, sie unterscheiden sich aber auch in mancher Hinsicht. In den Wissenschaften lässt sich die Gültigkeit von Theorien und Modelle überprüfen. Verschiedene Wege der Überprüfung werden dargestellt. Obwohl wissenschaftliche Erkenntnis, wie in Kap. 1 dargelegt wurde, objektiv, d. h. intersubjektiv überprüfbar sein muss, sind die Aussagen, Theorien und Modelle nicht unabhängig vom eigenen Standpunkt des Forschers. Dieser Standpunkt manifestiert sich in unterschiedlichen Vorannahmen über die Beschaffenheit der Welt und unterschiedlichen Vorstellungen darüber, welche Erkenntnisprinzipien bevorzugt werden. Daraus ergeben sich unterschiedliche „wissenschaftstheoretische Positionen". Sie sind allesamt durch die wissenschaftliche Tradition geprägt und verändern sich auch im Laufe der Zeit. Die gegenwärtig wichtigsten dieser Positionen und deren Stellenwert innerhalb der Betriebswirtschaftslehre werden in Kap. 8 erläutert. Mit Kap. 9 beginnt der stärker anwendungsorientierte Teil des Buches, der sich methodologischen Fragen des wissenschaftlichen Vorgehens widmet. Beleuchtet werden die in der empirischen Forschung vorwiegend angewandten methodischen Vorgehensweisen. Damit eine Vorgehensweise als wissenschaftlich gelten darf, muss sie bestimmten Anforderungen genügen. Diese als „Gütekriterien" bezeichneten Anforderungen, denen sich alle Vorgehensweisen stellen müssen, werden in Kap. 9 erörtert. Mit speziellen Vorgehensweisen der empirischen Forschung beschäftigen sich die Kap. 10 bis 12. In Kap. 10 werden Forschungsstrategien behandelt. Sie beziehen sich auf die Gesamtplanung einer Untersuchung und betreffen alle Stadien des Forschungsprozesses. Kap. 11 stellt Verfahren der Datenerhebung und Datenaufbereitung dar. Kap. 12 geht in knapper Form auf die Auswertung der Daten ein. Zu bemerken ist, dass das Buch nicht die Absicht hat, ein Lehrbuch der Statistik zu ersetzen, stattdessen wird auf Standardwerke der Statistik verwiesen. Das Buch schließt mit einem Kapitel (Kap. 13) über den idealtypischen Aufbau einer wissenschaftlichen Arbeit in der Betriebswirtschaftslehre. Der Fokus liegt auf Arbeiten zur Erlangung eines wissenschaftlichen Grades, also Bachelor- und Masterarbeiten sowie Dissertationen. Die Prinzipien lassen sich auch auf andere wissenschaftlichen Abhandlungen wie beispielsweise Zeitschriftenaufsätze oder Projektbeschreibungen übertragen, wenngleich hier die speziellen Richtlinien der jeweiligen Publikationsorgane zu berücksichtigen sind. Nicht eingegangen wird auf Techniken zur Literatur- und Materialrecherche, zur formalen Textgestaltung, auf Präsentationstechniken und auf Software-Pakete zur statistischen Auswertung. Hier wird auf spezielle Werke hingewiesen. Abb. 1 zeigt schematisch den Aufbau des Buches.

Das Buch wäre in der vorliegenden Form nicht ohne die Mithilfe vieler anderer Personen zustande gekommen. Zahlreiche Anregungen verdanke ich Gesprächen mit Kollegen aus anderen Universitäten und anderen Disziplinen. Besonders erwähnen möchte ich Prof. Dr. Hans-Peter Helfrich, mit dem ich den Bayes'schen Ansatz diskutieren konnte, und Prof. Dr. Christian Müller, der mir wertvolle Hinweise zur Problematik der Umsetzung kausaler in technologische Aussagen gegeben hat. Die größte Unterstützung habe ich von meinem Mann, Prof. Dr. Erich Hölter, erfahren. Er hat nicht nur die Erstellung und Überarbeitung des Manuskripts in allen Phasen durch kritische Kommentare und konstruktive Verbesserungsvorschläge begleitet und vorangetrieben, sondern ist darüber hinaus auch für die didaktische Gestaltung der Abbildungen verantwortlich.

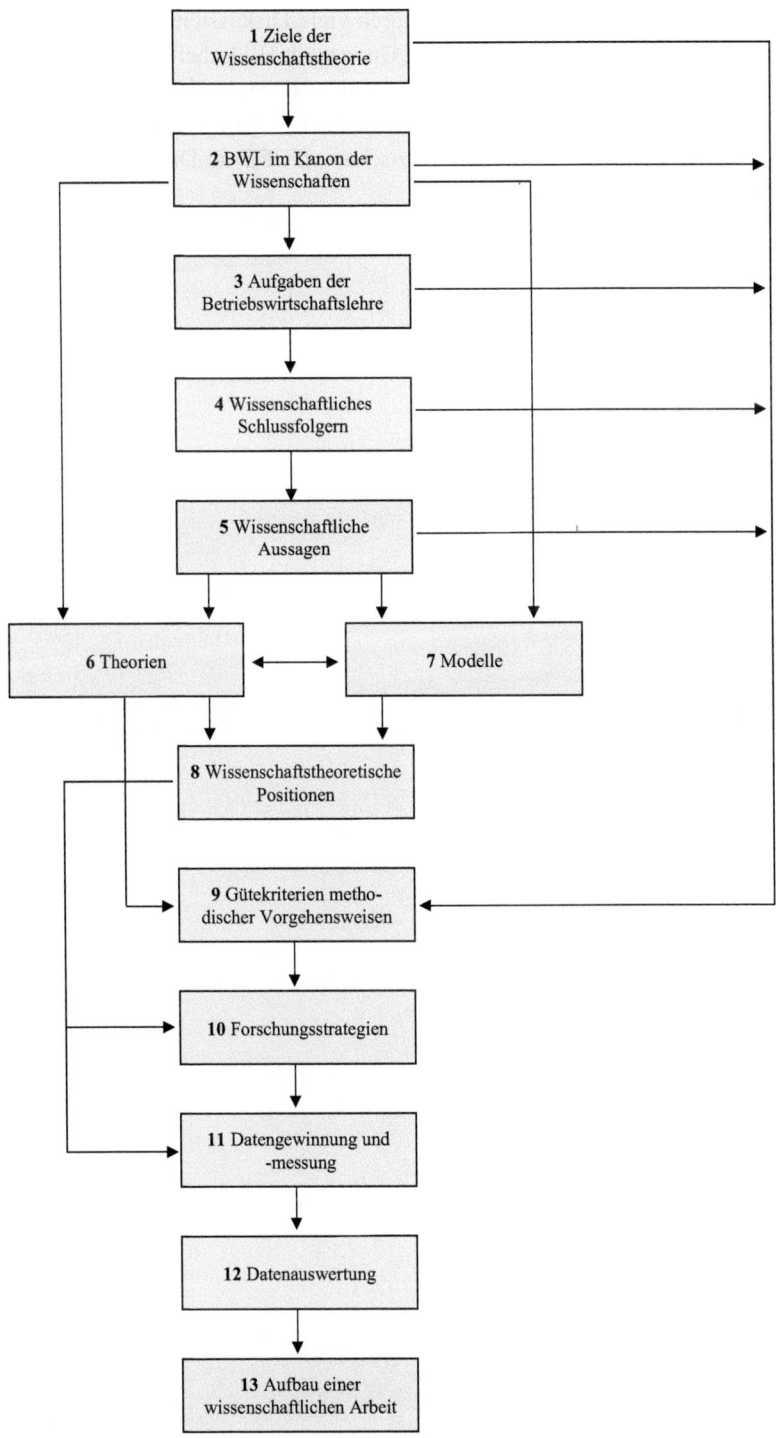

Abb. 1 Aufbau des Buches

Das Buch hat nicht zuletzt aber auch durch viele Diskussionen in und außerhalb von Lehrveranstaltungen mit Studierenden der Universität Hildesheim, der Technischen Universität Chemnitz, der Fachhochschule Köln, der Nishegoroder Staatlichen Universität für Architektur und Bauwesen (NNGASU) in Nizhny Novgorod (Russland) sowie der Dongbei-Universität für Finanzen und Wirtschaft (DUFE) in Dalian (China) gewonnen. Ihnen allen gebührt herzlicher Dank.

Dalian   Hede Helfrich
März 2015

Inhaltsverzeichnis

1	**Gegenstandsbereich der Wissenschaftstheorie**		1
1.1	Ziele der Wissenschaftstheorie		1
1.2	Bedeutung der Wissenschaftstheorie in der Betriebswirtschaftslehre		3
1.3	Wissenschaft als Prozess und Wissenschaft als Ergebnis		4
1.4	Formen der Wissenschaft		5
	1.4.1	Unterschiedliche Gegenstandsbereiche und Methoden	5
	1.4.2	Unterschiedliche Zielsetzungen	6
1.5	Alltagserkenntnis und wissenschaftliche Erkenntnis in den Realwissenschaften		8
1.6	Normen in der Wissenschaft		9
	1.6.1	Notwendigkeit von Normen	9
	1.6.2	Erkenntnisnormen	11
	1.6.3	Handlungsnormen	11
	1.6.4	Ethische Normen	11
	1.6.5	Wertnormen	12
1.7	Fazit		13
Verständnisfragen			13
Literatur			15
2	**Betriebswirtschaftslehre im Kanon der Wissenschaften**		17
2.1	Historischer Rückblick: Geschichtliche Entwicklung der Betriebswirtschaftslehre		17
2.2	Gegenwärtige Stellung der Betriebswirtschaftslehre		19
2.3	Fazit		20
Verständnisfragen			21
Literatur			22

3	**Aufgaben der Betriebswirtschaftslehre als Realwissenschaft**	25
3.1	Erfahrungsobjekt und Erkenntnisobjekt der Betriebswirtschaftslehre	25
3.2	Beschreiben	27
3.3	Erklären	28
3.4	Vorhersagen	30
3.5	Gestalten von Handlungsmaßnahmen	31
3.6	Fazit	31
	Verständnisfragen	32
	Literatur	33
4	**Wissenschaftliches Schlussfolgern**	35
4.1	Gewinnung wissenschaftlicher Aussagen	35
4.2	Induktion	36
4.3	Deduktion	38
4.4	Abduktion	38
4.5	Hermeneutisches Schließen	42
4.6	Fazit	43
	Verständnisfragen	44
	Literatur	45
5	**Wissenschaftliche Aussagen**	47
5.1	Arten wissenschaftlicher Aussagen	47
5.2	Deskriptive Aussagen	50
5.3	Erklärende Aussagen	52
5.4	Vorhersagende Aussagen	53
5.5	Technologische Aussagen	54
	5.5.1 Übertragung von Ursache-Wirkungs-Aussagen auf Mittel-Ziel-Aussagen	54
	5.5.2 Ziel-Mittel-Aussagen ohne Kausalerklärung	57
5.6	Fazit	58
	Verständnisfragen	59
	Literatur	59
6	**Theorien als Aussagensysteme**	61
6.1	Bestandteile einer Theorie	61
6.2	Arten von Theorien	62
6.3	Hypothesen	63
6.4	Entstehung von Theorien	66
6.5	Überprüfung der Gültigkeit von Theorien	67
	6.5.1 Formen der Überprüfung	67
	6.5.2 Verifikation	68
	6.5.3 Falsifikation	68

		6.5.4	Evidenznachweis	70
		6.5.5	Hermeneutische Rekonstruktion	73
	6.6	Verhältnis von Theorie und Empirie		74
	6.7	Bewertung von Theorien		75
	6.8	Fazit		77
	Verständnisfragen			78
	Literatur			79

7 Modelle als vereinfachte Abbildung von Zusammenhängen 81
    7.1   Modelle und Theorien 81
    7.2   Arten von Modellen 82
    7.3   Überprüfung der Gültigkeit von Modellen 87
            7.3.1   Gültigkeitskriterium 87
            7.3.2   Überprüfung inhaltlicher Modelle 87
            7.3.3   Überprüfung formaler Modelle 88
    7.4   Bewertung von Modellen 90
    7.5   Fazit 91
    Verständnisfragen 91
    Literatur 92

8 Wissenschaftstheoretische Positionen 93
    8.1   Allgemeine Leitbilder und spezielle Ausrichtungen 93
    8.2   Realismus 95
    8.3   Empirismus 98
            8.3.1   Klassischer Empirismus 98
            8.3.2   Logischer Empirismus 98
    8.4   Rationalismus 100
            8.4.1   Klassischer Rationalismus 100
            8.4.2   Kritischer Rationalismus 100
            8.4.3   Raffinierter Falsifikationismus 103
    8.5   Systemtheoretischer Ansatz 103
    8.6   Bayesianismus 105
    8.7   Konstruktivismus 106
    8.8   Stellenwert der verschiedenen wissenschaftstheoretischen
            Positionen innerhalb der Betriebswirtschaftslehre 107
    8.9   Fazit 108
    Verständnisfragen 108
    Literatur 110

9 Gütekriterien methodischer Vorgehensweisen 113
    9.1   Notwendigkeit und Art methodischer Gütekriterien 113
    9.2   Objektivität 116
    9.3   Reliabilität 116

9.4 Validität 117
    9.4.1 Ebenen der Validität 117
    9.4.2 Validität als Gütekriterium für Messverfahren 118
    9.4.3 Validität als Gütekriterium für Forschungsstrategien 119
9.5 Fazit 121
Verständnisfragen 121
Literatur 122

10 Forschungsstrategien

10.1 Nomothetische und idiographische Betrachtungsweise 123
10.2 Strategien und Verfahren 126
10.3 Merkmalsbeschreibungen 126
10.4 Zusammenhangsanalysen 131
    10.4.1 Korrelationsanalysen 131
    10.4.2 Faktorenanalyse 136
    10.4.3 Regressionsanalyse 136
    10.4.4 Diskriminanzanalyse 138
    10.4.5 Clusteranalyse 139
    10.4.6 Mehrebenenanalyse 140
    10.4.7 Pfadanalyse 141
10.5 Experimentelles und quasi-experimentelles Vorgehen 142
10.6 Ex-Post-Facto-Versuchsanordnungen 149
10.7 Fallstudien 150
10.8 Simulationsforschung 150
10.9 Zeitreihen-Analysen 153
10.10 Panel-Forschung 154
10.11 Meta-Analysen 154
10.12 Theoretische Analyse 159
10.13 Gestaltung von Handlungsmaßnahmen 159
10.14 Fazit 160
Verständnisfragen 160
Literatur 163

11 Datengewinnung und -messung

11.1 Daten als Grundlage empirischer Forschung 165
11.2 Arten der Datenerhebung 166
    11.2.1 Beobachtung 166
    11.2.2 Befragung 167
    11.2.3 Verhaltensmessung 169
    11.2.4 Nutzung von Sekundärdaten 169
    11.2.5 Generierung fiktiver Daten 170
11.3 Verdichtung von Daten 171

11.4	Skalenbildung	172
11.5	Stichprobenauswahl	175
11.6	Fazit	177

Verständnisfragen 177
Literatur 178

12 Datenauswertung 179
    12.1 Deskriptive Statistik 179
    12.2 Inferenzstatistik 182
    12.3 Fazit 184
    Verständnisfragen 185
    Literatur 185

13 Aufbau einer wissenschaftlichen Arbeit 187
    13.1 Generelle Überlegungen 187
    13.2 Formale Bestandteile einer wissenschaftlichen Arbeit 189
    13.3 Formulierung des Themas 192
    13.4 Gliederung der Arbeit 193
    13.5 Einleitung 194
    13.6 Hauptteil 195
        13.6.1 Generelle inhaltliche Bestandteile 195
        13.6.2 Besonderheiten einer überwiegend literaturgestützten Arbeit 196
        13.6.3 Besonderheiten einer methodischen Arbeit 197
        13.6.4 Besonderheiten einer empirischen Arbeit 198
    13.7 Schlussteil 199
    13.8 Literaturquellen 199
        13.8.1 Literaturangaben im Text 201
        13.8.2 Literaturverzeichnis 203
    13.9 Anhang 204
    13.10 Fazit 204
    Literatur 204

Lösungen zu den Verständnisfragen 205

Glossar 223

Stichwortverzeichnis 233

Gegenstandsbereich der Wissenschaftstheorie

Übersicht

In diesem Kapitel wird gefragt, was Wissenschaftstheorie ist und warum die Beschäftigung mit wissenschaftstheoretischen Fragen in der Betriebswirtschaftslehre wichtig ist. Erörtert werden die verschiedenen Bedeutungen von „Wissenschaft" und die Frage, wie sich Wissenschaft vom Alltagswissen unterscheidet.

1.1 Ziele der Wissenschaftstheorie

Seit jeher versucht der Mensch, Erkenntnisse über sich und die ihn umgebende Welt zu gewinnen. Zu diesen Erkenntnissen führen unterschiedliche Wege: Beobachtungen im Alltag und die daraus gezogenen Schlussfolgerungen, religiöse Offenbarungen, mythische Erzählungen und abstrakte philosophische Überlegungen sind einige Beispiele.

Eine besondere Form der Erkenntnis stellt die wissenschaftliche Erkenntnis dar. Mit ihr beschäftigt sich die Wissenschaftstheorie. Sie hat sich im 19. und 20. Jahrhundert als Teilgebiet der Philosophie aus der allgemeinen **Erkenntnistheorie** (= Epistemologie) heraus entwickelt, deren Ursprünge auf die antike griechische Philosophie (Vorsokratiker sowie Platon und Aristoteles) zurückgehen. Die Wissenschaftstheorie stellt grundsätzliche Überlegungen an, die der wissenschaftlichen Erkenntnis vorausgehen und die diese begleiten. Sie analysiert und reflektiert die Voraussetzungen, Bedingungen, Quellen und Methoden wissenschaftlicher Erkenntnis, die Formen der Wissenschaft, die Arten der Erkenntnisgewinnung und die Kriterien für die Gültigkeit wissenschaftlicher Erkenntnisse. Die Wissenschaftstheorie beinhaltet also ein „Nachdenken" über Wissenschaft und ist daher den fachspezifischen Aussagen einer Wissenschaft übergeordnet, d. h. sie bildet eine so genannte **Meta-Ebene** der Wissenschaft. Ihr Ziel ist, einen Orientierungsrahmen für wissenschaftliche Erkenntnis zu liefern. Dieser Orientierungsrahmen soll gleichzeitig ermöglichen, Probleme und Grenzen wissenschaftlicher Erkenntnis aufzuzeigen, die bestehende Wissenschaftspraxis kritisch zu beleuchten und auf Schwierigkeiten hinzuweisen, die in dieser Praxis auftreten.

Typische Fragen der Wissenschaftstheorie sind:

- Was sind die Aufgaben der Wissenschaft?
- Wie unterscheiden sich wissenschaftliche Aussagen von Alltagsaussagen?
- Wann dürfen Aussagen als wissenschaftlich gelten?
- Welche Wissenschaftstypen gibt es?
- Wie hat sich die Wissenschaft historisch entfaltet?
- Was sind die Gegenstände wissenschaftlicher Erkenntnis?
- Auf welche Weise werden wissenschaftliche Schlussfolgerungen gezogen?
- Welchen Anforderungen müssen die Methoden der Gewinnung wissenschaftlicher Erkenntnisse genügen?
- Wie ordnet man die verschiedenen Einzelaussagen wissenschaftlicher Erkenntnis?
- Was für Wahrheitskriterien gibt es für wissenschaftliche Erkenntnisse?
- Wie verlässlich sind wissenschaftliche Erkenntnisse?
- Gibt es einen wissenschaftlichen Fortschritt?
- Wie ist das Verhältnis zwischen Theorie und Realität?
- Welchen Nutzen haben wissenschaftliche Erkenntnisse für das praktische Handeln?

Nicht alle Antworten auf die aufgeworfenen Fragen fallen gleich aus. Teilweise existieren erhebliche Divergenzen zwischen den verschiedenen Vertretern der Wissenschaftstheorie. Den unterschiedlichen Auffassungen entsprechen unterschiedliche Denkschulen. Diese werden in Kap. 8 (Wissenschaftstheoretische Positionen) diskutiert.

Auch wird die Disziplin der Wissenschaftstheorie nicht einheitlich benannt. Im angloamerikanischen Sprachraum hat sich die Bezeichnung „Philosophy of Science" eingebürgert (Okasha, 2002), im deutschen Sprachraum wird bisweilen von „Wissenschaftsphilosophie" (Carrier, 2006) oder von „Logik der Forschung" (Popper, 1994) gesprochen. In der Betriebswirtschaftslehre ist auch der Terminus „Methodologie" (Schanz, 1988) gebräuchlich. Damit wird das Schwergewicht auf die philosophische Begründung wissenschaftlicher Vorgehensweisen (Chmielewicz, 1994) gelegt und eine Abgrenzung gegenüber der so genannten analytischen Wissenschaftstheorie (z. B. Brinkmann, 1997) vorgenommen, die sich als angewandte Logik versteht (vgl. Töpfer, 2010, S. 110).

1.2 Bedeutung der Wissenschaftstheorie in der Betriebswirtschaftslehre

Die Betriebswirtschaftslehre, die sich – im Gegensatz zur Volkswirtschaftslehre – erst im letzten Jahrhundert zu einer eigenständigen Wissenschaft etabliert hat (siehe Abschn. 2.1), steht bis heute im Spannungsfeld zwischen theoretischen Grundlagen und praktischer Anwendung. Während sich die Volkswirtschaftslehre bemüht, gesamtwirtschaftliches Handeln zu beschreiben und zu erklären, richtet die Betriebswirtschaftslehre ihr Augenmerk vor allem auf die Planung, Organisation und Durchführung einzelwirtschaftlichen Handelns. Obwohl aber anwendungsbezogene Fragestellungen, oft als „technologisch" charakterisiert, eine zentrale Rolle innerhalb der Betriebswirtschaftslehre einnehmen, wird ihrer wissenschaftstheoretischen Reflexion vergleichsweise wenig Beachtung geschenkt (vgl. Kirsch et al., 2007). Der Mangel an Reflexion ist hauptsächlich auf die nach dem Vorbild der Naturwissenschaften entwickelte Annahme zurückzuführen, dass theoretische und technologische Aussagen dieselbe Struktur aufweisen. Man glaubt also, dass sich theoretische Aussagen über Ursache-Wirkungs-Beziehungen direkt in technologische Handlungsanweisungen über Ziel-Mittel-Beziehungen überführen lassen. Im sogenannten Kritischen Rationalismus (vgl. Abschn. 8.4.2) wird diese Umsetzung theoretischer in technologische Aussagen als „tautologische Transformation" (Albert, 1960, S. 213) bezeichnet. „Tautologisch" ist hier im Sinne von „voll und ganz" zu verstehen, d. h. dass keine weiteren Informationen erforderlich sind, um die Transformation durchzuführen.

Im Widerspruch zur Annahme der tautologischen Transformation liefert die betriebswirtschaftliche Realität zahllose Beispiele dafür, dass theoretische Aussagen sich häufig gerade nicht in praktische Handlungsanweisungen umsetzen lassen und dass umgekehrt manche in der betrieblichen Praxis erfolgreiche Techniken sich nicht durch eine Theorie untermauern lassen. Die Übertragung einer theoretischen Aussage auf den Einzelfall wird häufig dadurch erschwert, dass zusätzliche Randbedingungen vorliegen, die in der Theorie keine Berücksichtigung finden. Und erfolgreiche Techniken werden häufig durch Intuition erfunden, ohne dass auf in der Realität vorfindbare Gesetzmäßigkeiten zurückgegriffen wird.

Die vielen Beispiele für das Auseinanderklaffen zwischen Theorie und Praxis bringen die Annahme ins Wanken, dass es einen direkten Weg von der Theorie zur Anwendung gibt. Eher gleicht in der Betriebswirtschaftslehre das Verhältnis zwischen Theorie und Anwendung einem Wechselspiel, dessen Richtung und Verlauf nicht eindeutig vorgegeben sind. Die Aufgabe der Wissenschaftstheorie in der Betriebswirtschaftslehre ist damit vorrangig darin zu sehen, dass dem Wechselspiel zwischen Theorie und Praxis Rechnung getragen wird.

1.3 Wissenschaft als Prozess und Wissenschaft als Ergebnis

Der Terminus „Wissenschaft" hat unterschiedliche Bedeutungen. Er bezieht sich sowohl auf das wissenschaftliche Arbeiten als Tätigkeit als auch auf das Produkt wissenschaftlicher Tätigkeit. Vereinfachend lässt sich damit eine Einteilung in „Wissenschaft als Prozess" und „Wissenschaft als Ergebnis" vornehmen. Tab. 1.1 zeigt die verschiedenen Bedeutungen im Überblick.

Wissenschaft als Prozess kann sowohl aus der Kurzzeit-Perspektive als auch aus Langzeit-Perspektive betrachtet werden. Im Fokus der Kurzzeit-Perspektive steht die individuelle Entwicklung in Form der Gewinnung und Überprüfung wissenschaftlicher Erkenntnisse, oft auch „Forschung" genannt. Sie wird von Personen ausgeführt, die häufig als „Wissenschaftler" oder „Forscher" bezeichnet werden und oft als „Experten" innerhalb eines Wissenschaftsbereichs gelten. Aber auch Laien oder wissenschaftliche Außenseiter können an diesem Prozess beteiligt sein, ebenso auch Studierende, die im Laufe ihres Studiums und beim Verfassen ihrer Examensarbeit in diesen Prozess involviert sind. Im Fokus der Langzeit-Perspektive steht die Entwicklung wissenschaftlicher Traditionen und wissenschaftlichen Fortschritts. Sie ist als historisch-kultureller Prozess zu betrachten, innerhalb dessen bestimmte Strömungen sich entwickeln, verfestigen oder auch wieder verschwinden.

Auch Wissenschaft als Ergebnis kann sowohl aus der Kurzzeit- als auch aus der Langzeit-Perspektive betrachtet werden. Im Fokus der Kurzzeit-Perspektive steht das individuelle Ergebnis des wissenschaftlichen Arbeitens beispielsweise in Form von wissenschaftlichen Aufsätzen oder Examensarbeiten. Im Fokus der Langzeit-Perspektive stehen zunächst wissenschaftliche Systeme. Sie können die Lehrgebäude, etablierte Formen der Einteilung der einzelnen Wissenschaften („Kanons"), etablierte Wissenschaftsdisziplinen, wissenschaftliche Leitbilder („Paradigmen"), wissenschaftliche

Tab. 1.1 Unterschiedliche Bedeutungen von „Wissenschaft"

	Prozess	Ergebnis
Kurzzeit-Perspektive	Individuelle Gewinnung und Überprüfung wissenschaftlicher Erkenntnisse	Wissenschaftliche Ergebnisse z. B. in Form wissenschaftlicher Aufsätze und Examensarbeiten
Langzeit-Perspektive	Historisch-kulturelle Entwicklung wissenschaftlicher Traditionen und wissenschaftlichen Fortschritts	Kanon der Wissenschaften, wissenschaftliche Disziplinen wie z. B. Betriebswirtschaftslehre, wissenschaftliche Leitbilder („Paradigmen"), wissenschaftliche Beurteilungskriterien, wissenschaftliche Institutionen wie z. B. Hochschulen oder Forschungsinstitute

Beurteilungskriterien sowie unterschiedliche wissenschaftliche und wissenschaftstheoretische Positionen beinhalten. Wissenschaft als Ergebnis umfasst darüber hinaus wissenschaftliche Institutionen wie beispielsweise Hochschulen, Forschungsinstitute oder staatliche Institutionen wie etwa die „Deutsche Forschungsgemeinschaft" (DFG).

1.4 Formen der Wissenschaft

1.4.1 Unterschiedliche Gegenstandsbereiche und Methoden

Es gibt unterschiedliche Formen von Wissenschaft. Die einzelnen Wissenschaften, auch als „Disziplinen" bezeichnet, unterscheiden sich hinsichtlich ihres Gegenstandsbereiches, ihrer Methodologie und ihrer Zielsetzung. Betrachtet man den Gegenstandsbereich, so lassen sich zunächst Formalwissenschaften von Realwissenschaften unterscheiden.

Formalwissenschaften untersuchen Strukturen unabhängig und losgelöst von der Realität. Sie widmen sich der Analyse von formalen Systemen, man nennt sie daher auch „analytische Wissenschaften". Typische Beispiele formaler Wissenschaften sind Logik und Mathematik. Die Logik untersucht Argumentationsstrukturen. Die Mathematik analysiert formale Aussagensysteme, die jeweils durch ein bestimmtes Kalkül definiert sind.

Realwissenschaften haben die Beschaffenheit der realen Welt zum Gegenstand. Die notwendige Bedingung zur Gewinnung von Aussagen über die reale Welt ist Erfahrung, daher nennt man die Realwissenschaften auch „Erfahrungswissenschaften" oder „empirische Wissenschaften". Bei der Formulierung ihrer Aussagen benutzen die Realwissenschaften häufig Prinzipien oder Methoden, die in den Formalwissenschaften entwickelt wurden. Beispiele sind das Prinzip der Widerspruchsfreiheit und die mathematische Statistik.

Innerhalb der Realwissenschaften wird häufig eine Unterscheidung zwischen Naturwissenschaften und Geisteswissenschaften getroffen. Unterscheidungskriterium sind sowohl der Gegenstandsbereich als auch die Methodik.

Die **Naturwissenschaften** widmen sich der Erforschung der unbelebten und belebten Materie. Sie beobachten, messen und analysieren die Zustände und Veränderungen der Natur mit dem Ziel, allgemeine Gesetzmäßigkeiten zu entdecken. Typische Beispiele sind Physik, Chemie und Biologie.

Der Gegenstandsbereich der **Kulturwissenschaften** umfasst alle **sozialen** und **kulturellen** Gegebenheiten. Die traditionelle Bezeichnung der Kulturwissenschaften als „Geisteswissenschaften" folgt dabei der Einteilung der gesamten Welt der Erscheinungen in „materielle" und „geistige" Phänomene. Da aber heutzutage der Begriff „Geist" umstritten ist, spricht man eher von „Kulturwissenschaften". Der Begriff „Kultur" umfasst hierbei alles, was von Menschen gemacht oder wesentlich beeinflusst ist. Neben den traditionellen geisteswissenschaftlichen Disziplinen wie Geschichte, Sprachen und Literatur umfassen die Kulturwissenschaften auch die **Sozialwissenschaften** und die **Wirtschaftswissenschaften.** Letztere teilen sich in die Volkswirtschaftslehre (VWL) und die Betriebswirtschaftslehre (BWL) auf.

Hinsichtlich der zu verwendenden Methodik herrscht keinesfalls Einigkeit innerhalb der Kulturwissenschaften. In den Sozial- und den Wirtschaftswissenschaften lassen sich zwei Richtungen unterscheiden. Die eine versucht, beobachtete Gegebenheiten mithilfe typisch naturwissenschaftlicher („quantitativer") Methoden durch Ursachen zu **erklären**. Die andere Richtung versucht, mithilfe „qualitativer" Methoden den Sinn von und die Gründe für kulturelle Phänomene zu **verstehen** (siehe Abschn. 10.1). Die beiden Ansätze schließen sich allerdings nicht gegenseitig aus, sondern können sich ergänzen.

Aus dem bisher Gesagten lässt sich die in Abb. 1.1 aufgeführte Einteilung der Wissenschaften ableiten.

1.4.2 Unterschiedliche Zielsetzungen

Hinsichtlich der Zielsetzung der einzelnen Wissenschaften lässt sich zunächst eine Unterscheidung zwischen Grundlagenwissenschaften und Anwendungswissenschaften treffen.

Beide Orientierungen schließen sich nicht gegenseitig aus, doch richtet sich das Hauptinteresse der **Grundlagenwissenschaften** stärker auf theoretische Zusammenhänge und Erklärungen, während die **Anwendungswissenschaften** ihre Forschungen stärker an den Bedürfnissen der Praxis ausrichten. So unterscheidet man beispielsweise in der Physik zwischen „Theoretischer Physik" und „Angewandter Physik".

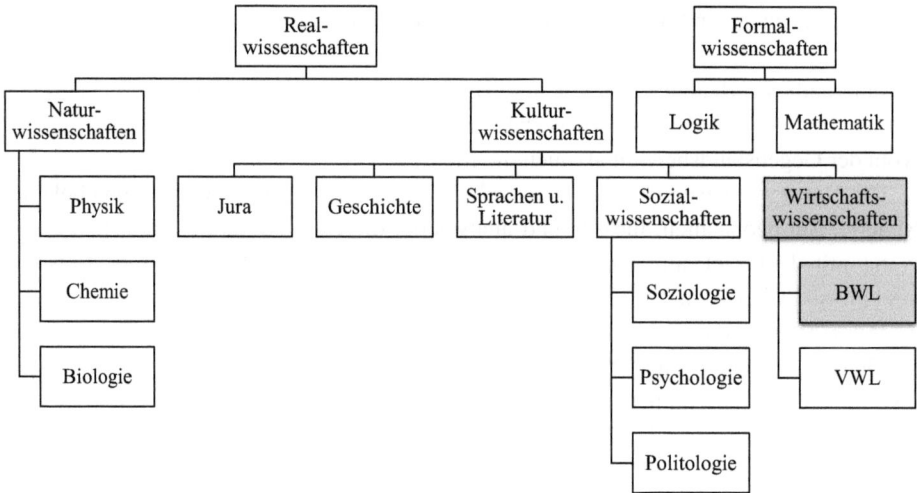

Abb. 1.1 Formen der Wissenschaft. Modifiziert nach Jung (2016), S. 23

Idealerweise müssten sich die Anwendungswissenschaften der Umsetzung der Erkenntnisse der Grundlagenwissenschaften in praktisches Handeln widmen, doch spiegelt dies nicht die Realität der Forschung wider. Oft erwachsen aus der Praxis Fragestellungen, für die es noch keine oder nur unzureichende theoretische Grundlagen gibt, die aber der Grundlagenwissenschaft als Anregung zur Theoriebildung dienen können. Umgekehrt gibt es Erkenntnisse, die theoriegeleitet gewonnen wurden, von denen aber nicht oder nur unzureichend bekannt ist, wie sie praktisch umgesetzt werden sollten.

Grundlagenwissenschaften und Anwendungswissenschaften unterscheiden sich auch hinsichtlich ihres Gültigkeitsanspruchs. Grundlagenwissenschaften streben nach einem möglichst genauen Modell der Realität, während Anwendungswissenschaften sich damit begnügen, dass das Modell in der Praxis „funktioniert". Ein Beispiel wäre die Aussage „Niedrigere Preise erhöhen den Absatz". Unter grundlagenwissenschaftlicher Betrachtung wäre dieser Satz nicht haltbar, da der Absatz auch noch von anderen Faktoren beeinflusst wird und in manchen Fällen – z. B. erhöhtes Qualitätsbewusstsein oder Prestigedenken – sogar falsch ist. Bezogen auf praktische Erfordernisse ist es aber möglich, dass die Aussage sinnvoll ist, da sie in den meisten Fällen den Verkaufserfolg für ein Produkt vorhersagt.

Hinsichtlich der Methodik besteht kein grundsätzlicher Unterschied zwischen Grundlagen- und Anwendungswissenschaften, allerdings lassen sich manche methodischen Vorgehensweisen (z. B. das experimentelle Vorgehen) bei praxisorientierten Problemen nur unzureichend umsetzen.

Als Sonderfall der Anwendungswissenschaften gelten die **Handlungswissenschaften** oder pragmatischen Wissenschaften. Ihre Zielsetzung ist die Ableitung von Handlungsentscheidungen in konkreten Situationen. Charakteristisch für solche Entscheidungen ist zweierlei. Zum einen müssen sie in der Regel unter Unsicherheit getroffen werden, da nicht alles notwendige Wissen vorhanden ist, um eine adäquate Entscheidung zu treffen. Zum anderen sind außerhalb der Wissenschaft liegende Normen zu beachten. Solche Normen können beispielsweise gesetzlich vorgegeben sein oder auf allgemeinen ethischen Prinzipien beruhen. Typische Beispiele für Handlungswissenschaften sind Rechtsprechung und Medizin. Tab. 1.2 versucht die Prinzipien von Grundlagenwissenschaften, Anwendungswissenschaften und Handlungswissenschaften zu verdeutlichen.

Die Betriebswirtschaftslehre versteht sich in erster Linie als eine Anwendungswissenschaft mit dem Schwergewicht auf der Handlungsorientierung. Die Notwendigkeit der Grundlagenorientierung wird nicht einheitlich beurteilt. Teilweise gilt Grundlagenforschung als notwendige Voraussetzung für die Ableitung von Handlungsempfehlungen, teilweise wird sie als nachrangig oder sogar als verzichtbar betrachtet.

Tab. 1.2 Grundlagen-, Anwendungs- und Handlungswissenschaften

Grundlagenwissenschaften	Anwendungswissenschaften	Handlungswissenschaften
Fokus auf theoretische Zusammenhänge	Fokus auf Bedürfnisse der Praxis	Fokus auf konkrete Handlungsentscheidungen
Problemstellung frei wählbar	Problemstellung durch die Praxis vorgegeben	Problemstellung bezieht sich auf konkrete Entscheidungssituationen
Abstraktion vom Einzelfall (Generalisierung)	Abstraktion und Konkretisierung	Konkretisierung für den Einzelfall (Individualisierung)
Genauigkeit der Abbildung der Realität als Kriterium für die Güte einer Theorie	Funktionieren in der Praxis als Kriterium für die Güte einer Theorie	Anwendbarkeit auf den Einzelfall als Kriterium für die Güte einer Theorie
Ausschließliche Berücksichtigung innerwissenschaftlicher Normen („Erkenntnisnormen")	Berücksichtigung von Handlungserfordernissen („Handlungsnormen")	Berücksichtigung von sozialen, politischen und ethischen Normen sowie von „Wertnormen"

1.5 Alltagserkenntnis und wissenschaftliche Erkenntnis in den Realwissenschaften

Im Alltag werden ähnliche Fragen wie in der Wissenschaft gestellt. Dies gilt insbesondere für die Realwissenschaften. Beispiele für Alltagsfragen aus der betrieblichen Praxis sind: „Führen Gehaltserhöhungen zu besseren Arbeitsleistungen?", „Verkaufen sich Produkte besser durch aufreizende Werbeanzeigen?" und „Lohnt sich die Investition in neue Maschinen?" Die Antworten auf solche Fragen sollen Aussagen bereitstellen, die Erklärungen für beobachtbare Gegebenheiten liefern und aus denen sich Folgerungen zur Verbesserung des praktischen Handelns ableiten lassen. So stellt man vielleicht fest, dass Beschäftigte mit relativ hohem Gehalt mehr leisten als solche mit weniger Gehalt. Außerdem beobachtet man möglicherweise, dass in einer Abteilung nach einer Gehaltserhöhung mehr gearbeitet wird als vorher. Daraus leitet man eventuell die Folgerung ab, dass die Gehälter erhöht werden müssen, um den betrieblichen Erfolg zu erhöhen.

Trotz ähnlicher Fragen unterscheidet sich die wissenschaftliche Erkenntnis von der Alltagserkenntnis sowohl hinsichtlich ihrer Herangehensweisen als auch hinsichtlich der Art ihrer Antworten auf die gestellten Fragen. Die Unterschiede bestehen vor allem

- in den Regeln und Methoden der Aussagengewinnung,
- in der Formulierung der gewonnenen Aussagen,
- in der Überprüfbarkeit der Aussagen
- in der Reichweite der Aussagen.

Im Unterschied zur Alltagserkenntnis erfolgt die wissenschaftliche Herangehensweise systematisch unter Anwendung bestimmter Regeln und definierter Methoden. Diese Regeln und Methoden dürfen nicht nur die eigene („subjektive") Sichtweise widerspiegeln, sondern müssen von anderen Forschern („intersubjektiv" oder „objektiv") nachvollziehbar sein. Die Anwendung der Regeln und Methoden muss so dokumentiert werden, dass sie wiederholt werden kann.

Die als Ergebnis gewonnenen Aussagen müssen so formuliert werden, dass sie in sich widerspruchsfrei sind, d. h. unterschiedliche Aussagen zum selben Gegenstandsbereich müssen logisch konsistent sein. Ferner müssen die Aussagen so formuliert werden, dass sie prinzipiell widerlegbar sind. Dies impliziert, dass es zu jeder Aussage eine alternative Aussage oder „Gegenaussage" geben muss, die zu der getroffenen Aussage in Widerspruch steht. Beispielsweise kann die Gegenaussage zur Aussage „Gehaltserhöhungen führen zu besseren Arbeitsleistungen" heißen: „Gehaltserhöhungen führen nicht zu besseren Arbeitsleistungen."

Im Unterschied zu bloßen Meinungen müssen wissenschaftliche Aussagen einer Überprüfung standhalten. Diese soll den Nachweis der Gültigkeit erbringen. Kriterium für die Gültigkeit kann entweder die Übereinstimmung mit der Realität („Wahrheit") oder die Zweckmäßigkeit für praktisches Handeln in der Realität („Tauglichkeit") sein. Die Überprüfung kann dazu führen, dass die gewonnenen Aussagen infrage gestellt oder sogar verworfen werden.

Wissenschaftlich gewonnene Aussagen sind nicht uneingeschränkt gültig, sondern haben eine begrenzte Reichweite. Dies gilt in doppelter Hinsicht: Erstens treffen die Aussagen nicht immer zu, sondern haben den Charakter von Wahrscheinlichkeitsaussagen. Zweitens haben sie einen eingeschränkten Geltungsbereich: Sie treffen nur auf bestimmte Ausschnitte der Realität zu, z. B. auf bestimmte Personenkreise, Situationen oder sonstige Gegebenheiten.

Tab. 1.3 gibt einen Überblick über die wichtigsten Unterschiede zwischen Alltagserkenntnis und wissenschaftlicher Erkenntnis in den Realwissenschaften.

1.6 Normen in der Wissenschaft

1.6.1 Notwendigkeit von Normen

Bei der Beurteilung der Angemessenheit wissenschaftlicher Aussagen müssen notwendigerweise Urteile gefällt werden, die auf Entscheidungen beruhen. Diese Urteile müssen bestimmten Vorschriften oder Soll-Vorgaben (= **Präskriptionen**) entsprechen. Man spricht hierbei von „Normen". Vier Arten von Normen (vgl. Tab. 1.4) lassen sich unterscheiden: Erkenntnisnormen, Handlungsnormen, ethische Normen und Wertnormen. Während Erkenntnis- und Handlungsnormen wissenschaftlich begründet werden können, lassen sich ethische Normen und Wertnormen nicht wissenschaftlich ableiten. Somit lassen sich **innerwissenschaftliche** von **außerwissenschaftlichen** Normen abgrenzen.

Tab. 1.3 Gegenüberstellung von Alltagserkenntnis und wissenschaftlicher Erkenntnis in den Realwissenschaften

Alltagserkenntnis	Wissenschaftliche Erkenntnis
Erkenntnis erfolgt durch Verallgemeinerung einzelner Erfahrungen sowie Überlegungen, die sich auf den „gesunden Menschenverstand" stützen	Erkenntnis erfolgt *systematisch* unter Anwendung bestimmter Regeln und Methoden
Die Aussagen sind *vage* formuliert und *schwer* widerlegbar	Zusammengehörige Aussagen sind in sich *widerspruchsfrei*, und die einzelnen Aussagen sind prinzipiell *widerlegbar*
Die Art und Weise, wie die Aussagen gewonnen werden, ist *subjektiv*	Die Art und Weise, wie die Aussagen gewonnen werden, ist intersubjektiv nachvollziehbar *(objektiv)*
Die gewonnenen Aussagen sind *kaum* an der Realität *überprüfbar*	Die gewonnenen Aussagen sind hinsichtlich ihrer Gültigkeit an der Realität *überprüfbar*. Sie können durch neue Erkenntnisse infrage gestellt werden
Einmalige und zufällige Ereignisse werden von „einmal" auf „*immer*" verallgemeinert	Die gewonnenen Aussagen sind *Wahrscheinlichkeitsaussagen*
Einmalige und zufällige Ereignisse werden von „einer" auf „*alle*" verallgemeinert	Der *Geltungsbereich* der Aussagen wird angegeben. Die Aussagen treffen auf die angegebenen Personenkreise und Situationen zu

Tab. 1.4 Normen in der Wissenschaft

Art	Beschreibung	Ziel	Bezug zur Wissenschaft	Beispiel
Erkenntnisnormen	Methodologische Vorgaben	Intersubjektive Überprüfbarkeit	Innerwissenschaftlich	Methodische Gütekriterien
Handlungsnormen	Anleitung zu zweckgerichtetem Handeln	Optimierung betriebswirtschaftlichen Handelns	Innerwissenschaftlich	Präskriptive Entscheidungslehre
Ethische Normen	Allgemeine sittliche Wertmaßstäbe	Ethisches Handeln	Außerwissenschaftlich	Allgemeine Menschenrechte
Wertnormen	Betriebswirtschaftliche Wertvorstellungen	Optimierung betriebswirtschaftlichen Handelns unter ethischen Vorgaben	Außerwissenschaftlich	Alle Anspruchsgruppen haben gleiche Partizipationsrechte (Stakeholder-Orientierung)

1.6.2 Erkenntnisnormen

Die Erkenntnisnormen sind innerwissenschaftliche Normen, sie entsprechen den methodologischen Vorgaben wissenschaftlicher Erkenntnis. Die Art dieser Normen hängt zwar in starkem Maße von der wissenschaftstheoretischen Position (siehe Kap. 8) ab, es gibt aber auch generell geteilte Prinzipien. Eine von nahezu allen Forschern in den Erfahrungswissenschaften übereinstimmend vertretene Erkenntnisnorm ist die Forderung nach der **intersubjektiven Überprüfbarkeit** der wissenschaftlichen Aussagen. Die Gütekriterien methodischen Vorgehens, wie sie in Kap. 9 ausgeführt werden, liefern dafür ein Beispiel.

Die intersubjektive Überprüfbarkeit hängt jedoch nicht nur von der Einhaltung der Erkenntnisnormen ab, sie kann auch durch die Verletzung ethischer Normen gefährdet sein. Sie ist dann nicht gewährleistet, wenn ein Forscher bei einer empirischen Studie die von ihm erhobenen Daten manipuliert. Eine solche Datenmanipulation ist aber nicht nur eine Verletzung von Erkenntnisnormen, sondern als Täuschung beinhaltet sie zugleich eine Verletzung ethischer Normen.

1.6.3 Handlungsnormen

Handlungsnormen entsprechen Anleitungen zu zweckgerichtetem Handeln, die sich aus empirischen Befunden und/oder wissenschaftlichen Theorien ableiten lassen. Sie beziehen sich also auf den Weg, auf dem ein bestimmtes Ziel erreicht werden kann. Prototypisches Beispiel hierfür ist die präskriptive (d. h. *vor*schreibende) Entscheidungslehre. Während die deskriptive (d. h. beschreibende) Entscheidungsforschung untersucht, auf welche Weise Menschen tatsächlich Entscheidungen treffen und welche Fehler sie dabei machen, versucht die präskriptive (d. h. vorschreibende) Entscheidungslehre Regeln zur Optimierung von Entscheidungen zu formulieren. Die Entscheidungen sollen dem Prinzip der Rationalität folgen. Grundlage ist die aus der klassischen Nationalökonomie übernommene Vorstellung des homo oeconomicus (vgl. Wöhe et al., 2023, S. 6, und Abschn. 2.1). Beispiele für präskriptive Regeln sind Regeln zur Optimierung von Risikoabschätzungen (vgl. Bamberg et al., 2022, S. 39 ff.) sowie die MAU-Regel (*multi-attribute utility*-Regel), die bei Entscheidungen im Bereich der Personalauswahl eingesetzt wird (vgl. Jungermann et al., 2005, S. 124).

1.6.4 Ethische Normen

Ethische Normen können zwar einer wissenschaftlichen Analyse unterzogen werden (beispielsweise indem sie auf logische Widersprüche hin geprüft werden), aber sie lassen sich nicht wissenschaftlich begründen. Sie entsprechen allgemeinen sittlichen Wertmaßstäben und sind im Idealfall universell gültig. Ein Beispiel sind die allgemeinen

Menschenrechte, wie sie in der Charta der Vereinten Nationen formuliert wurden. Für alle Wissenschaften sind die ethischen Normen von Bedeutung, sie erfahren aber spezifische Ausprägungen in den einzelnen Wissenschaften.

Ethische Normen betreffen sowohl das individuelle wissenschaftliche Arbeiten eines Wissenschaftlers als auch die Behandlung aller am Prozess wissenschaftlicher Erkenntnis beteiligten Personen. Prototypisch für das individuelle wissenschaftliche Arbeiten ist das Verbot des Plagiats, d. h. die Übernahme fremden Gedankengutes ohne dies zu kennzeichnen. Was die Behandlung anderer am Forschungsprozess beteiligten Personen angeht, so ist bei Versuchen mit Menschen zu fordern, dass die Persönlichkeitsrechte der Betroffenen gewahrt werden. An wissenschaftlichen Einrichtungen wie beispielsweise Hochschulen gibt es dafür in der Regel so genannte Ethik-Kommissionen, deren Aufgabe drin besteht, die Einhaltung ethischer Prinzipien bei geplanten oder laufenden Forschungsprojekten zu überprüfen. Generelle Empfehlungen zur „Sicherung guter wissenschaftlicher Praxis" hat die Deutsche Forschungsgemeinschaft (DFG) vorgelegt (Deutsche Forschungsgemeinschaft, 2013).

Ethische Normen beziehen sich nicht nur auf das wissenschaftliche Arbeiten, sondern auch auf das zweckgerichtete Handeln. Mit ethischen Normen beim wirtschaftlichen Handeln beschäftigt sich vor allem die Disziplin der **Wirtschaftsethik.** In dieser Disziplin werden (aus außerwissenschaftlichen Überlegungen heraus) ethische Normen formuliert, die als Grundlage für die Umsetzung in Handlungsnormen bilden. Außerdem werden empirische Untersuchungen darüber angestellt, inwieweit im realen Wirtschaftsgeschehen diesen Normen Folge geleistet wird.

1.6.5 Wertnormen

Während ethische Normen universelle Prinzipien beinhalten, gibt es in der betriebswirtschaftlichen Praxis auch spezielle Normen. Diese Normen, die man als „Wertnormen" bezeichnen kann, entsprechen spezifischen Wertvorstellungen, die häufig bestimmten kulturellen und historischen Bedingungen unterworfen sind. Ein Beispiel für solche Wertnormen wäre die Ausrichtung unternehmerischen Handelns am so genannten **Stakeholder-Ansatz.** Im Unterschied zum sogenannten **Shareholder-Ansatz,** der sich an den Ansprüchen der Eigentümer orientiert, geht der Stakeholder-Ansatz von der Wertvorstellung aus, dass die Ansprüche aller am Unternehmen beteiligten Personen und Institutionen beim wirtschaftlichen Handeln berücksichtigt werden sollen (vgl. Wöhe et al., 2023, S. 7). Ein anderes Beispiel für eine ethische Norm in der betriebswirtschaftlichen Praxis wäre die Forderung nach Lohngerechtigkeit. Ist eine solche Vorgabe (aus außerwissenschaftlichen Gründen) getroffen, können nachfolgend daraus Handlungsnormen entwickelt werden, die dann ihrerseits wissenschaftlich begründet werden können.

1.7 Fazit

Die Wissenschaftstheorie beschäftigt sich mit den Zielen und Aufgaben einer Wissenschaft, mit der Art der in einer Wissenschaft getroffenen Aussagen und mit den grundlegenden Verfahrensweisen, den sogenannten Methoden. Damit bildet sie eine den einzelnen Wissenschaften übergeordnete sogenannte Meta-Ebene der Wissenschaft. Von dieser Meta-Ebene aus liefert sie einen Orientierungsrahmen für wissenschaftliche Erkenntnis, der gleichzeitig dazu dient, die gängige Wissenschaftspraxis kritisch zu beleuchten.

Besondere Bedeutung gewinnt die Wissenschaftstheorie in der Betriebswirtschaftslehre, die sich in erster Linie als eine angewandte Wissenschaft im Bereich der Realwissenschaften mit dem Schwerpunkt auf der Handlungsorientierung versteht.

Verständnisfragen

1. Was gehört zu den Aufgaben der Wissenschaftstheorie?
   Bitte kreuzen Sie *alle* der folgenden Aussagen an, die Sie für zutreffend halten.
   (a) Die Wissenschaftstheorie beinhaltet eine Reflexion über Wissenschaft und ist daher den fachspezifischen Aussagen einer einzelnen Wissenschaftsdisziplin übergeordnet.
   (b) Die Wissenschaftstheorie liefert einen Orientierungsrahmen für wissenschaftliche Erkenntnisse.
   (c) Die Wissenschaftstheorie zeigt einen direkten Weg auf, wie sich theoretische Erkenntnisse in praktisches Handeln umsetzen lassen.
   (d) Die Wissenschaftstheorie zeigt Probleme und Grenzen wissenschaftlicher Erkenntnis auf.
2. Was sind die wichtigsten Unterschiede zwischen Alltagserkenntnis und wissenschaftlicher Erkenntnis in den Realwissenschaften? Bitte kreuzen Sie *alle* der folgenden Aussagen an, die Sie für zutreffend halten.
   (a) Wissenschaftliche Aussagen in den Realwissenschaften sind unter Anwendung systematischer, objektiv nachvollziehbarer und wiederholbarer Methoden an der Realität überprüfbar, während Alltagserkenntnisse sich auf den gesunden Menschenverstand, einzelne Beobachtungen und daraus abgeleiteten Verallgemeinerungen stützen.
   (b) Im Alltag werden grundsätzlich andere Fragen als in der Wissenschaft gestellt.
   (c) Im Alltag werden einmalige und zufällige Ereignisse auf „immer" verallgemeinert, während bei den Erkenntnissen der Realwissenschaften nur Wahrscheinlichkeitsaussagen getroffen werden.

(d) Alltagsaussagen sind schwer widerlegbar, während realwissenschaftliche Aussagen prinzipiell widerlegbar sind.
  (e) Alltagsaussagen sind handlungsorientiert, während wissenschaftliche Aussagen die Handlungsorientierung völlig ausschließen.
3. Hinsichtlich der Zielsetzung wissenschaftlichen Vorgehens lassen sich Grundlagenwissenschaften, Anwendungswissenschaften und Handlungswissenschaften unterscheiden. Welche Aussagen kennzeichnen deren Prinzipien? Bitte kreuzen Sie *alle* der folgenden Aussagen an, die Sie für zutreffend halten.
  (a) Realwissenschaften sind immer Grundlagenwissenschaften.
  (b) Erkenntnisse einer Grundlagenwissenschaft lassen sich prinzipiell nicht auf die Praxis übertragen.
  (c) Kriterium für die Güte einer Theorie ist in den Grundlagenwissenschaften die Übereinstimmung mit der Realität, während in den Anwendungswissenschaften die Tauglichkeit in der Praxis entscheidend ist.
  (d) Grundlagenwissenschaften abstrahieren vom Einzelfall, während Handlungswissenschaften ihre Erkenntnisse auf den Einzelfall konkretisieren.
  (e) Die Betriebswirtschaftslehre versteht sich in erster Linie als eine Anwendungswissenschaft mit dem Schwergewicht auf der Handlungsorientierung.
  (f) Anwendungswissenschaftliche Erkenntnisse setzen immer grundlagenwissenschaftliche Erkenntnisse voraus.
4. Hinsichtlich des Gegenstandsbereichs von Wissenschaften lassen sich Realwissenschaften von Formalwissenschaften unterscheiden. Bitte kreuzen Sie *alle* der folgenden Aussagen an, die Sie für zutreffend halten.
  (a) Realwissenschaften sind empirische Wissenschaften, während Formalwissenschaften analytische Wissenschaften sind.
  (b) In den Realwissenschaften gelten grundsätzlich andere Prinzipien und Methoden als in den Formalwissenschaften.
  (c) Zu den Realwissenschaften zählen sowohl die Naturwissenschaften als auch die Kulturwissenschaften.
  (d) Die Betriebswirtschaftslehre ist den Realwissenschaften zuzuordnen.
5. Bei der Beurteilung der Angemessenheit wissenschaftlichen Vorgehens müssen bestimmte Normen eingehalten werden. Ein Beispiel für eine Norm wäre das Verbot des Plagiats. Welcher Art von Normen ist das Plagiatsverbot zuordnen? Bitte entscheiden Sie sich für *eine* der folgenden Antwortmöglichkeiten.
  (a) Das Plagiatsverbot ist eine Erkenntnisnorm.
  (b) Das Plagiatsverbot ist eine ethische Norm.
  (c) Das Plagiatsverbot ist eine Wertnorm.
  (d) Das Plagiatsverbot ist eine Handlungsnorm.

Literatur

Zitierte Literatur

Albert, H. (1960). Wissenschaft und Politik. Zum Problem der Anwendbarkeit einer wertfreien Sozialwissenschaft. In E. Topitsch (Hrsg.), *Probleme der Wissenschaftstheorie* (S. 201–232). Springer.
Bamberg, G., Baur, F., & Krapp, M. (2022). *Statistik* (19. Aufl.). De Gruyter.
Brinkmann, G. (1997). *Analytische Wissenschaftstheorie – Einführung sowie Anwendung auf einige Stücke der Volkswirtschaftslehre* (3. Aufl.). Oldenbourg.
Carrier, M. (2006). *Wissenschaftstheorie zur Einführung*. Junius
Chmielewicz, K. (1994). *Forschungskonzeptionen der Wirtschaftswissenschaft* (3. Aufl.). Poeschel.
Deutsche Forschungsgemeinschaft (2013). *Sicherung guter wissenschaftlicher Praxis*. Wiley-VCH.
Jung, H. (2016). *Allgemeine Betriebswirtschaftslehre* (13. Aufl.). De Gruyter Oldenbourg.
Jungermann, H., Pfister, H.-R., & Fischer, K. (2005). *Die Psychologie der Entscheidung*. Elsevier.
Okasha, S. (2002). *Philosophy of science*. Oxford University Press.
Popper, K. R. (1994). *Logik der Forschung* (10. Aufl.). Mohr.
Schanz, G. (1988). *Methodologie für Betriebswirte* (2. Aufl.). Schäffer-Poeschel.
Töpfer, A. (2010). *Erfolgreich forschen* (2. Aufl.). Springer.
Wöhe, G., Döring, U., & Brösel, G. (2023). *Einführung in die Allgemeine Betriebswirtschaftslehre* (28. Aufl.). Vahlen.

Weiterführende Literatur

Burren, S. (2010). *Die Wissenskultur der Betriebswirtschaftslehre*. Transcript.
Carrier, M. (2007). Wege der Wissenschaftsphilosophie im 20. Jahrhundert. In A. Bartels & M. Stöckler (Hrsg.), *Wissenschaftstheorie* (S. 15–44). Mentis.
Jäger, C., & Florenz, A. (2023). Wissenschaftliches Arbeiten. In M. Buntrock & K. Peinemann (Hrsg.), *Grundwissen Soziale Arbeit* (S. 392–409). Springer Gabler.
Kirsch, W., Seidl, D. & Aaken, D. van (2007). *Betriebswirtschaftliche Forschung – Wissenschaftstheoretische Grundlagen und Anwendungsorientierung*. Schäffer-Poeschel.
Kornmesser, S., & Büttemeyer, W. (2020). *Wissenschaftstheorie. Eine Einführung*. Metzler.
Maurer, R. W. (2004). *Zwischen Erkenntnisinteresse und Handlungsbedarf. Eine Einführung in die methodologischen Probleme der Wirtschaftswissenschaft*. Metropolis.
Schülein, J. A., & Reitze, S. (2021). *Wissenschaftstheorie für Einsteiger* (5. Aufl.). UTB.

Betriebswirtschaftslehre im Kanon der Wissenschaften 2

> **Übersicht**
>
> In diesem Kapitel geht es um den wissenschaftlichen Standort der Betriebswirtschaftslehre. Als eigenständige Wissenschaft ist die Betriebswirtschaftslehre eine relativ junge Disziplin – sie hat sich erst am Ende des vorletzten Jahrhunderts mit der Gründung von „Handelshochschulen" herausgebildet. Ihre Einordnung in das etablierte Wissenschaftssystem hat sich im Laufe der Geschichte gewandelt und ist auch in der Gegenwart einem Wandel unterworfen. Zwar scheint unstrittig, dass die Betriebswirtschaftslehre den Realwissenschaften zuzuordnen ist, doch herrscht keine Einigkeit über die Gewichtung von Grundlagen- und Anwendungsforschung.

2.1 Historischer Rückblick: Geschichtliche Entwicklung der Betriebswirtschaftslehre

Die Aufnahme der Betriebswirtschaftslehre in den Kanon der etablierten Wissenschaften wird oft auf das Jahr 1898 datiert, dem Jahr der Gründung der Handelshochschulen in Leipzig, Aachen und Wien (vgl. zum Folgenden Klein-Blenkers & Reiß, 1993).

Die Anfänge betriebswirtschaftlichen Denkens reichen jedoch bis weit in die Antike zurück. Bereits rund 3000 v. Chr. dienten in den Hochkulturen des alten Orients Tontafeln zur Aufzeichnung von Zahlungsabwicklungen oder Geschäftsvorfällen in Handelsbeziehungen.

In der Folgezeit tauchten immer wieder kaufmännische Informationen und Kennzahlen zu technischen und wirtschaftlichen Projekten auf. In Griechenland finden sich vor allem in den Schriften von Aristoteles (384–321 v. Chr.) Ausführungen zu einzelnen betriebswirtschaftlichen Aspekten (vgl. Kornmeier, 2024, S. 2).

Die Wurzeln der modernen Betriebswirtschaftslehre entwickelten sich in Europa am Ende des Mittelalters und zu Beginn der Neuzeit durch das Aufkommen des Fernhandels mit dem Orient sowie der Handelsbeziehungen zwischen den Hansestädten. Dem Augsburger Kaufmann Jakob Fugger (1459–1525) sind Grundlagen der internationalen Finanzwirtschaft zu verdanken. Meilensteine auf dem Wege zu einem betrieblichen Rechnungswesen bilden das Werk von Luca Pacioli (1494) mit einer systematischen Darstellung der doppelten Buchführung, bezeichnet als „Venezianische Methode", sowie das Lehrbuch zur „Handelskunst" von Jacques Savary (1675) und das „Kaufmannslexikon" von Carl G. Ludovici (1752).

Neben diesen finanzwirtschaftlichen und kaufmännischen Grundlagen wurde aber auch die mathematische Basis der modernen Betriebswirtschaftslehre weiter entwickelt. Gottfried Wilhelm Leibniz (1646–1716) begründete 1682 die Kapitalwertrechnung zur Diskontierung von Zahlungsströmen. Mit seinen Überlegungen zur Wahrscheinlichkeitstheorie legte er zudem einen wichtigen Grundstein zur betriebswirtschaftlichen Entscheidungslehre.

Auch nach der Gründung der Handelshochschulen im deutschsprachigen Raum blieb zunächst unklar, ob die damit geschaffene Disziplin, die man damals „Privatwirtschaftslehre" bzw. „Handelswissenschaft" nannte, als eigenständige Wissenschaft oder als Teilgebiet der Volkswirtschaftslehre aufzufassen sei. Erst Eugen Schmalenbach (1873–1955) beendete diese meist unter dem Begriff „Methodenstreit" (vgl. Klein-Blenkers & Reiß, 1993, S. 1417) geführte Debatte, indem er das Fach „Betriebswirtschaftslehre" als selbstständige Disziplin im Sinne einer „Kunstlehre" (Schmalenbach, 1911) bzw. als „technologische[n] Wissenschaft" definierte (Schmalenbach, 1907/1908, S. 121). So wandte er das Konzept des volkswirtschaftlichen Grenznutzens auf die betriebswirtschaftliche Selbstkostenrechnung an und begründete damit die Basis für die „Deckungsbeitragsrechnung". Gleichzeitig strebte er eine stärker wissenschaftlich orientierte Sichtweise des etablierten kaufmännischen Wissens an, indem er der statischen Bilanzauffassung eine dynamische Betrachtung gegenüberstellte, bei der die Messung des betriebswirtschaftlichen Erfolges im Vordergrund steht.

Auch Erich Gutenberg (1951, 1955) übertrug Erkenntnisse der Volkswirtschaft auf betriebswirtschaftliche Fragestellungen. So modifizierte er volkswirtschaftliche mikroökomische Modelle zur Produktions- und Kostentheorie sowie zur Preistheorie dahingehend, dass sie realen technischen Produktionsbedingungen und realem Käuferverhalten am Absatzmarkt gerecht werden konnten. Mit seinen „Grundlagen der Betriebswirtschaftslehre" unternahm er gleichzeitig den Versuch, die Betriebswirtschaftslehre in eine geschlossene Theorie einzubetten, die sowohl den Grundlagen- als auch den Anwendungsbereich umfasst. Gutenbergs Werk prägt auch heute noch die universitäre Lehre, obwohl seine Theorie von Vertretern des Kritischen Rationalismus (siehe Abschn. 8.4.2) als „Modell-Platonismus" (Albert, 1967, S. 331) geschmäht wurde, dessen Aussagen empirisch nicht überprüfbar seien. Für den notwendigen Realitätsgehalt könne nur eine empirische Überprüfungsmethodik, wie sie im Kritischen Rationalismus vorgeschlagen wird, sorgen. Inzwischen ist der Kritische Rationalismus zwar weitgehend akzeptiert, doch dauert der Streit über alternative wissenschaftstheoretische Positionen bis in die heutige Zeit an (siehe Kap. 8) an. Während bei Gutenberg die wirtschaftlichen Produktionsfaktoren im Mittelpunkt der Betrachtung stehen, hat seit den 60er-Jahren des letzten Jahrhunderts eine sozial- und verhaltenswissenschaftlich ausgerichtete Perspektive zunehmend an Bedeutung gewonnen. Besonders deutlich wird dies am Beispiel der betriebswirtschaftlichen Entscheidungslehre. Während der an den ökonomischen Gegebenheiten orientierte Ansatz ein „rationales" Entscheidungsverhalten des Menschen (des sogenannten homo oeconomicus) unterstellt, geht der sozial- und verhaltenswissenschaftliche Ansatz davon aus, dass das reale menschliche Entscheidungsverhalten von psychologischen Faktoren mitbeeinflusst wird, die teilweise den rationalen Prinzipien zuwiderlaufen. Dieser Ansatz des sogenannten Behavioral Finance (vgl. Kahneman, 2012) oder der sogenannten Verhaltensökonomik (Dittrich, 2019) wird vor allem im Marketing, im Organisationsbereich und im Bereich der Kapitalmarkttheorie aufgegriffen.

Der Meinungsstreit um die „richtige" Forschungskonzeption der Betriebswirtschaftslehre wird bis heute geführt (vgl. Wöhe et al., 2023, S. 16). Infrage stehen hierbei sowohl die Ausrichtung als Grundlagen- oder Anwendungswissenschaft als auch der Gegenstandsbereich und die methodologische Position.

2.2 Gegenwärtige Stellung der Betriebswirtschaftslehre

Hinsichtlich der heutigen Einordnung der Betriebswirtschaftslehre in den Kanon der Wissenschaften besteht keinesfalls Konsens unter den Wissenschaftlern. Die Auffassungen über die Zuordnung sind sowohl einem historischen Wandel als auch einem gegenwärtigen Pluralismus unterworfen. Hinzu kommt, dass – wie auch bei anderen wissenschaftlichen Disziplinen – die Grenzen zwischen den einzelnen Formen nicht immer scharf gezogen werden können und es beträchtliche Überlappungsbereiche gibt. Dies gilt umso mehr, als viele wissenschaftliche Fragestellungen einen interdisziplinären Zugang erfordern.

Unstrittig scheint zu sein, dass die Betriebswirtschaftslehre – ebenso wie die Volkswirtschaftslehre – den Realwissenschaften (oder „Erfahrungswissenschaften") zuzuordnen ist, d. h. ihr Erfahrungsbereich sind Phänomene der realen Welt. Beispiele solcher Phänomene sind Unternehmen, wirtschaftende Personen und Güter. Ebenso wie andere Realwissenschaften bedient sich aber auch die Betriebswirtschaftslehre der Formalwissenschaften, indem sie deren Prinzipien und Methoden anwendet. Die Formalwissenschaften werden daher oft als „Hilfswissenschaften" der Betriebswirtschaftslehre bezeichnet.

Hinsichtlich der Klassifikation der Realwissenschaften als Natur- oder Kulturwissenschaften dürfte unstrittig sein, dass der Gegenstandsbereich der Betriebswirtschaftslehre den Kulturwissenschaften zuzuordnen ist (vgl. Abb. 1.1). Uneinigkeit herrscht allerdings in Bezug auf die Dominanz der verwendeten Methodik. Während manche Forscher uneingeschränkt dem Ideal naturwissenschaftlicher („quantitativer") Methoden nacheifern, machen andere geltend, dass viele Phänomene nur mit Hilfe qualitativer Herangehensweisen zu verstehen sind. Als wesentlichen Grund führen Letztere häufig die Entscheidungsfreiheit der wirtschaftlichen Akteure an. Dennoch schließen sich die beiden Betrachtungsweisen keinesfalls gegenseitig aus. Beispielsweise können Entscheidungsprozesse und -ergebnisse auch quantitativ beleuchtet werden, und umgekehrt müssen quantitative Vorgehensweisen und Ergebnisse immer in einen qualitativen Zusammenhang eingeordnet werden.

Hinsichtlich der Einteilung in Bezug auf die Zielsetzung in Grundlagen-, Anwendungs- und Handlungswissenschaft zeichnen sich die einzelnen Disziplinen der Betriebswirtschaftslehre durch einen unterschiedlichen Fokus aus. So könnte man etwa die Finanzmathematik (als Teilgebiet des Rechnungswesens) der Grundlagenwissenschaft, die Entscheidungsforschung (als Teilgebiet der Unternehmensführung) der Anwendungswissenschaft und Operations Research (im Sinne der Optimierung wirtschaftlicher Entscheidungen in der Unternehmensführung) der Handlungswissenschaft zurechnen.

Disziplinübergreifend lassen sich allerdings auch grundsätzliche Divergenzen im Forschungsansatz ausmachen. Die Unterschiede schlagen sich in der Zielsetzung, den Vorannahmen, der methodologischen Ausrichtung und der Gewichtung der Betriebswirtschaftslehre als Grundlagen-, Anwendungs- oder Handlungswissenschaft (vgl. Tab. 1.2) nieder. Besonders umstritten ist, inwieweit sich die Betriebswirtschaftslehre gegenüber Nachbardisziplinen wie beispielsweise der Soziologie, Psychologie oder Rechtswissenschaft öffnen soll. Die wichtigsten dieser divergierenden Ansätze lassen sich als Produktivitätsorientierung, Entscheidungsorientierung, Systemorientierung, Institutionenorientierung und Konstruktivismus kennzeichnen. Die Unterschiede sind in Tab. 2.1 aufgeführt.

2.3 Fazit

Betriebswirtschaftliches Denken reicht bis in die Antike zurück. Im Gegensatz zu ihrer Schwesterdisziplin, der Volkswirtschaftslehre, hat sich jedoch die Betriebswirtschaftslehre erst im letzten Jahrhundert als eigenständige Wissenschaftsdisziplin durchsetzen können. Bis heute steht sie im Spannungsfeld zwischen theoretischem Erkenntnisinteresse und praktischen Handlungsanforderungen.

Tab. 2.1 Unterschiedliche Forschungsansätze

Ansatz	Charakterisierung	Ziel	Methodologie	Vorannahmen	Fokus
Produktivitätsorientierter Ansatz (Gutenberg, 1983)	Produktivitätsbeziehung zwischen Faktoreinsatz und Faktorertrag	Langfristige Gewinnmaximierung	Volkswirtschaftlicher Ansatz	Mensch als homo oeconomicus	Grundlagenwissenschaft
Entscheidungsorientierter Ansatz (Heinen, 1976)	Präskriptive (vorschreibende) Entscheidungsmodelle	Optimierung betriebswirtschaftlicher Entscheidungen	Betriebswirtschaftlicher und sozialwissenschaftlicher Ansatz	Homo oeconomicus als Sollzustand	Anwendungs- und Handlungswissenschaft
Systemorientierter Ansatz (Ulrich, 2001)	Funktionieren von Systemen	Optimierung betrieblicher Handlungsmaßnahmen	Sozialwissenschaftlicher Ansatz	Unternehmen als produktiv-soziale Systeme	Grundlagen-, Anwendungs- und Handlungswissenschaft
Verhaltensorientierter Ansatz (Kahneman, 2012)	Untersuchung realen Entscheidungsverhaltens	Erklärung realen wirtschaftlichen Verhaltens	Sozialwissenschaftlicher Ansatz	Mensch als nicht-rationales Wesen	Grundlagen- und Anwendungswissenschaft
Institutionenökonomischer Ansatz (Erlei et al., 2007)	Analyse der Güterentstehung auf der Basis eines rechtlich-wirtschaftlichen Hintergrunds	Bestmögliche Gestaltung von Verträgen	Rechtswissenschaftlicher Ansatz	Wertschöpfungskette als Transaktionsprozess	Grundlagen-, Anwendungs- und Handlungswissenschaft
Konstruktivismus (Kamlah & Lorenzen, 1996)	Verstehen von Sinnzusammenhängen	Optimierung betrieblicher Handlungsmaßnahmen	Sozialwissenschaftlicher Ansatz	Wirklichkeit ist nicht objektiv gegeben, sondern vom Menschen konstruiert	Handlungswissenschaft

Verständnisfragen

1. Was ist der Gegenstandsbereich der Realwissenschaften? Eine der folgenden Aussagen ist **nicht** zutreffend. Bitte kreuzen Sie *nur* diese Antwortalternative an.
    (a) Die Betriebswirtschaftslehre ist den Realwissenschaften zuzurechnen.

(b) Realwissenschaften haben die Beschaffenheit der realen Welt zum Gegenstand.
(c) Die notwendige Bedingung zur Gewinnung von Aussagen in den Realwissenschaften ist Erfahrung, daher nennt man die Realwissenschaften auch „Erfahrungswissenschaften" oder „empirische Wissenschaften".
(d) Die Betriebswirtschaftslehre ist eine Formalwissenschaft, da sie die betrieblichen Strukturen unabhängig und losgelöst von der Realität untersucht.
(e) Ebenso wie andere Realwissenschaften bedient sich die Betriebswirtschaftslehre der Formalwissenschaften, indem sie deren Prinzipien und Methoden anwendet.
2. In der Betriebswirtschaftslehre lassen sich unterschiedliche Forschungsansätze unterscheiden. Einer davon ist der Ansatz der Institutionenökonomik. Was kennzeichnet diesen Ansatz? Bitte kreuzen Sie *alle* Antwortalternativen an, deren Aussage zutreffend ist.
(a) Die Wirklichkeit ist nicht objektiv gegeben, sondern wird vom Menschen konstruiert.
(b) Ziel des Ansatzes ist die langfristige Gewinnmaximierung.
(c) Im Mittelpunkt stehen präskriptive Entscheidungsmodelle.
(d) Die Wertschöpfungskette wird als Transaktionsprozess betrachtet.
(e) Die betrieblichen Strukturen werden unabhängig und losgelöst von der Realität untersucht.
(f) Ziel des Ansatzes ist die bestmögliche Gestaltung von Verträgen.

Literatur

Zitierte Literatur

Albert, H. (1967). *Marktsoziologie und Entscheidungslogik*. Luchterhand

Dittrich, D. A. V. (2019). Verhaltensökonomik als Gegenprogramm zur Standardökonomik? *List Forum, 44*, 841–859.

Erlei, M., Leschke, M., & Sauerland, D. (2007). *Neue Institutionenökonomik* (2. Aufl.). Schäffer-Poeschel.

Gutenberg, E. (1951). *Grundlagen der Betriebswirtschaftslehre, 1. Band: Die Produktion*. Springer.

Gutenberg, E. (1955). *Grundlagen der Betriebswirtschaftslehre, 2. Band: Der Absatz*. Springer.

Gutenberg, E. (1983). *Grundlagen der Betriebswirtschaftslehre, 1. Band: Die Produktion*. Springer.

Heinen, E. (1976). *Grundfragen der entscheidungsorientierten Betriebswirtschaftslehre*. Vahlen.

Kahneman, D. (2012). *Schnelles Denken, langsames Denken*. Siedler.

Kamlah, W., & Lorenzen, P. (1996). *Logische Propädeutik. Vorschule des vernünftigen Redens* (3. Aufl.). Metzler.

Klein-Blenkers, F., & Reiß, M. (1993). Geschichte der Betriebswirtschaftslehre. In W. Wittmann (Hrsg.), *Handwörterbuch der Betriebswirtschaft. Band 1* (5. Aufl., Spalte 1417–1433). Schäffer-Poeschel.

Kornmeier, M. (2024). *Wissenschaftstheorie und wissenschaftliches Arbeiten* (2. Aufl.). Springer Gabler.

Ludovici, C. G. (1752). *Eröffnete Akademie der Kaufleute, oder, Vollständiges Kaufmanns Lexicon.* B.C. Breitkopf.
Pacioli, L. (1494). *Summa de arithmetica geometria proportioni et proportionalità.* Paganino de Paganini.
Savary, J. (1675). *Le parfait negociant.* Louis Billaine.
Schmalenbach, E. (1907/1908). Der Kurs des Dollar-Wechsels. *Zeitschrift für handelswissenschaftliche Forschung, 2,* 121–146.
Schmalenbach, E. (1911). Die Privatwirtschaftslehre als Kunstlehre. *Zeitschrift für handelswissenschaftliche Forschung, 6,* 304–316.
Ulrich, H. (2001). *Die Unternehmung als produktives soziales System* (2. Aufl.). Haupt.
Wöhe, G., Döring, U., & Brösel, G. (2023). *Einführung in die Allgemeine Betriebswirtschaftslehre* (28. Aufl.). Vahlen.

Weiterführende Literatur

Burren, S. (2010). *Die Wissenskultur der Betriebswirtschaftslehre.* Transcript.
Maurer, R. W. (2004). *Zwischen Erkenntnisinteresse und Handlungsbedarf. Eine Einführung in die methodologischen Probleme der Wirtschaftswissenschaft.* Metropolis.

Aufgaben der Betriebswirtschaftslehre als Realwissenschaft

3

> **Übersicht**
>
> In Kap. 2 wurde die Betriebswirtschaftslehre den Realwissenschaften zugeordnet. In diesem Kapitel werden die Aufgaben der Betriebswirtschaftslehre als Realwissenschaft dargestellt. Ebenso wie andere Realwissenschaften verfolgt die Betriebswirtschaftslehre das Ziel, Wissen über einen Bereich der Realität, das „Erfahrungsobjekt", zu gewinnen und das konkrete Handeln in diesem Bereich zu verbessern. Daraus lassen sich die Aufgaben der Beschreibung, Erklärung und Vorhersage sowie die Gestaltung von Handlungsalternativen ableiten.

3.1 Erfahrungsobjekt und Erkenntnisobjekt der Betriebswirtschaftslehre

Die Betriebswirtschaftslehre (BWL) ist ebenso wie die Volkswirtschaftslehre ein Teilgebiet der Wirtschaftswissenschaften und damit den Realwissenschaften zuzuordnen (vgl. Abschn. 1.2 und 2.2). Realwissenschaften haben die Beschaffenheit der uns umgebenden Welt zum Gegenstand. Die uns umgebende Welt bildet die Wirklichkeit, die als „Realität" bezeichnet wird. Je nach wissenschaftlicher Position (siehe Kap. 8) kann die Realität als objektiv vorfindbar oder als subjektiv konstruiert aufgefasst werden. Bei einer „objektiv vorfindbaren" Realität handelt es sich um eine externe Welt, die unabhängig ist von den Gedanken, Vorstellungen, Überzeugungen, Meinungen, Wertungen, Hoffnungen und Wünschen des erkennenden Subjekts existiert. Bei einer „subjektiv konstruierten" Realität handelt es sich um eine Welt, die vom erkennenden Subjekt selbst erfunden wird.

Die notwendige Bedingung zur Gewinnung von Aussagen über die Realität ist Erfahrung, daher nennt man die Realwissenschaften auch „Erfahrungswissenschaften" oder „empirische Wissenschaften". Das Ziel einer Realwissenschaft ist, das Wissen über einen Bereich der Realität zu verbessern und das konkrete Handeln in diesem Bereich zu optimieren.

Während sich die Realität der Volkswirtschaftslehre auf die gesamtwirtschaftlichen Zusammenhänge bezieht, richtet sich das Augenmerk der Betriebswirtschaftslehre auf einzelne Einheiten innerhalb der Gesamtwirtschaft. Diese Einheiten werden als „Betriebe" bezeichnet. Ein **Betrieb** bildet eine planvoll organisierte Wirtschaftseinheit, in der Produktionsbedingungen geschaffen und kombiniert werden, um Güter und Dienstleistungen herzustellen und abzusetzen (vgl. Wöhe et al., 2023, S. 27).

Betriebe in mehrheitlich privatem Eigentum gelten als „Unternehmen" oder **„Unternehmung".** Im Gegensatz zu öffentlichen Betrieben und Verwaltungen bestimmen sie selbst über ihre wirtschaftlichen Pläne (Autonomieprinzip) und arbeiten erwerbswirtschaftlich (Schierenbeck & Wöhle, 2008, S. 31).

Der Betrieb stellt den von der Betriebswirtschaftslehre betrachteten Realitätsausschnitt dar, das sogenannte **Erfahrungsobjekt** (vgl. Wöhe et al., 2023, S. 28). Dasselbe Erfahrungsobjekt kann auch von anderen Disziplinen betrachtet werden, beispielsweise kann der Betrieb auch aus psychologischer Sicht im Hinblick auf das von den Mitarbeitern wahrgenommene „Betriebsklima" (vgl. Nerdinger, 2014, S. 144–149) analysiert werden. Die einzelnen Disziplinen unterscheiden sich in der Betrachtungsperspektive, aus der heraus sie das Erfahrungsobjekt untersuchen.

Die Art der Betrachtung, das sogenannte **Auswahlprinzip** (vgl. Wöhe et al., 2023, S. 33), führt zur Fragestellung der Untersuchung, dem so genannten **Erkenntnisobjekt** (vgl. Wöhe et al., 2023, S. 33). Das Auswahlkriterium in der Betriebswirtschaftslehre ist das **ökonomische Prinzip**, wonach die Schaffung einer bestimmten Menge von Gütern und Dienstleistungen mit dem geringstmöglichen Aufwand zu bewerkstelligen ist (vgl. Wöhe et al., 2023, S. 8),

Das Erfahrungsobjekt „Betrieb" wird also in der Betriebswirtschaftslehre durch die Brille des ökomischen Prinzips betrachtet und führt damit zum Erkenntnisobjekt, das als „Wirtschaften im Betrieb" bezeichnet werden kann. Dieses Erkenntnisobjekt lässt sich entsprechend den jeweiligen betrieblichen Funktionen in Teilbereiche untergliedern. Tab. 3.1 gibt einen Überblick über die funktionellen Teilbereiche der Betriebswirtschaftslehre,

Die funktionellen Teilbereiche des Betriebs und seines Umfelds bilden somit den Gegenstandsbereich der Betriebswirtschaftslehre, also das Erkenntnisobjekt. Auf dieses Erkenntnisobjekt ist das Ziel der Betriebswirtschaftslehre bezogen. Es besteht im Erkennen wirtschaftlicher Zusammenhänge in Betrieben und deren Umfeld sowie in der Aufstellung von Handlungsempfehlungen zur Optimierung betrieblicher Abläufe und Entscheidungen.

Entsprechend den Aufgaben einer Realwissenschaft lassen sich aus dem Ziel der Betriebswirtschaftslehre vier Aufgaben ableiten:

Tab. 3.1 Funktionelle Teilbereiche der Betriebswirtschaftslehre. Modifiziert nach Jung (2016), S. 28

Teilbereich	Inhalt
Unternehmensführung und Organisation	Steuerung betrieblicher Vorgänge, Bestimmung der Organisationsstruktur in Bezug auf Kommunikation und Tätigkeitsbereiche
Materialwirtschaft	Beschaffung, Lagerhaltung, Losgrößenplanung der Sachgüter, die zur betrieblichen Leistungserstellung eingesetzt werden
Produktionswirtschaft	Planung und Gestaltung des Produktionsablaufes
Absatz und Marketing	Absatz der Produkte, Marktanalyse, Gestaltung der Kundenbeziehung
Kapitalwirtschaft	Finanzierung: Beschaffung und Rückzahlung von Kapital; Investition: Kapitalverwendung
Personalwirtschaft	Beschaffung, Betreuung und Freisetzung von Personal
Rechnungswesen und Controlling	Wertmäßige Erfassung, Auswertung und Kontrolle des betrieblichen Umsatzprozesses

- Beschreiben
- Erklären
- Vorhersagen
- Gestalten von Handlungsmaßnahmen

3.2 Beschreiben

Der erste Schritt in einer Realwissenschaft ist die Beschreibung (= Deskription) der Gegebenheiten in der uns umgebenden Welt. In der Betriebswirtschaftslehre konkretisiert sich dies als Beschreibung der in Betrieben und deren Umfeld auftretenden Gegebenheiten. Eine wissenschaftliche Beschreibung besteht darin, dass man Antworten auf die Fragen nach dem „Was", dem „Wie" und dem „Wie sehr" bzw. „Wie häufig" und „wann" in Bezug auf einen Realitätsausschnitt findet. Ausgangspunkt können sowohl Fragestellungen aus dem betrieblichen Alltag als auch Ableitungen von Fragestellungen aus einer bestehenden betriebswirtschaftlichen Theorie sein. Typische Fragestellungen einer Beschreibung in der Betriebswirtschaftslehre sind (vgl. Schierenbeck & Wöhle, 2008, S. 21):

- Was soll produziert werden?
- Wie soll es produziert werden?
- Für wen soll es produziert werden?

Die Beschreibung kann sich auf Fallstudien, Befragungen und Beobachtungen im natürlichen Umfeld betrieblichen Geschehens stützen. Die Ergebnisse einer Beschreibung sind deskriptive Aussagen (vgl. Kap. 5). Sie können als Grundlage für die Ermittlung von Häufigkeiten des Vorkommens, von Durchschnittswerten und Schwankungsbreiten dienen (siehe Abschn. 12.1).

Durch die Beschreibung kann auch ermittelt werden, wann und in welchem Kontext ein Tatbestand auftritt. Als Ergebnis können Beschreibungen über Zusammenhänge resultieren. Ein Beispiel wäre die Beschreibung eines Zusammenhangs zwischen Arbeitsleistung und Gehaltshöhe. Die Zusammenhangsbeschreibungen können zur Entdeckung und Bildung von Hypothesen über Ursachen von Sachverhalten führen.

3.3 Erklären

Eine wissenschaftliche Erklärung besteht darin, dass man eine befriedigende Antwort auf die Frage nach dem „Warum" findet. Durch die Erklärung soll ein vorliegender Sachverhalt verstanden und in das vorhandene Wissen eingeordnet werden. Beispielsweise möchte man verstehen, warum Arbeitsleistungen in einem Betrieb unterschiedlich ausfallen und warum die Unterschiede auftreten. Eine wissenschaftliche Erklärung soll dem Sachverhalt angemessen, intersubjektiv nachvollziehbar und überprüfbar sein.

Drei Arten von wissenschaftlichen Erklärungen lassen sich unterscheiden: kausale, teleologische oder finale und funktionale Erklärungen (vgl. Tab. 3.2). Sie haben ihren wissenschaftlichen Ursprung in unterschiedlichen wissenschaftlichen Traditionen.

Tab. 3.2 Arten von Erklärungen

Art	Charakterisierung	Wissenschaftlicher Ursprung	Beispiel
Kausal	Zusammenhang zwischen Ursache und Wirkung	Naturwissenschaft, insbesondere Physik	Gehaltserhöhung als Ursache von verbesserter Arbeitsleistung
Final	Zweck von Handlungen	Biologie, insbesondere Evolutionsbiologie	Arbeitsleistung als Grundlage der Bedürfnisbefriedigung
Funktional	Einzelelemente als Komponenten eines übergeordneten Systems	Allgemeine Systemtheorie; Geschichtsphilosophie	Arbeitsleistung als Komponente eines betrieblichen Systems

Eine **kausale** Erklärung besteht darin, dass ein Zusammenhang zwischen Ursache und Wirkung aufgedeckt wird. In obigem Beispiel könnte man nach den Ursachen von erhöhten bzw. verminderten Arbeitsleistungen fragen. Die Höhe der Arbeitsleistung wird als Wirkung aufgefasst, deren Ursache erklärt werden soll.

Die kausale Erklärung orientiert sich am Ideal der Naturwissenschaften, insbesondere der Physik. Ziel ist es, allgemeine Gesetzmäßigkeiten zu finden, die den Zusammenhang zwischen vorausgehenden Bedingungen (Antezedenzien) und entstehenden Folgen (Wirkungen) beschreiben, und in die sich die zu untersuchenden Sachverhalte einordnen lassen.

Bevor eine kausale Erklärung als Aussage über einen Realitätsausschnitt geprüft werden kann, muss eine entsprechende **Hypothese** aufgestellt werden (siehe Abschn. 6.3), die sich anhand von in der Realität gewonnenen Daten überprüfen lässt.

Obwohl kausale Erklärungen in der Betriebswirtschaftslehre im Fokus der Suche nach Erklärungen stehen, ist es im betriebswirtschaftlichen Bereich sehr schwer, kausale Zusammenhänge eindeutig zu ermitteln. Diese lassen sich letztlich nur durch eine experimentelle Vorgehensweise (siehe Abschn. 10.5) feststellen, deren Einsatz jedoch in der Betriebswirtschaftslehre nur eingeschränkt möglich ist.

Eine **teleologische** oder **finale** Erklärung besteht darin, dass die von den Handelnden verfolgten Zwecke aufgedeckt werden. Man fragt also nicht wie bei der kausalen Betrachtung nach den vorausgehenden Bedingungen, sondern nach den mit der Handlung verbundenen Absichten. Dabei müssen die aufgedeckten Absichten den Handelnden nicht notwendigerweise bewusst sein. Die teleologische Betrachtungsweise orientiert sich teilweise an der Evolutionsbiologie, wo beobachtete Verhaltensweisen als stammesgeschichtliche Anpassungen an veränderte Umweltbedingungen aufgefasst werden.

Eine **funktionale** Erklärung betrachtet Sachverhalte in ihrer Beziehung zu übergeordneten Systemen. Ausgehend von der „Allgemeinen Systemtheorie" (Ludwig von Bertalanffy, 1901–1972) werden die zu erklärenden Phänomene als Komponenten eines Systems aufgefasst, die eine spezifische Aufgabe innerhalb eines Systems erfüllen und damit zum angemessenen Funktionieren des Gesamtsystems beitragen.

Eine besondere Form der funktionalen Erklärung stellt das „**Verstehen**" von Sinnzusammenhängen, die so genannte **Hermeneutik,** dar. Das Verstehen wurde im 19. Jahrhundert von den Geschichtsphilosophen Wilhelm Dilthey (1833–1911) und Wilhelm Windelband (1848–1915) dem naturwissenschaftlichen Vorgehen des **Erklärens** gegenübergestellt. Ähnlich wie in der Systemtheorie werden Phänomene als Teile eines größeren Ganzen betrachtet, im Unterschied zur Systemtheorie wird aber nicht nach allgemeinen Gesetzmäßigkeiten, sondern nach Sinnzusammenhängen gesucht. Durch die mehr intuitiv und weniger formalistisch geprägte Vorgehensweise eignet sich die Hermeneutik besonders zur Gewinnung von Hypothesen.

3.4 Vorhersagen

Eine Vorhersage in der Betriebswirtschaftslehre bedeutet, dass gewonnene Erkenntnisse auf neue Sachverhalte wie etwa andere Personengruppen, Betriebe, Branchen, Umgebungsbedingungen und Zeiten übertragen werden. Unterschieden werden muss zwischen generalisierenden, individualisierenden und prognostischen Vorhersagen.

Generalisierende Vorhersagen beziehen sich auf eine Verallgemeinerung (**Generalisierung**) von in früheren Forschungen erzielten Erkenntnissen. Es wird untersucht, inwieweit bei anderen vergleichbaren Untersuchungsstichproben sowie unter anderen Randbedingungen und zu anderen Zeiten ähnliche Ergebnisse zu Tage treten.

In obigem Beispielfall des Zusammenhangs zwischen Gehaltshöhe und Arbeitsleistung könnte man zunächst prüfen, ob sich der gefundene Zusammenhang bei vergleichbarer Versuchsanordnung auch bei weiteren Betrieben finden lässt. Sodann könnte man untersuchen, ob der Zusammenhang auch dann erhalten bliebe, wenn die Bandbreite des Ausmaßes der Gehaltserhöhung erweitert und die Häufigkeit der Gehaltserhöhung variiert wird. Weiterhin könnte überprüft werden, ob sich der gefundene Zusammenhang auch auf andere Randbedingungen wie etwa unterschiedliche Vergleichsgehälter oder eine veränderte wirtschaftliche Gesamtsituation übertragen lässt.

Spezialisierende Vorhersagen beziehen sich auf die Übertragbarkeit von gewonnenen Erkenntnissen auf einen Einzelfall (**Individualisierung**). Beziehen wir uns wieder auf unser Beispiel mit der Gehaltserhöhung und stellen uns vor, wir hätten die Vermutung, dass der Mitarbeiter M im Betrieb B eine höhere Arbeitsleistung erbringen würde, wenn sein Gehalt erhöht würde. Können wir nun daraus schließen, dass er nach der Gehaltserhöhung wirklich eine höhere Arbeitsleistung erbringt? Nicht notwendigerweise, da es sich bei allen empirisch gewonnenen Erkenntnissen nur um Wahrscheinlichkeitsaussagen handelt, die nicht in jedem Einzelfall zutreffen müssen. Die Erkenntnisse sind jedoch dennoch nicht nutzlos für den Einzelfall, da sie die Richtung andeuten können, in der weitere Befunde einzuholen sind.

Prognostische Vorhersagen (**Prognosen**) beziehen sich auf die Übertragung gewonnener Erkenntnisse auf zukünftige Gegebenheiten bzw. Entwicklungen. In obigem Beispielfall des Zusammenhangs zwischen Gehaltshöhe und Arbeitsleistung könnte man prüfen, ob der gefundene Zusammenhang auch in der Zukunft bestehen bleibt.

Wissenschaftliche Vorhersagen können, aber müssen nicht notwendigerweise auf vorausgehenden Erklärungen aufbauen. Dies gilt insbesondere für so genannte **technologische Prognosen** (Brocke, 1978). Sie basieren auf Extrapolationen von Trends, ohne dass das Entstehen der Trends erklärt werden kann.

3.5 Gestalten von Handlungsmaßnahmen

Die Betriebswirtschaftslehre begnügt sich nicht damit, Gegebenheiten zu beschreiben, zu erklären und vorherzusagen, sie möchte auch Konsequenzen für die Gestaltung des unternehmerischen Handelns, d. h. zur Optimierung betrieblicher Abläufe und Entscheidungen, ableiten. Beispiele sind die Bestimmung des optimalen Produktionsprogramms und absatzpolitische Entscheidungen.

Im Beispiel zum Zusammenhang zwischen Gehaltshöhe und Arbeitsleistung möchte man nicht nur die Verbreitung des Zusammenhangs sowie Ursachen und Wirkungen feststellen, sondern auch Hilfen bereit stellen, wie ein Unternehmen die Gehaltsfindung in seiner Unternehmung gestalten soll. Selten sind die optimalen Handlungskonsequenzen direkt aus Untersuchungsergebnissen ableitbar, da in den meisten Fällen zusätzliche Ausgangsbedingungen und weitere – nicht vorhergesagte – Wirkungen in Betracht gezogen werden müssen. Im Beispielfall muss etwa bedacht werden, dass eine zu starke Steigerung der Arbeitsleistung dazu führen kann, dass der Absatzmarkt die vermehrt gefertigten Produkte gar nicht mehr aufnehmen kann.

Nicht immer stützen sich Handlungsempfehlungen auf betriebswirtschaftliche Theorien oder auf vorangegangene Untersuchungsergebnisse. Oft werden sie aus der betrieblichen Alltagserfahrung oder aus intuitiven Vorstellungen abgeleitet. Sie entziehen sich aber deswegen nicht notwendigerweise einer wissenschaftlichen Betrachtung. Zum einen können sie als Ausgangspunkt für Hypothesen über theoretische Zusammenhänge dienen, zum anderen können sie durch eine Evaluierung auf ihre Wirksamkeit überprüft werden (siehe Kap. 5 und 7).

3.6 Fazit

Die Aufgaben der Betriebswirtschaftslehre als Realwissenschaft bestehen im Beschreiben, Erklären und Vorhersagen von Tatbeständen sowie in der Gestaltung von Handlungsalternativen. Bei den Vorhersagen muss unterschieden werden zwischen generalisierenden, individualisierenden und prognostischen Vorhersagen. Bei der Gestaltung von Handlungsempfehlungen ist zu bedenken, dass diese nicht immer aus der Erklärung betriebswirtschaftlicher Zusammenhänge abgeleitet werden können. Und umgekehrt basieren nicht alle Handlungsmaßnahmen auf Erklärungen. Oft beruhen sie auf intuitiven Vorstellungen und auf der betrieblichen Alltagserfahrung, sie entziehen sich aber dennoch nicht einer wissenschaftlichen Betrachtung.

Verständnisfragen

1. In der Betriebswirtschaftslehre – wie auch in anderen Realwissenschaften lassen sich „Erfahrungsobjekt" und „Erkenntnisobjekt" voneinander unterscheiden. Bitte kreuzen Sie *alle* der folgenden Aussagen an, die Sie für zutreffend halten.
   (a) Das Erfahrungsobjekt ist derjenige Realitätsausschnitt, der den Ausgangspunkt des Erkenntnisstrebens darstellt.
   (b) In der Betriebswirtschaftslehre ist das Erfahrungsobjekt der Betrieb, also eine planvoll organisierte Wirtschaftseinheit, die Produktionsbedingungen schafft und kombiniert, um Güter und Dienstleistungen herzustellen und anzubieten.
   (c) Der Betrieb kann auch Erfahrungsobjekt anderer wissenschaftlicher Disziplinen sein.
   (d) In der Betriebswirtschaftslehre ist das Erfahrungsobjekt zugleich das Erkenntnisobjekt.
   (e) Das Erkenntnisobjekt ist das Ziel der wissenschaftlichen Untersuchung eines Erfahrungsobjektes.
   (f) Das Erkenntnisobjekt beinhaltet die Perspektive, aus der das Erfahrungsobjekt betrachtet wird.
   (g) In der Betriebswirtschaftslehre wird der Betrieb aus der Perspektive des ökomischen Prinzips betrachtet.
   (h) Das Erkenntnisobjekt der Betriebswirtschaftslehre kann als „Wirtschaften im Betrieb" bezeichnet werden.
2. Eine zentrale Aufgabe einer Realwissenschaft besteht im Erklären. Durch die Erklärung soll ein vorliegender Sachverhalt verstanden und in das vorhandene Wissen eingeordnet werden. Differenziert werden muss zwischen verschiedenen Arten wissenschaftlicher Erklärung. Bitte ergänzen sie die Lücken (…) in dem folgenden Text durch die passenden Worte.

   Text

   Eine … Erklärung deckt einen Zusammenhang zwischen Ursache und Wirkung auf. Es sollen allgemeine Gesetzmäßigkeiten gefunden werden, die den Zusammenhang zwischen vorausgehenden Bedingungen (…) und entstehenden Folgen (…) kennzeichnen.
   Eine … oder … Erklärung besteht darin, dass die von den Handelnden verfolgten … aufgedeckt werden. Man fragt also nach den mit der Handlung verbundenen ….
   Eine … Erklärung betrachtet die zu erklärenden Phänomene als Komponenten eines Systems, die eine spezifische Aufgabe erfüllen und damit zum angemessenen Funktionieren des Gesamtsystems beitragen.
   Eine besondere Form der funktionalen Erklärung stellt das „…" von Sinnzusammenhängen, die so genannte …, dar. Auch hier werden Phänomene als Teile

eines größeren Ganzen betrachtet, im Unterschied zur Systemtheorie wird aber nicht nach allgemeinen Gesetzmäßigkeiten, sondern nach Sinnzusammenhängen gesucht.
3. Vorhersagen in der Betriebswirtschaftslehre beziehen sich auf die Übertragbarkeit von Forschungsergebnissen auf neue Gegebenheiten. Bitte kreuzen Sie *alle* der folgenden Aussagen an, die Sie für zutreffend halten.
   (a) Es muss unterschieden werden zwischen generalisierenden, individualisierenden und prognostischen Vorhersagen.
   (b) Vorhersagen müssen auf vorausgehenden Erklärungen basieren.
   (c) Bei generalisierenden Vorhersagen werden Erkenntnisse früherer Forschungen verallgemeinert.
   (d) Bei individualisierenden Vorhersagen werden Erkenntnisse früherer Forschungen auf den Einzelfall übertragen.
   (e) Prognostische Vorhersagen beziehen sich auf Gegebenheiten in der Zukunft.
   (f) Vorhersagen beziehen sich immer auf Tatbestände in der Zukunft.
4. Eine wichtige Aufgabe der Betriebswirtschaftslehre besteht in der Gestaltung von Handlungsmaßnahmen. Was muss bei der Gestaltung von Handlungsmaßnahmen beachtet werden? Bitte kreuzen Sie *alle* der folgenden Aussagen an, die Sie für zutreffend halten.
   (a) Die Ableitung von Handlungsmaßnahmen hat die Erklärung betriebswirtschaftlicher Erklärungen zur Voraussetzung.
   (b) Die Ableitung von Handlungsmaßnahmen besteht in der Anwendung grundlagenwissenschaftlicher Erkenntnisse.
   (c) Handlungsempfehlungen werden häufig aus der betrieblichen Alltagserfahrung abgeleitet und entziehen sich daher notwendigerweise einer wissenschaftlichen Betrachtung.
   (d) Handlungsempfehlungen können mit wissenschaftlichen Methoden im Hinblick auf ihre Tauglichkeit geprüft werden.
   (e) Handlungsempfehlungen können durch Evaluierung im Hinblick auf ihre Wirksamkeit überprüft werden.
   (f) Handlungsempfehlungen haben Einzelfallanalysen zur Voraussetzung.
   (g) Aus der wissenschaftlichen Betriebswirtschaftslehre können grundsätzlich keine Handlungsempfehlungen abgeleitet werden.

Literatur

Zitierte Literatur

Brocke, B. (1978). *Technologische Prognosen. Elemente einer Methodologie der angewandten Sozialwissenschaften.* Alber.
Jung, H. (2016). *Allgemeine Betriebswirtschaftslehre* (13. Aufl.). De Gruyter Oldenbourg.

Nerdinger, F. W. (2014). Organisationsklima und Organisationskultur. In F. W. Nerdinger, G. Blickle, & N. Schaper (Hrsg.), *Arbeits- und Organisationspsychologie* (3. Aufl., S. 143–156). Springer.

Schierenbeck, H., & Wöhle, C. B. (2008). *Grundzüge der Betriebswirtschaftslehre* (17. Aufl.). Oldenbourg.

Wöhe, G., Döring, U., & Brösel, G. (2023). *Einführung in die Allgemeine Betriebswirtschaftslehre* (28. Aufl.). Vahlen.

Weiterführende Literatur

Popper, K. R. (1964). Die Zielsetzung der Erfahrungswissenschaft. In H. Albert (Hrsg.), *Theorie und Realität* (S. 73–86). Mohr.

Schurz, G. (2007). Wissenschaftliche Erklärung. In A. Bartels & M. Stöckler (Hrsg.), *Wissenschaftstheorie* (S. 69–107). Mentis.

Wissenschaftliches Schlussfolgern 4

> **Übersicht**
>
> Wie in Kap. 3 ausgeführt wurde, stellt die Erklärung von Tatbeständen eine zentrale Aufgabe der Realwissenschaften dar. In diesem Kapitel wird der Frage nachgegangen, auf welche Weise man in den Realwissenschaften zu Erklärungen gelangen kann. Man bezeichnet dies als „wissenschaftliches Schlussfolgern". Es existieren unterschiedliche Vorgehensweisen (Induktion, Deduktion, Abduktion und hermeneutisches Schließen), die sich jedoch nicht gegenseitig ausschließen, sondern teilweise ergänzen.

4.1 Gewinnung wissenschaftlicher Aussagen

Schon im Alltag werden Beobachtungen, Erfahrungen, Informationen und Denkinhalte nicht einfach festgestellt, sondern es werden Schlüsse daraus abgeleitet. Beispielsweise schließen wir aus einem bedeckten Himmel, dass es bald regnen wird. Durch eine Schlussfolgerung werden also Beziehungen zwischen einzelnen Erfahrungen bzw. Denkinhalten hergestellt, die vorher ungeordnet und unzusammenhängend waren.

Auch in der Wissenschaft werden aus Beobachtungen, Erfahrungen, Informationen und Denkinhalten Schlussfolgerungen gezogen. Im Unterschied zum alltäglichen Schließen zeichnet sich das wissenschaftliche Schlussfolgern durch eine systematische Herangehensweise (vgl. Abschn. 1.5 und Tab. 1.3) aus, d. h. das Schlussfolgern folgt bestimmten Prinzipien oder Regeln. Die nach diesen Regeln abgeleiteten Schlüsse werden außerdem danach bewertet, inwieweit sie eine befriedigende Erklärung für ähnliche Erfahrungen liefern und inwieweit die Erklärung dazu dienen kann, zukünftige Ereignisse oder Gegebenheiten vorherzusagen. Ein zusammenhängendes System solcher

Erklärungen bezeichnet man als „**Theorie**" (siehe Kap. 6) oder auch als „**Modell**" (siehe Kap. 7).

Es gibt verschiedene Formen wissenschaftlichen Schlussfolgerns. Soweit sie die **Suche** nach Erklärungen für reale Tatbestände betreffen, werden Induktion, Deduktion, Abduktion und hermeneutisches Schließen unterschieden. Sie sind konkurrierende, häufig aber auch gemeinsam benutzte Verfahren zur Gewinnung von Erklärungen.

Soweit die Schlussfolgerungen die **Absicherung** von Erklärungen, d. h. deren Überprüfung und Bewertung betreffen, lassen sich Verifikation, Falsifikation, Evidenznachweis und hermeneutische Rekonstruktion anführen. Diese werden in Kap. 6 behandelt.

Bei der Suche nach Erklärungen unterscheidet man zwei Komponenten:

- zum einen den in der Erfahrung vorgefundenen Tatbestand, der erklärt werden soll, das sogenannte **Explanandum,**
- zum anderen die gesetzesmäßige Aussage oder Regel, die die Erklärung liefert, das sogenannte **Explanans.**

4.2 Induktion

Bei der Induktion schließt man vom **Besonderen** auf das **Allgemeine**, d. h. von einzelnen Fällen und deren Resultaten wird auf eine allgemeine Gesetzmäßigkeit oder Regel geschlossen. Die Denkrichtung vollzieht sich also vom Explanandum zum Explanans. Das Explanandum ist die Erfahrung, das Explanans die Schlussfolgerung.

Beispiel:

Erfahrung 1: Auf dem Markt X sind die Produkte A, B, C, ..., N billig zu erwerben (Fälle).

Erfahrung 2: Die Produkte A, B, C, ..., N sind von minderwertiger Qualität (Resultate).

Schlussfolgerung: Auf dem Markt X sind billige Produkte von minderwertiger Qualität (Regel).

Zweifellos vollziehen wir im Alltagsleben häufig induktive Schlüsse: Wir machen Beobachtungen und schließen aus diesen Beobachtungen auf allgemeine Gesetzmäßigkeiten. Darüber hinaus leiten wir aus den Beobachtungen Vermutungen über Ursachen und Wirkungen ab. Im Unterschied zur Alltagspraxis ist in der Wissenschaft das induktive Vorgehen als Methode der Erkenntnisgewinnung nicht unumstritten. Die Diskussion darüber wird in der Literatur unter dem Stichwort „Induktionsproblem" geführt. In der Betriebswirtschaftslehre wird sowohl die Auffassung vertreten, dass Induktion der notwendige Ausgangspunkt zur Bildung von Theorien ist (z. B. Mellerowicz, 1956, S. 34) als auch die Auffassung, dass sie gänzlich ungeeignet zur wissenschaftlichen Begründung allgemeingültiger Aussagen ist (z. B. Chmielewicz, 1994, S. 89). Tatsächlich beinhaltet die Induktion als Prinzip zur Gewinnung einer wissenschaftlichen Erklärung zumindest zwei Probleme.

Das erste Problem bezieht sich auf die Verallgemeinerung von Beobachtungen. Argumentiert wird, dass der Schluss von der Vergangenheit auf die Zukunft nicht gerechtfertigt ist, da eine bisher beobachtete Regelmäßigkeit sich in der Zukunft nicht fortsetzen muss. Schon David Hume (1711–1776) erkannte dieses Problem. Eine Veranschaulichung liefert ein Bertrand Russell (1872–1970) zugeschriebenes Beispiel (vgl. Chalmers, 2007, S. 38):

Ein Truthahn stellte an seinem ersten Morgen auf der Truthahnfarm fest, dass er um neun Uhr gefüttert wurde. Nachdem sich diese Erfahrung mehrere Wochen lang regelmäßig wiederholt hatte, war sich der Truthahn sicher, den Schluss ziehen zu können, dass er jeden Morgen um neun gefüttert werde. Leider stellte sich dieser Schluss als eindeutig falsch heraus, als dem Truthahn am Morgen vor Weihnachten der Hals durchschnitten wurde.

Als reales Beispiel aus der Wirtschaftswelt kann der Zusammenhang zwischen Unternehmensgewinn und Aktienkurs dienen. Jahrzehntelang hat sich gezeigt, dass mit steigendem Unternehmensgewinn auch der Wert der Aktie steigt. Der Schluss auf eine Gesetzmäßigkeit dieses Zusammenhangs stellte sich mit dem Auftreten der Dotcom-Blase (2000) sowie der US-Bankenkrise (2008) als eindeutig falsch heraus.

Das zweite Problem bezieht sich auf die Ableitung von kausalen Erklärungen aus Beobachtungen. Hier wird argumentiert, dass der Schluss von einer Wenn-Dann-Beziehung auf einen Kausalzusammenhang nicht gerechtfertigt ist. Wenn ein Ereignis B regelmäßig auf ein Ereignis A folgt, kann daraus noch nicht geschlossen werden, dass A die Ursache von B ist. So lässt sich aus der beobachteten Regelmäßigkeit zwischen vorausgehendem Unternehmensgewinn und nachfolgendem Aktienkurs nicht schließen, dass die Zunahme der Unternehmensgewinne die Ursache für Wertsteigerung der Aktien ist. Auch auf diesen Fehlschluss hat bereits David Hume hingewiesen. Er sah solche Fehlschlüsse im menschlichen Denken begründet, das auf Assoziationen zwischen zeitlich aufeinander folgenden Ereignissen beruht und aus diesen Assoziationen fälschlicherweise Ursache-Wirkungs-Beziehungen ableitet.

Eine noch radikalere Ansicht in Bezug auf das Induktionsproblem vertritt Karl Popper, der als Begründer des sogenannten Kritischen Rationalismus (siehe Abschn. 8.4.2) gilt. Nach Popper gibt es überhaupt gar keine Induktion, da jegliche Aussage und sogar jegliche Beobachtung bereits „von Theorien durchsetzt" ist (Popper, 1994, S. 76), d. h. von theoretischen Vorannahmen ausgeht, selbst wenn diese dem erkennenden Subjekt gar nicht bewusst sind. Diese radikale Auffassung blieb jedoch nicht unwidersprochen. Als Gegenargument wird angeführt, dass die Induktion Verallgemeinerungen zwar nicht begründen, aber zumindest als begründete Vermutungen rechtfertigen kann (z. B. Reichenbach, 1938). Damit verbunden ist eine erweiterte Bedeutung des Induktionsbegriffs. Gemäß dieser Bedeutung startet die Induktion nicht aus dem Nichts, sondern als in Form von Aussagen konkretisierte Erfahrungen, die sowohl biologisch als auch sozial vorgeprägt sind.

4.3 Deduktion

Bei der Deduktion erfolgt das Schließen im Vergleich zur Induktion in umgekehrter Denkrichtung: Man schließt man vom **Allgemeinen** auf das **Besondere,** d. h. eine allgemeine Gesetzmäßigkeit (Explanans) wird auf den Einzelfall (Explanandum) übertragen. Das Explanans ist in Form von Wissen über allgemeine Gesetzmäßigkeiten gegeben, das Explanandum ist die besondere Erfahrung.

Beispiel:

Wissen: Auf dem Markt X sind billige Produkte von minderwertiger Qualität (Regel).
Erfahrung: Produkt A ist billig zu erwerben (Fall).
Schlussfolgerung: Produkt A ist von minderwertiger Qualität (Resultat).

Auch die Deduktion als Prinzip zur Gewinnung einer wissenschaftlichen Erklärung wirft zumindest zwei Probleme auf.

Das erste Problem besteht darin, dass es in den Realwissenschaften so gut wie keine ausnahmslos geltenden Gesetzmäßigkeiten gibt, da es zum einen immer Ausnahmefälle gibt und zum anderen die Realität sich verändern kann. In der Betriebswirtschaftslehre kommt – ähnlich wie in den Sozialwissenschaften – hinzu, dass wirtschaftliches Handeln menschliche Entscheidungsfreiheit zulässt und daher nur unzureichend vorhersagbar ist.

Eine Lösung dieses Problems kann darin bestehen, dass man statt absoluter Gesetzmäßigkeiten statistische Gesetzmäßigkeiten heranzieht, also Gesetzmäßigkeiten, die mit einer relativ hohen Wahrscheinlichkeit zutreffen. Man verzichtet damit auf die Aufstellung sogenannter deterministischer Zusammenhänge zugunsten von sogenannten stochastischen oder probabilistischen Zusammenhängen (siehe Abschn. 5.1 und 6.4).

Das zweite Problem besteht darin, dass unklar bleibt, auf welche Weise bestehende Gesetzmäßigkeiten erkannt werden können. Zur Lösung dieses Problems scheint es unerlässlich, das induktive Schließen heranzuziehen. Es kann sich somit ein Wechselspiel zwischen Induktion und Deduktion ergeben, wie Abb. 4.1 illustriert.

4.4 Abduktion

Bei der Abduktion dienen sowohl das **Besondere** als auch ein zusätzliches **Hintergrundwissen** als Ausgangspunkt für die Schlussfolgerung. D. h. ausgehend von einem bereits vorhandenem Wissen über allgemeine Gesetzmäßigkeiten sowie über die jeweilige Beschaffenheit des Besonderen sucht man nach der besten Erklärung für den beobachteten Einzelfall. Während bei der Induktion eine Reihe von Einzelfällen die alleinige Basis für die generalisierende Schlussfolgerung bildet, zieht man bei der Abduktion Zusatzinformationen über den vorliegenden Fall (also das Explanandum) heran.

4.4 Abduktion

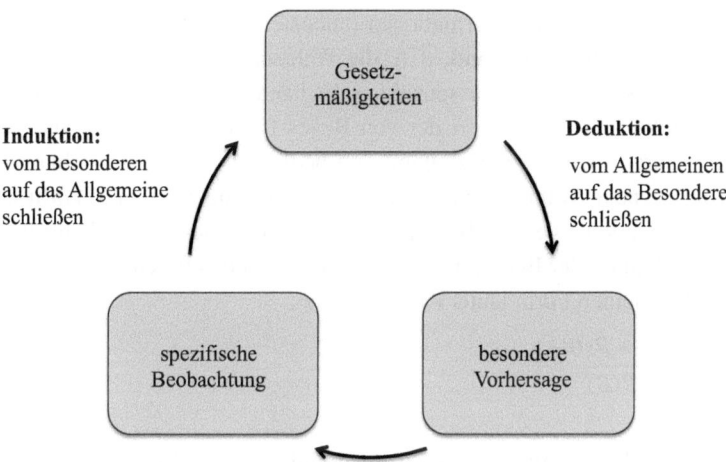

Abb. 4.1 Wechselspiel zwischen Induktion und Deduktion

Beispiel:

Wissen:	Auf dem Markt X sind billige Produkte von minderwertiger Qualität (Regel).
Erfahrung:	Produkt A ist billig zu erwerben (Fall).
Hintergrundwissen:	Produkt A wurde von einem Qualitätshersteller in einem Land mit niedrigem Lohnniveau hergestellt.
Schlussfolgerung:	Produkt A könnte auch von höherer Qualität sein (Resultat).

Die Abduktion kommt als wissenschaftliche Erklärungsmethode häufig bei der individualisierenden Vorhersage (vgl. Abschn. 3.4), wie sie beispielsweise bei einer ärztlichen Diagnose erforderlich ist, zum Tragen. Obwohl der Arzt weiß, dass die ihm von einem Patienten berichteten Symptome wie Fieber, Gliederschmerzen und Abgeschlagenheit auf eine Grippe hindeuten, wird er auch an Malaria denken, wenn er erfährt, dass der Patient gerade von einer Reise in ein tropisches Land zurückgekehrt ist. Er bezieht also in seine Diagnose nicht nur das Wissen über die allgemeine Regel, sondern zusätzliches Hintergrundwissen mit ein.

Die Bezeichnung „Abduktion" wurde zwar erstmals von C. S. Peirce (1960) in die Wissenschaftstheorie eingeführt, das Prinzip selbst wurde aber bereits von dem Mathematiker Thomas Bayes (1702–1761) entwickelt. Ausgangspunkt ist die Überlegung, dass man bei der Suche nach der besten Erklärung oft die ursprüngliche Überzeugung im Lichte neuer Erkenntnisse revidieren muss. Als Grad der Überzeugung gilt die Wahrscheinlichkeit des Zutreffens der Erklärung Die ursprüngliche Überzeugung bildet die sogenannte **Prior-Wahrscheinlichkeit**. Sie kann entweder auf subjektiver Einschätzung oder auf objektiven Daten beruhen. Die Revision der ursprünglichen Überzeugung ergibt sich dadurch, dass man neue Informationen einbezieht. Als Maß für die neue Information gilt die sogenannte **Likelihood,** d. h. die Wahrscheinlichkeit für das Zutreffen der Erklärung unter bestimmten Voraussetzungen. Es handelt sich hierbei um eine **bedingte Wahrscheinlichkeit**. Darauf basiert der von Bayes formulierte Ansatz, das sogenannte Bayes'sche Theorem. Unter Einbeziehung von bedingten Wahrscheinlichkeiten (Likelihoods) wird eine neue Wahrscheinlichkeit, die sogenannte **Posterior-Wahrscheinlichkeit**, berechnet. Sie wird geschrieben als „$P(A|B)$" und bedeutet die Wahrscheinlichkeit des Ereignisses A unter der Bedingung, dass Ereignis B eingetreten ist.

In seiner allgemeinen Form lautet das Theorem:

- $P(A|B) = \dfrac{P(A) * P(B|A)}{P(B)}$

Hierbei gilt:

$P(A)$ ist die Wahrscheinlichkeit für das Ereignis A ohne Kenntnis zusätzlicher Bedingungen (Prior-Wahrscheinlichkeit).

$P(B|A)$ ist die bedingte Wahrscheinlichkeit von B unter der Bedingung, dass A eingetreten ist.

$P(B)$ ist die Gesamtwahrscheinlichkeit für Ereignis B. Sie setzt sich aus folgenden Einzelwahrscheinlichkeiten zusammen:

$$P(B) = P(A) * P(B|A) + P(\neg A) * P(B|\neg A)$$

$P(A|B)$ ist dann die aktualisierte Wahrscheinlichkeit für Ereignis A unter der Bedingung, dass B eingetreten ist. Man nennt $P(A|B)$ die **„Posterior-Wahrscheinlichkeit"**[1], weil sie sich nach *(= post)* dem Eintreten bestimmter Bedingungen ergibt. Die Wahrscheinlichkeit $P(A)$ heißt im Gegensatz dazu **„Prior-Wahrscheinlichkeit"**[2], weil sie die Wahrscheinlichkeit vor *(= prior)* der Sammlung zusätzlicher Daten bezeichnet. Diese ursprüngliche Wahrscheinlichkeit wird durch die Einbeziehung der Likelihoods in die Posterior-Wahrscheinlichkeit überführt.

Die Kernaussage des Bayes'schen Theorems ist, dass sich die Beurteilung des Zustandekommens eines gegenwärtigen Ereignisses bzw. Zustandes ändern kann, wenn man zusätzliche Informationen berücksichtigt. Seine praktische Anwendung findet das Bayes'sche Theorem in vielfältigen Bereichen innerhalb und außerhalb der Wirtschaftswissenschaften. Beispiele sind medizinische Diagnostik, Finanzen, Produkteinführung, Qualitätsprüfung, Risikoanalyse, Informationsverarbeitung, Robotertechnik und Künstliche Intelligenz.

Das folgende Beispiel soll das Bayes'sche Theorem veranschaulichen.

---

[1] Manchmal auch „A-posteriori"-Wahrscheinlichkeit genannt.
[2] Manchmal auch „A-priori"-Wahrscheinlichkeit genannt.

4.4 Abduktion

Beispiel zur Veranschaulichung des Bayes'schen Theorems

Ein Unternehmen befürchtet, dass die in sozialen Medien verbreiteten Fake-News seine Reputation gefährden und dadurch erhebliche finanzielle Verluste nach sich ziehen könnten. Aus Erfahrung geht man davon aus, dass 40 % der Nachrichten zu finanziellen Themen gefälscht sind. Das Unternehmen möchte nun ein mithilfe der Künstlichen Intelligenz erstelltes Prüfverfahren einsetzen, um verlässliche Informationen von Falschmeldungen zu unterscheiden. Das Verfahren identifiziert Fake-News richtigerweise mit einer Wahrscheinlichkeit von 80 % („Sensitivität"), verlässliche News (Non-Fake-News) werden zu 95 % richtigerweise („Spezifität") und zu 5 % fälschlicherweise als unrichtig ausgewiesen. Das Unternehmen fragt sich nun, mit welcher Wahrscheinlichkeit eine Nachricht wirklich gefälscht ist, wenn das Prüfergebnis positiv ausgefallen ist. Und ebenso wird gefragt, mit welcher Wahrscheinlichkeit die Nachricht nicht gefälscht ist, wenn das Prüfergebnis negativ ausfällt.

1000 Meldungen („News") werden geprüft, die Ergebnisse werden in einer Vierfeldertafel (vgl. Tab. 4.1) und in einem Baumdiagramm (vgl. Abb. 4.2) festgehalten. Aus den Häufigkeiten können die Wahrscheinlichkeitswerte berechnet werden. Sie sind in eckigen Klammern aufgeführt.

Das Bayes'sche Theorem lautet:

$$P(A|B) = \frac{P(A) * P(B|A)}{P(B)}$$

$P(A|B)$ ist die gesuchte Wahrscheinlichkeit, also die Wahrscheinlichkeit, dass eine Nachricht wirklich gefälscht ist, wenn die Prüfung positiv ausgefallen ist.

$P(A)$ ist die Prior-Wahrscheinlichkeit für gefälschte Nachrichten, also 40 % bzw. 0,4 (berechnet aus den Tabellenhäufigkeiten als 400/1000).

$P(B)$ ist die Wahrscheinlichkeit dafür, dass die Prüfung positiv ausgefallen ist. Sie setzt sich aus zwei Einzelwahrscheinlichkeiten zusammen: der Wahrscheinlichkeit für ein korrektes positives Prüfergebnis (Fake-News) zuzüglich der Wahrscheinlichkeit für ein inkorrektes positives Prüfergebnis (Non-Fake-News). Es gilt:

$$P(B) = P(A) * P(B|A) + P(\neg A) * P(B|\neg A).$$

Aus den Tabellenhäufigkeiten ergibt sich:

$$P(B) = (400/1000) * (320/400) + (600/1000) * (30/600)$$
$$= 0,32 + 0,03 = 0,35$$

Die gesuchte Wahrscheinlichkeit $P(A|B)$ errechnet sich dann aus dem Verhältnis von korrekten positiven Prüfergebnissen zur Gesamtheit der positiven Prüfergebnisse, also 0,32/0,35 = 0,914. Damit hat sich die Posterior-Wahrscheinlichkeit, die die zusätzliche Information aus dem Prüfverfahren nutzt, gegenüber der

> Prior-Wahrscheinlichkeit wesentlich erhöht: Unter der Bedingung, dass das Prüfergebnis positiv ausfällt, beträgt die Wahrscheinlichkeit, dass es sich um eine Fake-News handelt, 0,914. Umgekehrt hat sich die Wahrscheinlichkeit eines „falschen Alarms", also dass eine Non-Fake-News fälschlicherweise als Fake-Nachricht identifiziert wird, deutlich verringert ($1 - P(A|B) = 0{,}086$). Auch die Wahrscheinlichkeit dafür, dass es sich nicht um eine gefälschte Nachricht handelt, wenn die Prüfung negativ ausfällt ($P(\neg A|\neg B)$), lässt sich berechnen. Sie ergibt sich als $(0{,}6 * 0{,}95)/(0{,}6 * 0{,}95) + (0{,}4 * 0{,}2)$ und beträgt damit 0,877.
>
> Zum selben Ergebnis für $P(A|B)$ kommt man, wenn man die Anzahl der richtigerweise als fälschlich identifizierten Nachrichten zur Anzahl der insgesamt als fälschlich identifizierten Nachrichten ins Verhältnis setzt (320/350). Auf diese Weise hätte man das Bayes'sche Theorem implizit angewendet.
>
> Als Fazit lässt sich festhalten, dass das Unternehmen gut beraten ist, des Prüfverfahren zur Erkennung von Fake-News einzusetzen.

Das Prinzip der Abduktion kann auch zur Bewertung bestehender Theorien (vgl. Abschn. 6.4) sowie zur Entwicklung neuer Theorien herangezogen werden. Entscheidend ist hierbei, dass sowohl bestehende Theorien eine unterschiedliche Gewichtung erfahren können, als auch, dass neue Informationen, die in den bisherigen Theorien nicht berücksichtigt wurden, herangezogen werden.

4.5 Hermeneutisches Schließen

Ähnlich wie bei der Abduktion ist auch beim hermeneutischen Schließen der Rückgriff auf **Hintergrundwissen** unumgänglich. Im Unterschied zur Abduktion sucht man aber bei hermeneutischen Schließen nicht nach einer naturwissenschaftlichen Erklärung, sondern bemüht sich, Sinnzusammenhänge intuitiv zu „verstehen". Einzelphänomene werden nur vor dem Hintergrund eines Gesamtkontexts verständlich, und umgekehrt erschließt sich der Gesamtkontext nur unter Rückgriff auf die Einzelphänomene. Der Erkenntnisprozess vollzieht sich als fortschreitender „hermeneutischer Zirkel" (vgl. Gadamer, 1972) vom Einzelnen zum Ganzen und vom Ganzen zum Einzelnen.

Am Beispiel des Zusammenhangs zwischen Preis und Qualität von Produkten würde man etwa versuchen, die Produktionsbedingungen als Hintergrund zu beleuchten und dadurch zu einem veränderten Verständnis zu gelangen.

Tab. 4.1 Vierfeldertafel der Prüfergebnisse

	Fake-News (A)	Non-Fake-News (¬A)	Summe
Positives Prüfergebnis (B)	320 [0,8] („Sensitivität")	30 [0,05]	350
Negatives Prüfererbgnis (¬B)	80 [0,2]	570 [0,95] („Spezifität")	650
Gesamt	400	600	1000

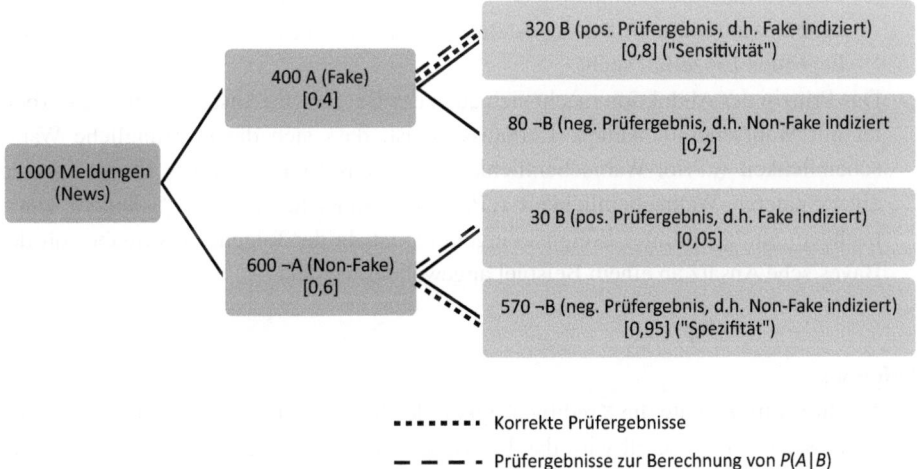

Abb. 4.2 Baumdiagramm der Prüfergebnisse

4.6 Fazit

Wissenschaftliche Erkenntnis in den Realwissenschaften beruht auf einem Zusammenspiel von Erfahrung und Denken. Aus diesem Zusammenspiel ergeben sich Schlussfolgerungen, die die Grundlage für wissenschaftliche Erklärungen liefern. Zur Bildung der Schlussfolgerungen dienen systematische Vorgehensweisen, die sich allerdings untereinander unterscheiden. Die Unterschiede beziehen sich im Wesentlichen darauf, mit welchem Gewicht und in welcher Reihenfolge Erfahrungs- und Denkprozesse zum Tragen kommen.

Verständnisfragen

1. Beim wissenschaftlichen Schlussfolgern lassen sich Induktion, Deduktion, Abduktion und hermeneutisches Schließen unterscheiden. Welche Unterschiede bestehen zwischen Induktion und Abduktion? Bitte kreuzen Sie *alle* der folgenden Aussagen an, die Sie für zutreffend halten.
   (a) Induktion geht von der Erfahrung aus, während Abduktion von allgemeinen Gesetzmäßigkeiten ausgeht.
   (b) Während bei der Induktion Einzelfälle die alleinige Basis für die generalisierende Schlussfolgerung bildet, zieht man bei der Abduktion Hintergrundinformationen über den vorliegenden Fall heran.
   (c) Bei der Induktion schließt man aus Einzelfällen auf allgemeine Gesetzmäßigkeiten, während man bei der Abduktion nach der besten Erklärung für den vorliegenden Einzelfall sucht.
2. Das Prinzip der Abduktion macht sich auch der Bayes'sche Ansatz zunutze. Er arbeitet mit Wahrscheinlichkeiten. Kernaussage ist, dass sich die ursprüngliche Wahrscheinlichkeit („Prior-Wahrscheinlichkeit") für das Eintreten eines Ereignisses zu einer späteren Wahrscheinlichkeit („Posterior-Wahrscheinlichkeit ") ändern kann, nachdem ein bestimmtes Ereignis eingetreten ist. In der folgenden Aufgabe soll der Bayes'sche Ansatz an einem Beispiel angewendet werden.

Aufgabe:
Ein Kreditinstitut möchte die Kreditwürdigkeit des Kunden Maier anhand des Insolvenzrisikos einschätzen. Generell wird das Insolvenzrisiko eines Kreditnehmers auf 6 % geschätzt (Prior-Wahrscheinlichkeit). Das Kreditinstitut geht weiterhin davon aus, dass die im Hause vorgenommene Bonitätsprüfung mit 85 % ein korrektes Urteil liefert. Die Bonitätsprüfung bei Kunden Maier fällt negativ aus. Für wie hoch hält das Kreditinstitut die Wahrscheinlichkeit, dass der Kunde Maier insolvent ist (Posterior-Wahrscheinlichkeit)? Gesucht ist also *P(A|B)*.

Folgende Informationen sind gegeben:
$P(A)$ = Prior-Wahrscheinlichkeit für Insolvenz
$P(B|A)$ = Wahrscheinlichkeit für ein korrektes Insolvenzurteil bei der Bonitätsprüfung
Berechnen Sie die Wahrscheinlichkeit dafür, dass Herr Maier tatsächlich insolvent ist, also *P(A|B)*!
Gemäß dem Bayes'schen Ansatz errechnet sich *P(A|B)* nach folgender Formel:

$$P(A|B) = \frac{P(A) * P(B|A)}{P(B)}$$

Setzen Sie die entsprechenden Zahlen ein.
Welches Ergebnis erhalten Sie?

3. Eine Form des wissenschaftlichen Schlussfolgerns ist das hermeneutische Schließen. Wie lässt sich hermeneutisches Schließen charakterisieren? Bitte kreuzen Sie *alle* der folgenden Aussagen an, die Sie für zutreffend halten:

(a) Ebenso wie die Abduktion greift das hermeneutische Schließen auf Hintergrundwissen zurück.
(b) Das hermeneutische Schließen baut auf dem Prinzip der Deduktion auf.
(c) Beim hermeneutischen Schließen schließt man aus Einzelfällen auf allgemeine Gesetzmäßigkeiten.
(d) Beim hermeneutischen Schließen versucht man Sinnzusammenhänge zu verstehen.
(e) Beim hermeneutischen Schließen vollzieht sich der Erkenntnisprozess als fortschreitender Kreisprozess vom Einzelnen zum Ganzen und vom Ganzen zum Einzelnen.

4. In den Realwissenschaften unterscheidet man zwischen dem „Explanandum" und dem „Explanans". Welche der folgenden Aussagen bezieht sich auf das Explanandum? Bitte entscheiden Sie sich für *eine* der folgenden Antwortmöglichkeiten.

(a) Billige Produkte sind von minderwertiger Qualität.
(b) Wenn ein Betrieb marktorientiert arbeitet, ist er erfolgreich.
(c) Betrieb X erzielt hohe Gewinne, weil er marktorientiert wirtschaftet.
(d) Betrieb X erzielt hohe Gewinne.
(e) Betrieb X ist erfolgreich, weil er marktorientiert arbeitet.
(f) Wenn sich ein Betrieb nicht am Markt orientiert, kann er nicht erfolgreich sein.

Literatur

Zitierte Literatur

Chalmers, A. F. (2007). *Wege der Wissenschaft – Einführung in die Wissenschaftstheorie* (6. Aufl.). Springer.
Chmielewicz, K. (1994). *Forschungskonzeptionen der Wirtschaftswissenschaft* (3. Aufl.). Poeschel.
Gadamer, H.-G. (1972). *Wahrheit und Methode. Grundzüge einer philosophischen Hermeneutik.* Mohr.
Mellerowicz, K. (1956). *Allgemeine Betriebswirtschaftslehre* (Bd. 1). W. de Gruyter.
Peirce, C. S. (1960). Pragmatism and pragmaticism. Volume V. In C. Hartshorne & P. Weiss (Hrsg.), *Collected papers of Charles Sanders Peirce*. Harvard University Press.
Popper, K. R. (1994). *Logik der Forschung* (10. Aufl.). Mohr.
Reichenbach, H. (1938). *Experience and prediction*. University of Chicago Press. Deutsch. (1983). *Erfahrung und Prognose*. Vieweg.

Weiterführende Literatur

Kastner, M. (2016). *Statistik*. NWB Verlag.

Rosenthal, J. (2007). Induktion und Bestätigung. In A. Bartels & M. Stöckler (Hrsg.), *Wissenschaftstheorie* (S. 109–133). Mentis.

Schurz, G. (2013). Das Problem der Induktion. In H. Keuth (Hrsg.), *Karl Popper, Logik der Forschung* (S. 25–40). Akademie-Verlag.

Wissenschaftliche Aussagen 5

> **Übersicht**
>
> In Kap. 4 wurde die Frage behandelt, auf welche Art und Weise sich wissenschaftliches Denken vollzieht. Das Resultat solchen Denkens sind wissenschaftliche Aussagen. Sie stellen Antworten dar, die auf wissenschaftliche Fragen gegeben werden. In den Realwissenschaften können solche Aussagen einerseits als Hypothesen den Ausgangspunkt und andererseits als Erkenntnisse das Ergebnis empirischer Untersuchungen darstellen. Im vorliegenden Kapitel wird erörtert, welche Arten wissenschaftlicher Aussagen es gibt, welche Konsequenzen diese Aussagen für praktisches Handeln haben und welche Bedeutung ihnen innerhalb der Betriebswirtschaftslehre zukommt.

5.1 Arten wissenschaftlicher Aussagen

Antworten, die auf wissenschaftliche Fragen gegeben werden, bezeichnet man als „wissenschaftliche Aussagen". Im Unterschied zu Alltagsaussagen sind wissenschaftliche Aussagen hinsichtlich ihrer Gültigkeit überprüfbar. Die Gültigkeit kann sich – je nach wissenschaftstheoretischer Position (siehe Kap. 8) – sowohl auf die „Wahrheit" als auch auf die „Tauglichkeit" für zweckdienliches Handeln beziehen. Hinsichtlich der Art der Überprüfbarkeit unterscheidet man zwischen analytischen und empirischen Aussagen. **Analytische** Aussagen kommen allein durch Denken zustande und sind von der Realität unabhängig. Ihre Richtigkeit kann daher nur logisch überprüft werden. Man bedient sich hierbei der Deduktion, d. h. man schließt vom Allgemeinen auf das Besondere (vgl. Abschn. 4.3). Das „Besondere" bezieht sich bei analytischen Aussagen nicht auf die Realität, sondern nur auf logische Konsequenzen, die sich aus der allgemeinen Aussage ableiten lassen.

Im Unterschied zu analytischen Aussagen sind **empirische** Aussagen synthetische (d. h. zusammengesetzte) Aussagen, die sich auf die Realität beziehen. Ihre Richtigkeit muss daher sowohl logisch als auch an der Realität überprüft werden. Die „Realität" wird hierbei je nach wissenschaftstheoretischer Position (siehe Kap. 8) entweder als objektiv vorfindbare oder als vom Menschen konstruierte Wirklichkeit aufgefasst.

In der Betriebswirtschaftslehre sind sowohl analytische als auch empirische Aussagen von Bedeutung. Aus analytischen Aussagen können Idealtheorien oder Formaltheorien erstellt werden, die als Grundlage für die Bildung realwissenschaftlicher (empirischer) Aussagen und für die Ableitung von Handlungsempfehlungen genutzt werden können. Ein Beispiel für eine formale Theorie ist Gutenbergs Theorie der Unternehmung (Gutenberg, 1929), in der gesetzmäßige Abhängigkeiten zwischen Produktionsfaktoren als Inputvariablen und betrieblichen Leistungen als Outputvariablen dargestellt werden. Weiterhin können analytische Aussagen zur logischen Prüfung empirischer Aussagen herangezogen werden.

Da die Betriebswirtschaftslehre sich als Realwissenschaft versteht, liegen empirische Aussagen im Fokus ihrer Betrachtung. Sie können den Ausgangspunkt einer wissenschaftlichen Untersuchung bilden und werden dann als mögliche Aussagen oder „Hypothesen" formuliert (vgl. Abschn. 6.3). Sie können aber auch das Ergebnis einer wissenschaftlichen Untersuchung bilden und werden dann als Erkenntnisse betrachtet.

Empirische Aussagen unterscheiden sich untereinander hinsichtlich des Umfangs ihres Geltungsbereichs. Am einen Extrem wäre die Beschreibung oder Analyse von Einzelfällen, die sogenannte **idiographische** Darstellung, anzusiedeln (siehe Abschn. 10.1). Das andere Extrem bilden Aussagen, die universelle Gültigkeit beanspruchen, so genannte **nomologische** oder **nomothetische** Aussagen[1]. Letztere beschreiben allgemeine Gesetzmäßigkeiten (griech.: *nomoi)*[2]. Ein Beispiel wäre die Aussage „Alle Schwäne sind weiß".

Allgemeine Gesetzmäßigkeiten sind in den Realwissenschaften so gut wie nie anzutreffen, da immer Ausnahmen auftreten können – sei es, dass man diese in der Gegenwart noch nicht entdeckt hat oder dass sie in der Zukunft zutage treten. Im Beispiel der Schwäne ist es nie auszuschließen, dass man entweder an einem bisher nicht besuchten Ort oder aber in der Zukunft einen nicht-weißen (beispielsweise schwarzen) Schwan antrifft. Dennoch versucht man jedoch auch in den Realwissenschaften, die aus der Untersuchung eines kleinen Ausschnitts der interessierenden Realität gewonnenen Erkenntnisse auf einen größeren Ausschnitt zu übertragen, d. h. die Erkenntnisse zu genera-

---

[1] Es sei darauf hingewiesen, dass die Bezeichnung „nomologisch" uneinheitlich verwendet wird. In manchen Lehrbüchern wird nur dann von „nomologischen Aussagen" gesprochen, wenn eine Ursache-Wirkungs-Beziehung vorliegt (z. B. Nienhüser, 1989, S. 49).

[2] Beide Bezeichnungen beziehen sich auf allgemeine Gesetzmäßigkeiten (griech.: *nomoi).* „Nomologisch" enthält zusätzlich das griechische Verb *logein* (deutsch: sagen); „nomothetisch" enthält zusätzlich das griechische Verb *thetein* (deutsch: aufstellen).

5.1 Arten wissenschaftlicher Aussagen

lisieren. Der untersuchte kleine Ausschnitt ist die sogenannte **Stichprobe,** der größere Ausschnitt die Gesamtheit des interessierenden Realitätsbereiches, die sogenannte **Population** (siehe Abschn. 11.5). Zur statistischen Beschreibung der Stichprobe dient die **deskriptive Statistik,** zur Generalisierung auf die Population wird die **Inferenzstatistik** herangezogen (siehe Kap. 12).

Die Inferenzstatistik erlaubt die Ableitung nomologischer oder nomothetischer Aussagen, also Aussagen über allgemeine Gesetzmäßigkeiten, allerdings nicht mit hundertprozentiger Sicherheit. Man unterscheidet daher zwischen deterministischen einerseits und probabilistischen oder stochastischen Aussagen andererseits. **Deterministische** Aussagen sind mit Sicherheit gültig, **probabilistische** Aussagen treffen nur mit einer bestimmten Wahrscheinlichkeit zu. Diese lässt sich in Abhängigkeit von der Größe der Stichprobe, der Art der Stichprobenauswahl und der Art der angewandten statistischen Verfahren mit Hilfe der Inferenzstatistik näher bestimmen (vgl. Kap. 12).

Es gibt unterschiedliche Arten von empirischen Aussagen. Die Einteilung erfolgt entsprechend den Aufgaben einer Realwissenschaft (vgl. Kap. 3). Aus diesen Aufgaben, die in Kap. 3 als Beschreiben, Erklären, Vorhersagen und Gestalten von Handlungsmaßnahmen definiert wurden, lassen sich vier verschiedene Arten von empirischen Aussagen ableiten: deskriptive (beschreibende) Aussagen, erklärende Aussagen, Vorhersagen und technologische Aussagen. Entsprechend den unterschiedlichen Aufgaben geben die resultierenden Aussagen Antworten auf unterschiedliche Fragestellungen. Abb. 5.1 stellt die einzelnen Aussagearten im Überblick dar. Die durchgezogene Linie zeigt eine obligatorische, die unterbrochenen Linien zeigen fakultative Verbindungen an.

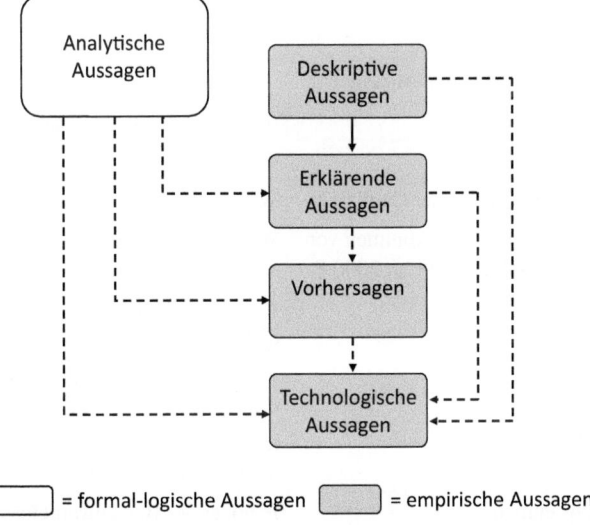

Abb. 5.1 Arten von Aussagen

Die einzelnen Arten von empirischen Aussagen können hierarchisch aufeinander aufbauen, müssen dies aber nicht notwendigerweise. Eine hierarchische Anordnung wäre beispielsweise dann gegeben, wenn Handlungsempfehlungen immer Beschreibung, Erklärung und Vorhersage zur Voraussetzung hätten. Dies muss aber nicht immer der Fall sein. Zwar lässt sich sagen, dass eine erklärende Aussage eine deskriptive Aussage voraussetzt, jedoch bedürfen sowohl Vorhersagen als auch technologische Aussagen nicht unbedingt einer vorangehenden Erklärung.

5.2 Deskriptive Aussagen

Deskriptive Aussagen liefern eine Beschreibung von Tatbeständen oder aus diesen abgeleiteten Merkmalen. Tatbestände können vorfindbare Gegebenheiten (z. B. Maschinen oder Produkte) oder erlebte Ereignisse (z. B. Verkaufsgespräche oder Fertigungsabläufe) sein. Die Tatbestände können als **„Phänomene"** bezeichnet werden, weil es sich um „Erscheinungen" handelt, die dem Beobachter unmittelbar zugänglich sind. Werden aus den Phänomenen durch Beurteilung bestimmte Charakteristika oder Eigenschaften (z. B. Haltbarkeit) abgeleitet, spricht man von **„Merkmalen".** Die Fälle oder Einheiten, an denen die Merkmale beobachtet oder gemessen werden, gelten als „Merkmalsträger" oder „Untersuchungseinheiten". Es kann sich dabei um Personen, Personengruppen oder Objekte handeln. Die Merkmale werden als **„Variablen"** bezeichnet, wenn sich unterschiedliche Ausprägungen unterscheiden lassen und diese einer Messung zugänglich sind (siehe Abschn. 11.4). Uneinheitlich wird der Ausdruck **„Daten"** verwendet: er kann sich sowohl auf Phänomene als auch auf Merkmale beziehen (siehe Abschn. 11.1). Tab. 5.1 gibt Beispiele für deskriptive Aussagen.

Tab. 5.1 Beispiele für deskriptive Aussagen

Aussage	Frage, auf die die Aussage eine Antwort gibt
Betrieb B weist Verluste auf	Was ist?
Betrieb B stellt Produkte von hoher Qualität her	Wie ist es?
Das mittlere monatliche Bruttoeinkommen von Arbeitnehmern in Deutschland beträgt 2000 €	Wie stark ist es ausgeprägt?
Wie oft tritt es auf?	Auf dem Markt X sind billige Produkte zu 80 % von schlechter Qualität
Wo tritt es auf?	In Mecklenburg-Vorpommern ist das mittlere Einkommen relativ niedrig
Wann tritt es auf?	Im Jahr 2022 betrug das Wirtschaftswachstum in Deutschland 1, 9 %
Womit hängt es zusammen?	Je höher der Börsenwert eines Unternehmens, desto höher fallen seine Investitionen aus

5.2 Deskriptive Aussagen

Die deskriptiven Aussagen stellen Antworten auf folgende Fragen dar:

- Was ist?
- Wie ist es?
- Wie stark ist es ausgeprägt?
- Wie oft tritt es auf?
- Wo tritt es auf?
- Wann tritt es auf?
- Womit hängt es zusammen?

Aussagen, die als Antworten auf die Fragen „Was ist? und „Wie ist es?" gegeben werden, können sowohl das einmalige Auftreten von Auffälligkeiten wie beispielsweise einer Bankenkrise als auch das Auftreten immer wiederkehrender Phänomene oder Merkmale wie beispielsweise die Arbeitsleistung in einem Industriebetrieb beschreiben.

Antworten auf die Fragen „Wie oft tritt es auf?" und „Wo tritt es auf?" machen Aussagen über die Häufigkeit des Vorkommens von Phänomenen oder Merkmalen bzw. deren unterschiedliche Ausprägungen. Sie können allgemein als **„Merkmalsbeschreibungen"** charakterisiert werden (siehe Abschn. 10.3). Resultierende Aussagen können die absolute Auftretenshäufigkeit als ganzzahlige Werte oder die relative Auftretenshäufigkeit bezogen auf eine Referenzgruppe als Anteils- oder Prozentwerte sein. Antworten auf die Frage „Wann tritt es auf?" können auch Aussagen über unterschiedliche Auftretenshäufigkeiten zu unterschiedlichen Zeitpunkten sein.

Deskriptive Aussagen können auch Auskunft geben über die für die Gesamtheit typischen Ausprägungen von Phänomenen oder Merkmalen sowie über deren Variabilität. Charakteristisch hierfür sind Aussagen über statistische Kennwerte wie Mittelwerte und Streuungen (siehe Abschn. 12.1).

Antworten auf die Fragen „Womit hängt es zusammen?" geben Auskunft über die Beziehung zwischen unterschiedlichen Merkmalen. Es resultieren Aussagen über das gemeinsame Auftreten unterschiedlicher Merkmale bzw. über die Beziehung zwischen der Ausprägung eines Merkmals und der Ausprägung eines oder mehrerer anderer Merkmale, man kann sie als **„Zusammenhangsbeschreibungen"** bezeichnen. Statistisch lassen sich Zusammenhangsaussagen durch Kennwerte wie Korrelations- oder Regressionskoeffizienten (siehe Abschn. 10.4) formulieren.

Zusammenhangsaussagen können Auskunft über Wenn-Dann-Beziehungen geben, sie lassen aber keine Schlüsse über kausale Ursache-Wirkungs-Beziehungen zu. Selbst wenn man weiß, dass das Auftreten von Merkmal A das Auftreten von Merkmal B nach sich zieht, kann man daraus nicht schließen, dass A die Ursache von B ist. Alternativerklärungen sind ebenso möglich. Beispielsweise besteht die Möglichkeit, dass A und B von einer gemeinsamen Ursache C hervorgerufen werden.

5.3 Erklärende Aussagen

Erklärende Aussagen geben eine Antwort auf die Frage „Warum?". Sie liefern also eine Erklärung für das Zustandekommen der untersuchten Tatbestände. Wie in Kap. 3 ausgeführt wurde, gibt es verschiedene Arten der Erklärung. Die Antwort auf die Warum-Frage besteht bei einer kausalen Erklärung in der Angabe einer Ursache-Wirkungs-Beziehung, bei einer finalen Erklärung in der Angabe des Handlungszwecks des untersuchten Tatbestandes, bei einer funktionalen Erklärung in der Angabe der spezifischen Aufgabe des untersuchten Tatbestandes innerhalb eines sozialen Systems (vgl. Tab. 3.2).

Entsprechend dem naturwissenschaftlichen Ideal richtet sich in der Betriebswirtschaftslehre der Fokus der Aufmerksamkeit auf die kausale Erklärung. Im folgenden Kasten sind Beispiele für kausale Aussagen angeführt.

Beispiele für kausale Aussagen
- Die Diversifikation von Unternehmen führt zu höheren Investitionen in Forschung und Entwicklung.
- Zeitlich begrenzte Preisreduktionen im Einzelhandel erhöhen den Absatz.
- Verlusterwartungen führen zu irrationalen Entscheidungen.
- Ein zuerst dargebotener Preis (Preisanker) beeinflusst die vom Kunden wahrgenommene Preisgünstigkeit.
- Marktorientierung von Unternehmen bewirkt Unternehmenserfolg.

Kausale Aussagen können sowohl den Ausgangspunkt als auch das Ergebnis einer wissenschaftlichen Untersuchung bilden. Bilden sie den Ausgangspunkt einer Untersuchung, werden sie als Vermutungen oder präziser als „Hypothesen" formuliert (vgl. Abschn. 6.3). Die Untersuchung selbst soll zeigen, inwieweit die Hypothese gerechtfertigt ist.

Der Königsweg zur Prüfung kausaler Hypothesen ist das Experiment (siehe Abschn. 10.5). Bei einem Experiment wird ein vermuteter Kausalzusammenhang unter kontrollierten Bedingungen überprüft. Die Bedingungen werden planmäßig variiert und die dadurch hervorgerufenen Veränderungen systematisch erfasst. Die variierten Bedingungen werden als **„unabhängige Variablen"**, die erfassten Veränderungen als **„abhängige Variablen"** bezeichnet. Ziel ist hierbei, Bedingungen zu identifizieren, die als Einflussgrößen (Ursachen) für interessierende Zustände oder Verhaltensweisen (Wirkungen) fungieren.

In der betriebswirtschaftlichen Forschung kommen Experimente vor allem im Bereich des Marketing und in der deskriptiven Entscheidungsforschung[3] („Behavioral Economics") zum Einsatz.

Typische Fragestellungen aus dem Marketingbereich (vgl. Berndt, 1992, S. 139) sind:

- Wie wirken unterschiedliche Produktgestaltungen auf die Produktbewertung aufseiten der Konsumenten?
- Wie wirken sich unterschiedliche Preise auf die Absatzmenge aus?

Typische Fragestellungen im Bereich der deskriptiven Entscheidungsforschung (vgl. Jungermann et al., 2005, S. 348 f.) können sein:

- Wie wirken sich subjektive Erwartungen über Gewinne oder Verluste von Unternehmen auf den Kauf von Aktien aus?
- Wie wirkt sich die Gestaltung der dargebotenen Information auf die Risikoeinschätzung aus?

Insgesamt sind in der betriebswirtschaftlichen Forschung dem Einsatz von Experimenten enge Grenzen gesetzt. Zum einen gibt es viele Bedingungen, die aus praktischen, finanziellen oder ethischen Gründen nicht planmäßig variiert werden können, und zum anderen sind Störeinflüsse häufig nicht kontrollierbar. Daher versucht man häufig, auch aus Zusammenhangsanalysen kausale Aussagen abzuleiten. Die Ableitung stützt sich in diesem Fall auf die Feststellung von Wenn-Dann-Beziehungen, die aufgrund theoretischer Überlegungen als Ursache-Wirkungs-Beziehungen interpretiert werden. Zur Aufdeckung solcher Beziehungen kommen vor allem die Pfadanalyse und die Mehrebenen-Analyse (siehe Kap. 10) zum Einsatz.

5.4 Vorhersagende Aussagen

Vorhersagende Aussagen betreffen die Übertragung von gewonnenen Erkenntnissen auf neue Realitätsausschnitte. Drei Aspekte der Übertragung sind zu unterscheiden:

- Individualisierung
- Generalisierung
- Prognose

---

[3] „Deskriptiv" steht hier im Gegensatz zu „präskriptiv" (vgl. Abschn. 1.6 und 2.2) und bedeutet nicht, dass nur deskriptive Aussagen getroffen werden.

Die **Individualisierung** beinhaltet den Versuch, die gewonnene Erkenntnis auf einen Einzelfall anzuwenden (vgl. Abschn. 3.4).

Die **Generalisierung** beinhaltet den Versuch, den Geltungsbereich einer gewonnenen Erkenntnis zu erweitern (vgl. Abschn. 3.4). Beispielsweise wird geprüft, ob ein im Unternehmen A vorgefundene kausale Erklärung sich auch auf andere Unternehmen übertragen lässt.

Die **Prognose** versucht, Vorhersagen über zukünftige Tatbestände zu treffen. Die Vorhersagen beziehen sich also auf Tatbestände, die vom Zeitpunkt der Äußerung aus gesehen in der Zukunft liegen (vgl. Nienhüser, 1989, S. 51). Beispielsweise versucht man, den Kurs einer Aktie zu einem in der Zukunft liegenden Zeitpunkt zu ermitteln.

Die Erwartungen, auf die sich die Prognose gründet, können in der Anwendung erklärender inhaltlicher Aussagen bestehen, müssen dies aber nicht notwendigerweise. Die Prognose kann auch rein nach formalen Prinzipien vorgenommen werden. Dies sei am Beispiel der Vorhersage von Aktienkursen erläutert. Bei der Anwendung erklärender Aussagen stützt sich die Prognose auf vermutete Ursache-Wirkungs-Beziehungen wie etwa einen Anstieg der Aktienkurse (Wirkung) aufgrund der Ausprägung bestimmter Faktoren wie etwa des Werts der Unternehmenssubstanz und der Marktentwicklung des Unternehmensumfeldes (Ursachen). Bei der Anwendung formaler Prinzipien beruht die Prognose nicht auf inhaltlichen Überlegungen, sondern auf algorithmischen Operationen, deren Anwendung in der Vergangenheit und Gegenwart eine adäquate Vorhersage der Aktienkurse gewährleisteten. Prototypisch für diese Vorgehensweise ist die Vorhersage von Aktienkursen mittels neuronaler Netze (siehe Kap. 7) oder mittels Trendextrapolation.

5.5 Technologische Aussagen

5.5.1 Übertragung von Ursache-Wirkungs-Aussagen auf Mittel-Ziel-Aussagen

Technologische Aussagen sind handlungsrelevante Anweisungen, die eine Antwort auf die beiden Fragen „Wozu?" und „Wie?" geben. Sie beschreiben eine Ziel-Mittel-Beziehung. Ebenso wie Prognosen können technologische Aussagen in der Anwendung erklärender Prinzipien bestehen, müssen dies aber nicht notwendigerweise (vgl. Abb. 5.1).

Eine häufig in der Betriebswirtschaftslehre diskutierte Frage ist, ob und inwieweit sich aus erklärenden Aussagen Handlungsanweisungen ableiten lassen. Weit verbreitet ist die Annahme, dass sich Ursache-Wirkungs-Beziehungen direkt auf Ziel-Mittel-Beziehungen übertragen lassen (vgl. Nienhüser, 1978, S. 55). Im sogenannten Kritischen Rationalismus (siehe Abschn. 8.4) wird diese Übertragung als **„tautologische Transformation"** bezeichnet. Sie besteht in einer Art „Umkehrung des fundamentalen Erklärungsschemas (Popper, 1972, S. 52). Nach Albert (1960, S. 213) wird eine Theorie „durch tautologische Transformation" in ihre ‚technologische Form' überführt, [d. h.]

5.5 Technologische Aussagen

aus einer Menge nomologischer Hypothesen wird eine Aussagenmenge über menschliche Handlungsmöglichkeiten in Bezug auf bestimmte Ziele" abgeleitet. Innerhalb der Betriebswirtschaftslehre kommt das Prinzip der tautologischen Transformation unter dem Stichwort „Erfolgsfaktorenforschung" zum Tragen (vgl. Kirsch et al., 2007). Ausgangspunkt ist eine nomologische Aussage wie etwa „Wenn ein Unternehmen marktorientiert arbeitet (Ursache), dann ist es erfolgreich (Wirkung)". Mithilfe der tautologischen Transformation wird die nomologische Aussage in eine technologische Ziel-Mittel-Aussage umgewandelt: „Wenn ein Unternehmen erfolgreich sein will (Ziel), muss es marktorientiert handeln (Mittel)."

Im Sinne der tautologischen Transformation haben technologische Aussagen große Ähnlichkeit mit Prognosen, da sie ebenso wie Letztere darlegen müssen, welche Einflüsse gegeben sein müssen, um bestimmte Wirkungen zu erzielen.

Im Unterschied zu reinen Prognosen wird allerdings bei technologischen Aussagen zusätzlich gefordert, dass spezifiziert werden muss, auf welche Weise die notwendigen Einflüsse herzustellen sind, d. h. wie sie als Handlungsmöglichkeiten realisiert werden können. Die daraus resultierenden betrieblichen Handlungsanweisungen verhalten sich damit zu betriebswirtschaftlichen Theorien wie die Ingenieurwissenschaft zur Physik. Während die Physik Handlungsmöglichkeiten aufzeigen kann, muss die Ingenieurwissenschaft darüber hinaus in der Lage sein, Handlungsempfehlungen bereitzustellen.

Es lässt sich allerdings bezweifeln, dass die tautologische Transformation in der Lage ist, die erforderlichen Handlungsanweisungen ohne Einschränkung bzw. ohne zusätzliche Informationen bereitzustellen. Zur Lösung dieses Problems wurden zwei Modifikationen vorgeschlagen. Eine der beiden Modifikationen (vgl. Popper, 1965, S. 49) besteht in einer Restriktion der zugrunde liegenden Gesetzesaussagen, einer sogenannten Beschränkung. Die Beschränkung besteht darin, dass die Gesetzesaussage „Wenn A, dann B" umgeformt wird in die Aussage „Wenn Nicht-A, dann Nicht-B". Die abgeleitete technologische Aussage lautet dann: „Man muss Nicht-A vermeiden, wenn man B vermeiden will". In obigem Beispiel bedeutet dies, dass die Gesetzesaussage „Wenn ein Unternehmen marktorientiert arbeitet, dann ist es erfolgreich" umgewandelt werden muss in die Aussage „Wenn ein Unternehmen nicht marktorientiert arbeitet, dann ist es nicht erfolgreich". Die Umsetzung in eine technologische Aussage erscheint damit realistischer, weil die vorausgehenden Bedingungen nur eingeschränkt erfüllt sein müssen. Übersehen wurde dabei allerdings, dass die Ableitung der Beschränkung aus der Gesetzesaussage logisch unzulässig ist. Sie ist deshalb logisch unzulässig, weil Wenn-Dann-Aussagen logisch nicht umkehrbar sind. Ein Beispiel aus dem Alltagsleben soll dies verdeutlichen. Aus der Aussage „Wenn man sehr viel raucht, stirbt man früh" lässt sich nicht ableiten, dass man als Nichtraucher den frühen Tod vermeidet (ein früher Tod kann auch durch andere Ursachen hervorgerufen werden).

Aber selbst wenn die Beschränkung logisch zulässig wäre, lassen sich aus der vorgeschlagenen Modifikation noch keine konkreten Handlungsempfehlungen ableiten. Zur deren Ableitung wurde eine grundsätzliche Modifikation der tautologischen Transformation vorgeschlagen (Bunge, 1985, S. 219–241). Diese Transformation sieht einen

Zwischenschritt zwischen nomologischer und technologischer Aussage vor: eine **nomopragmatische** Aussage. Die Umwandlung der nomologischen in eine nomopragmatische Aussage besteht darin, dass aus der Gesetzesaussage Aussagen abgeleitet werden, die direkt auf Tätigkeiten bezogen sind. Die Gesetzesaussage erfährt damit eine Bedeutungserweiterung, die nur durch zusätzliche Informationen vorgenommen werden kann. In obigem Beispiel könnte eine nomopragmatische Aussage lauten: „Wenn ein Unternehmen die Zahlungsbereitschaft seiner Kunden antizipiert, ist es erfolgreich". Die als letzter Schritt abgeleitete **technologische** Aussage würde dann lauten: „Um erfolgreich zu sein, muss ein Unternehmen die Zahlungsbereitschaft seiner Kunden antizipieren".

Die im Dreischrittverfahren vorgenommene Transformation kann aus zwei Gründen nicht mehr als „tautologisch" bezeichnet werden. Der erste Grund bezieht sich darauf, dass zusätzliche Informationen benötigt werden, um von der nomologischen Aussage zur nomopragmatischen Aussage zu gelangen. Der zweite Grund bezieht sich darauf, dass das Kriterium für die Gültigkeit einer erklärenden Aussage ein anderes ist als das Kriterium für die **Gültigkeit** einer technologischen Aussage. Während das Kriterium für die Gültigkeit einer erklärenden Aussage deren **Wahrheitsgehalt** ist, ist das Kriterium für die Gültigkeit einer technologischen Aussage deren Tauglichkeit für zweckgerichtetes Handeln, also ihre **Wirksamkeit.** Die Anwendung der beiden Kriterien kann zu voneinander abweichenden Ergebnissen führen. Beispielsweise ist denkbar, dass aus empirisch zutreffenden Gesetzesannahmen Handlungsempfehlungen abgeleitet werden, die völlig ineffektiv sind. Nach Bunge (1967, S. 132 f.) müssen die technologischen Aussagen zwar in empirisch fundierten Gesetzesaussagen *(grounded rules)* begründet sein, diese Fundierung gewährleistet jedoch noch keine Erfolgsgarantie. Aus den Gesetzesaussagen können keine Rezepte abgeleitet werden – ähnlich wie in der Medizin, wo beispielsweise die Bekämpfung von Seuchen nicht allein durch medizinische Methoden, sondern erst durch die Anwendung hygienischer Maßnahmen gelang. Man kann daraus schließen, dass nomologische Aussagen weder eine notwendige noch eine hinreichende Bedingung für die Ableitung technologischer Aussagen sind. Der folgende Kasten gibt ein Beispiel für die tautologische Transformation und ihrer Varianten.

Tautologische Transformation und Varianten
Zweck einer tautologischen Transformation ist die Umwandlung einer nomologischen in eine technologische Aussage.
Nomologische Aussage: Wenn A, dann B.
Beispiel:
- Wenn ein Unternehmen marktorientiert handelt, ist es erfolgreich.

Tautologische Transformation: Um B zu erreichen, muss A realisiert werden.
Beispiel:
- Wenn ein Unternehmen marktorientiert handelt, ist es erfolgreich.

5.5 Technologische Aussagen

Beschränkung der nomologischen Aussage: Wenn Nicht-A, dann Nicht-B.
Beispiel:
- Wenn ein Unternehmen nicht marktorientiert handelt, ist es nicht erfolgreich.

Tautologische Transformation: Um Nicht-B zu vermeiden, muss Nicht-A vermieden werden.
Beispiel:
- Wenn ein Unternehmen Misserfolg vermeiden will, darf es die Marktorientierung nicht außer Acht lassen.

Zwei Probleme:
- Wenn-Dann-Beziehungen sind nicht umkehrbar.
- Mittel-Aussagen sind nicht tätigkeitsbezogen.

Nomopragmatische Aussage: Konkretisierung von A als Tätigkeit.
Beispiel:
- Wenn ein Unternehmen die Zahlungsbereitschaft seiner Kunden antizipiert, ist es erfolgreich.

Technologische Aussage: A als Handlungsanweisung.
Beispiel:
- Um erfolgreich zu sein, muss ein Unternehmen die Zahlungsbereitschaft seiner Kunden antizipieren.

Problem:
- Konkretisierung von A (Mittel) ist weder eine notwendige noch eine hinreichende Bedingung für die Erreichung von B (Ziel).

5.5.2 Ziel-Mittel-Aussagen ohne Kausalerklärung

Angewandte Wissenschaft, die nicht auf Gesetzesaussagen basiert, wird von Bunge (1974, S. 38) als unwissenschaftlich zurückgewiesen. Diese Auffassung ist zwar auch in der Betriebswirtschaftslehre weit verbreitet, wird aber keineswegs von allen Wissenschaftlern geteilt. Viele Beobachtungen zeigen, dass der erfolgreich handelnde Unternehmer vorläufige durch Induktion gewonnene empirische Generalisierungen, diverse Hilfsannahmen, tradiertes „Know-How" und intuitive Vorstellungen benutzt, um praktisch-technische Ziele zu erreichen (vgl. Herrmann, 1979, S. 220). Ansatzpunkte für die Ableitung konkreter Gestaltungsmaßnahmen können auch Einzelfallstudien (siehe

Abschn. 10.7) bieten, besonders dann, wenn sie mit Hintergrundwissen verknüpft werden, das aus anderen Quellen stammt.

Die auf einem solchen Vorgehen basierenden technologischen Aussagen können dann als wissenschaftlich betrachtet werden, wenn ihre Wirksamkeit mit wissenschaftlichen Methoden überprüfbar ist. Die Überprüfung wird gemeinhin als **„Evaluierung"** oder **„Validierung"** bezeichnet (siehe Abschn. 7.3.3).

Ebenso wie Prognosen können technologische Aussagen auch auf der Basis rein formaler Regeln, also auf der Basis analytischer Aussagen gebildet werden. Ein Beispiel sind Modelle der Kostenrechnung, die als Basis für technologische Aussagen herangezogen werden können. Die Überprüfung ihrer Gültigkeit erfolgt ebenso wie bei den auf betrieblicher Praxis beruhenden Aussagen durch eine mit wissenschaftlichen Methoden durchgeführte Evaluation.

Bei der Evaluation betrieblicher Handlungsempfehlungen können Feldexperimente (siehe Abschn. 10.5) zum Einsatz kommen. Durch sie wird die Wirksamkeit betrieblicher Maßnahmen geprüft. Typische Fragestellungen sind:

- Eignet sich eine Trainingsmaßnahme zur Verbesserung der Arbeitsleistung?
- Lässt sich durch die Einführung der Prozesskostenrechnung die Produktionsprogrammplanung optimieren?

Die Ergebnisse solcher Evaluationsstudien sagen zwar etwas über die Wirksamkeit von Handlungsmaßnahmen aus, liefern aber in der Regel keine nomologischen Kausalaussagen im Sinne von Ursache-Wirkungs-Beziehungen. Sie können allerdings als Ausgangspunkt für die Aufstellung kausaler Hypothesen dienen.

5.6 Fazit

Das Ergebnis wissenschaftlichen Schlussfolgerns sind wissenschaftliche Aussagen. Unterschieden wurden analytische von synthetischen Aussagen. Erstere kommen allein durch Denkprozesse zustande, während Letztere als empirische Aussagen auf die Realität bezogen sind. Entsprechend den Aufgaben einer Realwissenschaft lassen sich die empirischen Aussagen in beschreibende, erklärende, vorhersagende und technologische Aussagen unterteilen. Die einzelnen Aussagearten können, aber müssen nicht notwendigerweise einem hierarchischen Aufbau folgen. So sind erklärende Ursache-Wirkungs-Aussagen weder eine hinreichende noch eine notwendige Bedingung für die Ableitung von technologischen Aussagen als Zweck-Mittel-Aussagen.

Verständnisfragen

1. Betrachten Sie folgende Aussage:
   Herr Hinterhuber hat die Prinzipien der Investitionsrechnung falsch angewendet und dadurch dem Betrieb großen Schaden zugefügt.
   Um welche Art einer Aussage handelt es sich? Bitte kreuzen Sie *alle* zutreffenden Antwortalternativen an.
   (a) Es handelt sich um eine analytische Aussage.
   (b) Es handelt sich um eine synthetische Aussage.
   (c) Es handelt sich um eine idiographische Aussage.
   (d) Es handelt sich um eine nomologische Aussage.
   (e) Es handelt sich um eine probabilistische Aussage.
   (f) Es handelt sich um eine deskriptive Aussage.
   (g) Es handelt sich um eine empirische Aussage
2. Was ist eine „tautologische Transformation"? Bitte entscheiden Sie sich für *eine* der folgenden Antwortmöglichkeiten.
   (a) Übertragung von Ursache-Wirkungs-Beziehungen auf Ziel-Mittel-Beziehungen
   (b) eine Leer-Aussage
   (c) Ableitung einer Ursache-Wirkungs-Beziehung aus wiederholten Beobachtungen
   (d) Generalisierung eines empirische Befundes von der untersuchten Stichprobe auf die Population
   (e) Schluss von einem Einzelfall auf eine nomologische Aussage
3. Welches sind die Kritikpunkte an der Richtigkeit einer tautologischen Transformation? Bitte kreuzen Sie *alle* zutreffenden Antwortalternativen an.
   (a) Wenn-Dann-Beziehungen sind nicht umkehrbar.
   (b) Eine Theorie lässt sich nicht ohne weiteres auf eine konkrete Handlungssituation übertragen.
   (c) Es fehlt eine Beurteilung der einzusetzenden Mittel in Bezug auf deren Effektivität.
   (d) Die Gültigkeit einer Theorie bemisst sich an ihrem Wahrheitsgehalt, während das Gültigkeitskriterium für Handlungsanweisungen deren Tauglichkeit für zweckgerichtetes Handeln ist.
   (e) Technologische Handlungsanweisungen setzen eine erklärende Theorie voraus.

Literatur

Zitierte Literatur

Albert, H. (1960), Wissenschaft und Politik. Zum Problem der Anwendbarkeit einer wertfreien Sozialwissenschaft. In: E. Topitsch (Hrsg.), *Probleme der Wissenschaftstheorie* (S. 201–232). Springer.

Berndt, R. (1992). *Marketing 1: Käuferverhalten, Marktforschung und Marketing-Prognosen* (2. Aufl.). Springer.

Bunge, M. (1967). *Scientific research 1, The search for system.* Springer.

Bunge, M. (1974).*Treatise on basic philosophy. Volume 1. Sense and reference.* Reidel.

Bunge, M. (1985). *Treatise on basic philosophy, Volume 7. Epistemology and methodology III, Philosophy of science and technology – Part II: Life science, social science and technology.* Reidel.

Gutenberg, E. (1929). *Die Unternehmung als Gegenstand betriebswirtschaftlicher Theorie*, Gabler.

Herrmann, T. (1979). Pädagogische Psychologie als psychologische Technologie. In J. Brandstädter, G. Reinert, & K. A. Schneewind (Hrsg.), *Pädogische Psychologie: Probleme und Perspektiven* (S. 209–265). Klett-Cotta.

Jungermann, H., Pfister, H.-R., & Fischer, K. (2005). *Die Psychologie der Entscheidung.* Elsevier.

Kirsch, W., Seidl, D., & van Aaken, D. (2007). *Betriebswirtschaftliche Forschung – Wissenschaftstheoretische Grundlagen und Anwendungsorientierung.* Schäffer-Poeschel.

Nienhüser, W. (1989). *Die praktische Nutzung theoretischer Erkenntnisse in der Betriebswirtschaftslehre. Probleme der Entwicklung und Prüfung technologischer Aussagen.* Poeschel.

Popper, K. R. (1965). Prognose und Prophetie in den Sozialwissenschaften. In E. Topitsch (Hrsg.), *Logik der Sozialwissenschaften* (S. 125–133). Kiepenheuer & Witsch.

Popper, K. R. (1972). *Objective knowledge – An evolutionary approach.* Oxford University Press. Deutsch: Popper, K. R. (1984). Objektive Erkenntnis – Ein evolutionärer Entwurf (4. Auflage). Campe.

Weiterführende Literatur

Chmielewicz, K. (1994). *Forschungskonzeptionen der Wirtschaftswissenschaft* (3. Aufl.). Poeschel.

Fischer-Winkelmann, W. F. (1971). *Methodologie der Betriebswirtschaftslehre.* Wilhelm Goldmann.

Julmi, C. (2020). „Nun sag, wie hast du's mit den Geisteswissenschaften?". Ein Review wissenschaftstheoretischer Grundlagen deutschsprachiger Lehrbücher der Allgemeinen Betriebswirtschaftslehre. *Schmalenbachs Zeitschrift für betriebswirtschaftliche Forschung, 72,* 95–120.

Theorien als Aussagensysteme 6

> **Übersicht**
>
> In Kap. 5 wurden verschiedene Arten wissenschaftlicher Einzelaussagen behandelt. Im Mittelpunkt des vorliegenden Kapitels steht die Verbindung von verschiedenen Einzelaussagen zu einer einheitlichen Gesamtsicht. Eine solche Gesamtsicht wird als „Theorie" bezeichnet. Aus der Gesamtsicht können wiederum spezielle Einzelaussagen abgeleitet werden, die „Hypothesen" genannt werden. Ob die Hypothesen der Realität standhalten, lässt sich empirisch überprüfen. Je nach Ausgang dieser Prüfung kann eine Theorie beibehalten, verworfen oder modifiziert werden. Da es für viele Teilbereiche der Realität konkurrierende Theorien gibt, werden Kriterien für ihre Bewertung aufgeführt.

6.1 Bestandteile einer Theorie

Der Begriff „Theorie" stammt aus dem Griechischen (*theorein* = anschauen, *theoria* = Anschauungsweise) und bedeutet eine zusammenfassende Gesamtsicht eines Erkenntnisbereichs. Eine Theorie besteht aus Axiomen, Definitionen und Aussagen.

Axiome, auch „Prämissen" genannt, sind Vorannahmen, die als Voraussetzung zur Ableitung der Definitionen und Aussagen dienen, die aber selbst nicht begründet werden müssen. Sie müssen entsprechend dem gegenwärtigen Stand des Wissens einsichtig sein, sind aber nicht aus vorherigem Wissen ableitbar. Die Vorannahmen können sich sowohl auf Grundannahmen über die Beschaffenheit der Realität als auch auf Grundannahmen hinsichtlich der wissenschaftlichen Herangehensweise (vgl. Kap. 4) beziehen.

Die Gegenstände, auf die sich die Aussagen einer Theorie beziehen, sind begriffliche Konstrukte, sogenannte **hypothetische Konstrukte.** Sie beruhen auf theoretischen Überlegungen und sind nicht direkt beobachtbar. Zur inhaltlichen Klärung dieser Konstrukte dienen **Definitionen**. Durch eine möglichst präzise Klärung sollen Missverständnisse und Mehrdeutigkeiten vermieden werden.

Die **Aussagen** stellen Beziehungen zwischen den einzelnen Begriffen her. Sie sind die Kernbestandteile einer Theorie und können sowohl analytisch als auch synthetisch sein (vgl. Abschn. 5.1). In den Realwissenschaften liegt der Fokus auf den synthetischen Aussagen. Diese stellen in Form versuchsweiser empirischer Aussagen **Hypothesen** dar, die an der Realität, d. h. empirisch, überprüft werden müssen. Sie werden in Abschn. 6.3 näher beschrieben.

6.2 Arten von Theorien

Theorien existieren sowohl in den Formal- als auch in den Realwissenschaften. Drei Arten von Theorien lassen sich unterscheiden: Formalwissenschaftliche Theorien, erklärende Theorien und technologische Theorien (Tab. 6.1).

Formalwissenschaftliche Theorien kommen – analog zu analytischen Aussagen (vgl. Abschn. 5.1) – allein durch Denken zustande. Die Aussagen der Theorie, „Theoreme" genannt, lassen sich mittels Deduktion aus den Axiomen (vgl. Abschn. 6.1) ableiten. Die deduktive Ableitung wird als „Axiomatisierung" bezeichnet. Formalwissenschaftliche Theorien müssen logisch begründbar und in sich widerspruchsfrei sein. In der Betriebswirtschaftslehre können sie als **Ideal-** oder **Formaltheorien** die Grundlage für die Erklärung von Zusammenhängen sowie für Anleitungen zum betrieblichen Handeln dienen. Ein Beispiel sind Bilanztheorien, die eine grundsätzliche Herangehensweise an die Bilanzierung begründen.

Tab. 6.1 Arten von Theorien

Art	Beschreibung	Gültigkeitskriterium	Beispiel
Formalwissenschaftliche Theorien	System analytischer Aussagen	Logische Ableitung und Widerspruchsfreiheit	Pagatorische Bilanztheorie
Erklärende Theorien mit Kausalanspruch	System von aufeinander bezogenen empirischen Aussagen zur Beschreibung, Erklärung und Vorhersage realer Tatbestände	Übereinstimmung mit der Realität	Transaktionskostentheorie, Spieltheorie
Technologische Theorien	System von aufeinander bezogenen Aussagen zur Steuerung von Handlungen	Angemessenheit in Bezug auf die auszuführende Handlung	Doppelte Buchführung, Kameralistik

Erklärende Theorien liefern eine zusammenfassende Gesamtsicht eines Ausschnitts der Realität. Sie bestehen aus einem System von aufeinander bezogenen und untereinander stimmigen Aussagen zur Beschreibung, Erklärung und Vorhersage realer Tatbestände. Damit entwerfen sie eine abstrahierte Darstellung der Beziehungen innerhalb eines Erfahrungsbereichs. Der Vorteil einer erklärenden Theorie gegenüber einer Alltagserklärung besteht vor allem darin, dass ihre allgemeinen Formulierungen die Beschreibung, Erklärung und Vorhersage einer großen Zahl verschiedener Phänomene mit demselben Begriffssystem ermöglicht. Sie stellt also eine Abstraktion und damit eine Reduktion gegenüber einer Einzelfallbeschreibung und -erklärung dar. Wie in Abschn. 3.3 ausgeführt, gibt es verschiedene Arten der Erklärung (vgl. Tab. 3.2). In der Betriebswirtschaftslehre kommen hauptsächlich Theorien mit dem Anspruch der Kausalerklärung zum Tragen. Ihr Gültigkeitskriterium ist die Übereinstimmung mit der Realität („**Wahrheit**").

Eine erklärende Theorie kann auch Handlungsanweisungen zur Optimierung von Einzelfallentscheidungen liefern. In diesem Sinne ist „nichts ... so praktisch wie eine gute Theorie", wie der berühmte Sozialpsychologe Kurt Lewin (1890–1947) es formuliert hat Ein Beispiel für die Ableitung von Handlungsempfehlungen aus einer erklärenden Theorie wäre die Anwendung der tautologischen Transformation, wie sie in Abschn. 5.5.1 ausgeführt wurde.

Technologische Theorien dienen weniger der „Aufklärung" von Sachverhalten, sondern vielmehr der „**Steuerung**" von zweckgerichtetem Handeln (vgl. Albert, 1980). Allenfalls liefern sie eine „finale" oder „teleologische" Erklärung, indem sie die Tauglichkeit für zweckgerichtetes Handeln „erklären" (vgl. Kap. 3 und Abschn. 5.5). Technologische Theorien sind charakteristisch für die Anwendungs- und Handlungswissenschaften innerhalb der Realwissenschaften. In der anwendungsorientierten Betriebswirtschaftslehre nehmen sie eine zentrale Rolle ein. Das Gültigkeitskriterium technologischer Theorien ist nicht die Übereinstimmung mit der Realität, sondern die **Tauglichkeit** bzw. Zweckmäßigkeit der Theorie im Hinblick auf die Optimierung betriebswirtschaftlichen Handelns.

6.3 Hypothesen

In den Realwissenschaften müssen sich aus einer Theorie empirisch überprüfbare Aussagen ableiten lassen. Bei einer erklärenden Theorie beziehen sich die Aussagen auf die Beschaffenheit der Realität, bei einer technologischen Theorie auf deren Wirksamkeit. Bei den Aussagen handelt es sich um Annahmen, deren Zutreffen oder Nicht-Zutreffen mithilfe systematischer Methoden an der Realität überprüft werden kann. Sie werden als „Hypothesen" bezeichnet. Die Hypothesen machen Aussagen über die Beziehung zwischen den einzelnen Begriffen einer Theorie. Sie können unterschiedlich präzise sein. In einem noch weitgehend neuen Forschungsfeld können sie vage sein, es handelt sich dann um „explorative" Hypothesen, die man aber besser als „Vermutungen" bezeichnen

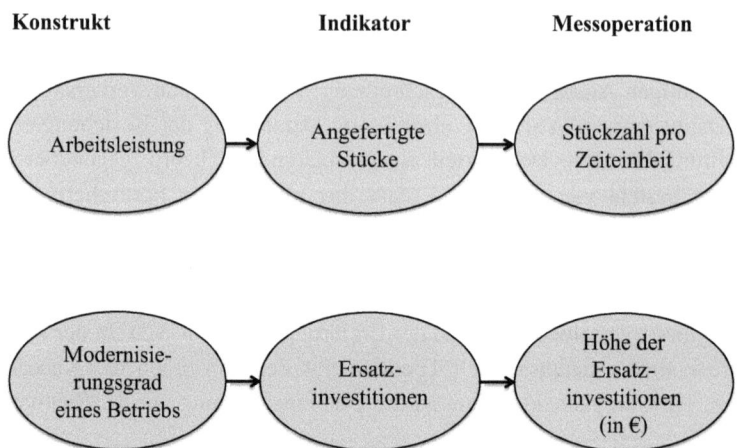

Abb. 6.1 Zwei Beispiele einer Operationalisierung

sollte. Vermutungen dienen häufig als Ausgangspunkt für die Entwicklung einer Theorie. Hypothesen, die empirisch überprüft werden sollen, müssen so formuliert werden, dass sie potenziell widerlegbar (falsifizierbar) sind (siehe Abschn. 6.5.3).

Um Hypothesen einer empirischen Überprüfung zuführen zu können, müssen die inhaltlichen Definitionen so konkretisiert werden, dass sie einer Messung zugänglich sind. Man nennt dies **"Operationalisierung"**. Die Operationalisierung erfolgt in zwei Schritten. Der erste Schritt besteht darin, dass angegeben wird, welche Phänomene der Realität den inhaltlichen Begriff repräsentieren. Diese Phänomene sind beobachtbare **Indikatoren** des zugrunde liegenden hypothetischen Konstrukts. Der zweite Schritt besteht in der Angabe einer **Messoperation** zur Erfassung der Ausprägung des Indikators. Durch die Operationalisierung erhält man messbare Größen, die in ihrer Ausprägung variieren können und deswegen als **"Variablen"** bezeichnet werden. Abb. 6.1 zeigt zwei Beispiele einer Operationalisierung.

Es gibt verschiedene Arten von Hypothesen. Sie unterscheiden sich hinsichtlich der Art bzw. Stärke des angenommenen Zusammenhangs zwischen den untersuchten Variablen.

Im Wesentlichen lassen sich drei Arten von Hypothesen unterscheiden: Zusammenhangshypothesen, Unterschiedshypothesen und Kausalhypothesen.

- **Zusammenhangshypothesen:**
  x und y hängen zusammen
  Beispiele:
  Je höher die Arbeitsleistung (x), desto höher ist das Gehalt (y).

6.3 Hypothesen

Je höher der Verkaufspreis (x) eines Produkts, desto hochwertiger ist dessen Qualität (y)
Je höher die Anzahl der Mängel (x) bei einem Produkt, desto niedriger ist dessen Verkaufspreis.

- **Unterschiedshypothesen:**
  x_1 und x_2 unterscheiden sich hinsichtlich y
  Beispiele:
  Hochwertige Produkte (x_1) haben einen höheren Verkaufspreis (y) als minderwertige (x_2).
  Arbeiter (x_1) verdienen weniger Geld (y) als Angestellte (x_2).
  In ländlichen Gebieten (x_1) werden vergleichbare Produkte zu einem niedrigeren Preis (y) verkauft als in städtischen Gebieten (x_2).

Oft sind Zusammenhangshypothesen und Unterschiedshypothesen wechselseitig ineinander überführbar. Beispiele sind in Tab. 6.2 aufgeführt.

- **Kausalhypothesen:**
  x bewirkt y
  Beispiele:
  Die Qualität (x) eines Produkts bestimmt dessen Verkaufspreis (y).
  Erhöhungen des Gehalts (x) führen zu einer verbesserten Arbeitsleistung (y).
  Erhöhungen des Gehalts (x_1) und Freude an der Arbeit (x_2) führen zu einer verbesserten Arbeitsleistung (y).
  Freude an der Arbeit (x_1) führt zu einer verbesserten Arbeitsleistung (y_1) und zu einem höheren Gehalt (y_2).
  Kausalhypothesen können auch einen wechselseitigen Effekt beinhalten:
  x bewirkt y und y bewirkt x
  Beispiel:
  Höhe des Gehalts (x) und Arbeitsleistung (y) beeinflussen sich gegenseitig.

Tab. 6.2 Beispiele für die Überführbarkeit von Zusammenhangshypothesen in Unterschiedshypothesen

Zusammenhang	Unterschied
Je höher die Qualität (x) eines Produkts, desto höher ist dessen Verkaufspreis (y)	Hochwertige Produkte (x_1) haben einen höheren Verkaufspreis (y) als minderwertige (x_2)
Das Anstellungsverhältnis (x) hängt mit der Höhe des Entgeltes (y) zusammen	Arbeiter (x_1) verdienen weniger Geld (y) als Angestellte (x_2)
Die Infrastruktur eines Gebiets (x) hängt mit der Höhe der Preise (y) zusammen	In ländlichen Gebieten (x_1) werden vergleichbare Produkte zu einem niedrigeren Preis (y) verkauft als in städtischen Gebieten (x_2)

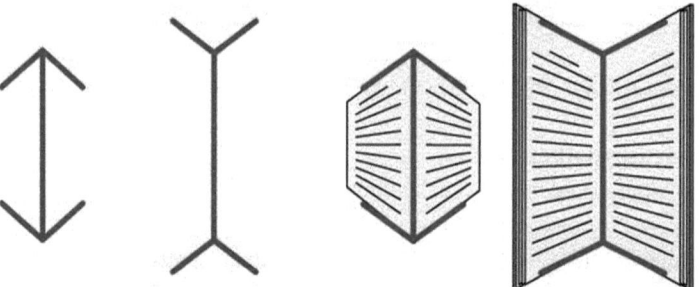

Linke Seite: Reizvorlage
Rechte Seite: Räumliche Interpretation der Reizvorlage

Abb. 6.2 Die Müller-Lyer-Täuschung. Modifiziert nach Müller-Lyer (1889)

6.4 Entstehung von Theorien

Theorien entstehen nicht aus dem Nichts. Ausgangspunkt für die Bildung einer neuen Theorie können bereits bestehende Theorien oder eigene Beobachtungen sein. Beobachtungen spiegeln nicht notwendigerweise Tatsachen wider, sondern beinhalten immer eine bestimmte Sichtweise. Die Sichtweise ergibt sich zum einen aus dem Blickwinkel, aus dem die Beobachtung erfolgt, und zum anderen aus den Erwartungen, die die Beobachtung leiten. Dies soll am Beispiel der visuellen Wahrnehmung verdeutlicht werden. Der Blickwinkel des erkennenden Subjekts, d. h. die Perspektive, gibt immer nur einen begrenzten Ausschnitt, einen Aspekt, des beobachteten Gegenstandes frei. Wenn jemand ein Haus von vorn betrachtet, bleibt ihm die Rückseite verborgen. Der Blickwinkel kann verändert werden, dann gibt er einen anderen Aspekt des betrachteten Gegenstandes frei, niemals aber können gleichzeitig alle Aspekte Berücksichtigung finden. Mit der Veränderung der Perspektive geht eine Veränderung des Netzhautbildes auf dem Auge einher. Aber selbst bei gleich bleibendem Netzhautbild kann sich die resultierende Wahrnehmung verändern. Man betrachte die beiden Linien x und y in Abb. 6.2 (die sogenannte Müller-Lyer-Täuschung). Obwohl die beiden Linien dieselbe Netzhautabbildung hervorrufen, wird die Linie x als länger wahrgenommen als die Linie y.

Die „Täuschung" kommt in diesem Fall dadurch zustande, dass die zweidimensionale Abbildung räumlich interpretiert wird und deshalb eine wahrnehmungsmäßige „Korrektur" erfährt. Das Beispiel soll illustrieren, dass Beobachtungen immer schon Interpretationen beinhalten (vgl. Abschn. 4.2). Die Art der Interpretation hängt sowohl vom jeweiligen Blickwinkel als auch von der jeweiligen Erwartung ab. Über den Ursprung von Erwartungen gibt es in der Wissenschaft unterschiedliche Auffassungen. Die Erwartungen können (wie im Fall der Müller-Lyer-Täuschung) durch vorangegangene Erfahrungen geprägt sein (empiristische Auffassung) oder sie können in der Natur des menschlichen Geistes liegen (idealistische Auffassung). In jedem Fall bedingen die

Erwartungen bestimmte Voreinstellungen, in deren Lichte alle Beobachtungen gedeutet werden. In Bezug auf die wissenschaftliche Erkenntnis bedeutet dies, dass die Voreinstellungen einen Rahmen vorgeben, innerhalb dessen auftretende Beobachtungen oder gemachte Befunde interpretiert werden. Der Rahmen dient als Standard, der zu einem gegebenen Zeitpunkt selbst nicht infrage gestellt wird. Über die Zeit hinweg betrachtet, ist der Standard nicht unveränderlich: Er kann durch andersartige Überlegungen, neue Erfahrungen oder neu entwickelte Instrumente Veränderungen erfahren.

Bei den Rahmenbedingungen, die in der Wissenschaft wirksam werden, kann es sich um einzelne Annahmen über einen Gegenstandsbereich handeln, sie werden als **„Prämissen"** oder **„Axiome"** bezeichnet. Ein Beispiel für ein Axiom in der Betriebswirtschaftslehre wäre die Annahme, dass die Menge der verfügbaren Güter begrenzt ist. Die Rahmenbedingungen können aber auch ein System von Annahmen und Verfahrensweisen beinhalten, die bestimmen, welche Art von Fragen gestellt werden und welche Arten der Überprüfung dieser Fragen zulässig sind. In diesem Falle spricht man von einem **„Paradigma"**. Je nach Umfang kann es sich dabei um ein generelles „Weltbild" oder um eine wissenschaftstheoretische Position (siehe Kap. 8) handeln. Ein Beispiel für ein umfassendes Paradigma wäre das naturwissenschaftliche Weltbild, in dem nur Ursache-Wirkungsbeziehungen als Erklärungen zulässig sind. Ein Beispiel für eine wissenschaftstheoretische Position wäre der kritische Rationalismus (siehe Abschn. 8.4.2).

6.5 Überprüfung der Gültigkeit von Theorien

6.5.1 Formen der Überprüfung

Sowohl bei erklärenden als auch bei technologischen Theorien müssen die aus einer Theorie abgeleiteten Hypothesen empirisch auf ihre Gültigkeit hin überprüft werden. Das Kriterium für die Gültigkeit variiert in Abhängigkeit von der Art der Theorie. Kriterium für die Gültigkeit von Erklärungstheorien kausaler Art ist der Nachweis der **„Wahrheit"** der Theorie, d. h. der Übereinstimmung der gefundenen Erklärung mit der (objektiven oder sinnlich wahrgenommenen) Realität. Kriterium für die Gültigkeit technologischer Theorien ist deren **Tauglichkeit** für zweckgerichtetes Handeln, also ihre Wirksamkeit. Die verschiedenen Formen der Überprüfung beziehen sich sowohl auf erklärende als auch auf technologische Theorien.

Vier Formen der Überprüfung der Gültigkeit von Theorien bzw. der daraus abgeleiteten Hypothesen werden unterschieden:

- Verifikation
- Falsifikation
- Evidenznachweis
- Hermeneutische Rekonstruktion

6.5.2 Verifikation

Bei der Verifikation handelt es sich um den positiven Nachweis der Gültigkeit von Aussagen. Ein solcher Nachweis kann für Aussagen, die auf Einzelereignisse bezogen sind, erbracht werden. Beispiele für diese Art von Aussagen, sogenannte Existenzaussagen, sind: „Produkt x ist im Laden A billiger als im Laden B" und „Es gibt einen Laden, in dem Produkt x billiger ist als in Laden A". Theorien beziehen sich aber im Gegensatz zu diesen Existenzaussagen nicht auf einzelne Ereignisse, sondern erheben einen Allgemeinheitsanspruch. Eine Theorie würde dann verifiziert, wenn alle aus der Theorie ableitbaren Aussagen (Hypothesen) durch empirische Befunde bestätigt werden. In diesem Fall wäre die Theorie universell gültig, d. h. sie würde deterministische Zusammenhänge zwischen Tatbeständen beschreiben. Der Nachweis der universellen Gültigkeit kann in den Realwissenschaften unmöglich erbracht werden, da niemals auszuschließen ist, dass neue Befunde auftauchen, die in Widerspruch zur Theorie stehen. Man reduziert daher den Anspruch auf den Nachweis probabilistischer Zusammenhänge. Dieser Nachweis kann nicht mehr als Verifikation gelten, maximal kann eine Überprüfung ergeben, dass alle bisher vorliegenden Befunde in Einklang mit der Theorie stehen oder die Theorie stützen. Eventuell kann eine Wahrscheinlichkeit für die Gültigkeit des postulierten Zusammenhanges angegeben werden.

6.5.3 Falsifikation

Bei der Falsifikation handelt es sich um die Widerlegung von Aussagen. Existenzaussagen von der Art „Es gibt …" sind nicht falsifizierbar, da nie auszuschließen ist, dass irgendwann ein Existenzbeispiel gefunden wird. Dagegen ist eine Theorie falsifizierbar. Sie wird falsifiziert, wenn empirische Befunde in Widerspruch zu den aus ihr abgeleiteten Aussagen, also den Hypothesen, stehen. Da betriebswirtschaftliche Theorien niemals generelle Aussagen, sondern immer nur Wahrscheinlichkeitsaussagen („probabilistische" Aussagen) enthalten, gilt eine Aussage dann als falsifiziert, wenn die vorliegenden Befunde ihr Zutreffen als unwahrscheinlich erscheinen lassen. Das Prinzip der Falsifikation macht man sich bei der Aufstellung und Überprüfung von statistischen Hypothesen zunutze.

Eine statistische Hypothese wird falsifiziert, indem eine Stichprobe gefunden wird, die dem behaupteten Zusammenhang in der Grundgesamtheit, der sogenannten Population (siehe Abschn. 11.5), mit hoher Wahrscheinlichkeit widerspricht. Es muss daher eine Aussage erstellt werden, die im Widerspruch zu der zu prüfenden Hypothese steht. Sie muss das logische Gegenteil der zu prüfenden Hypothese beinhalten. Diese „Gegenhypothese" wird als **„Nullhypothese"** (H_0) bezeichnet. Damit soll ausgedrückt werden, dass man sich auf einen Ausgangszustand bezieht, den man infrage stellt. Die interessierende, also die eigentliche Hypothese, wird als **„Alternativhypothese"** (H_1) bezeichnet.

Um das Zutreffen der Alternativhypothese zu überprüfen, wird die Stichprobe dazu verwendet, die Gegenhypothese, also die Nullhypothese, zu falsifizieren.

Im einfachsten Fall konkurriert eine Nullhypothese mit einer Alternativhypothese. Die Nullhypothese bedeutet, dass der in der eigentlichen Hypothese postulierte Zusammenhang nicht besteht, d. h. dass es keine sinnvolle Verbindung zwischen Explanandum und Explanans gibt. Die Alternativhypothese dagegen behauptet einen Zusammenhang zwischen Explanans und Explanandum. Die Nullhypothese gilt als falsifiziert, d. h. abgelehnt, wenn ihr Zutreffen mithilfe statistischer Methoden als extrem unwahrscheinlich nachgewiesen wird (siehe Abschn. 12.2). Was als „unwahrscheinlich" betrachtet wird, wird im Signifikanzniveau α festgelegt. Als allgemeine Konvention gilt ein $\alpha = 5\,\%$ (bzw. ein Anteil von 0,05). Das Signifikanzniveau stellt das Kriterium für die Ablehnung der Nullhypothese dar. Unterschreitet die für die Nullhypothese erhaltene Wahrscheinlichkeit, die sogenannte Irrtumswahrscheinlichkeit, den im Signifikanzniveau festgelegten Wert, gilt das Ergebnis als „signifikant". Ein signifikantes Ergebnis bedeutet also, dass die Nullhypothese abgelehnt wird, weil sie mit den erhaltenen Befunden nur mit extrem geringer Wahrscheinlichkeit vereinbar ist.

Mit der Ablehnung der Nullhypothese hat die aus der Theorie abgeleitete Hypothese – also die Alternativhypothese – dem Falsifikationsversuch erfolgreich widerstanden. Übersteht die Theorie viele solcher Falsifikationsversuche, geht man davon aus, dass sie sich „bewährt" hat (Popper, 1994, S. 198). Übersteht sie die Falsifikationsversuche nicht, schließt man daraus, dass sie nicht tragfähig ist. Übersteht sie keinen Falsifikationsversuch, wird man sie verwerfen.

Ein nicht signifikantes Ergebnis – also ein Ergebnis, bei dem die Nullhypothese nicht falsifiziert wurde – bedeutet allerdings nicht, dass die Nullhypothese bestätigt würde. Es besagt nur, dass sie bis zum Nachweis gegenteiliger Befunde beibehalten werden muss. Zur Veranschaulichung lässt sich der Vergleich mit einem Strafgerichtsverfahren heranziehen. Wird der Angeklagte „mangels Beweisen" freigesprochen, bedeutet dies nicht automatisch, dass er das ihm zur Last gelegte Verbrechen nicht begangen hat, sondern nur, dass es ihm nicht nachgewiesen werden kann. Damit entspricht die „nicht nachgewiesene Schuld" des Angeklagten der Nullhypothese und die „Schuld" der Alternativhypothese. Ein Beispiel für Null- und Alternativhypothesen ist im folgenden Kasten aufgeführt.

Beispiel für Nullhypothese und Alternativhypothesen
Die Fragestellung der Untersuchung sei, ob sich marktorientierte Unternehmen von nicht-marktorientierten Unternehmen hinsichtlich ihres Unternehmenserfolgs unterscheiden. Die Nullhypothese besagt, dass kein Unterschied besteht. Die Alternativhypothese kann entweder ungerichtet oder gerichtet formuliert werden. Bei der ungerichteten Alternativhypothese wird keine Richtung des Unterschieds vorgegeben, bei der gerichteten Alternativhypothese wird spezifiziert, ob ein Unterschied in positiver oder in negativer Richtung erwartet wird.

> *Nullhypothese H_0:*
>
> - Unternehmen, die marktorientiert handeln, sind nicht erfolgreicher als Unternehmen, die nicht marktorientiert handeln.
>
> *Ungerichtete Alternativhypothese H_1:*
>
> - Unternehmen, die marktorientiert handeln, unterscheiden sich hinsichtlich ihres Unternehmenserfolgs von Unternehmen, die nicht marktorientiert handeln.
>
> *Gerichtete Alternativhypothese H_1:*
>
> - Unternehmen, die marktorientiert handeln, sind erfolgreicher als Unternehmen, die nicht marktorientiert handeln.

6.5.4 Evidenznachweis

Das Falsifikationsprinzp erlaubt zwar, Hypothesen (im Allgemeinen die Nullhypothese) zurückzuweisen, aber die Zurückweisung ist weder ein verlässlicher Nachweis für das Zutreffen der jeweiligen Alternativhypothese noch erlaubt sie Aussagen über das Ausmaß des in der Alternativhypothese behaupteten Unterschieds bzw. Zusammenhangs. Der Nachweis ist nicht verlässlich, weil ein signifikantes Ergebnis in hohem Maße von der Wahl der jeweiligen Stichprobe abhängig ist (siehe Abschn. 11.5). Durch Fehler bei der Stichprobenauswahl kann ein Ergebnis zufallsbedingt signifikant werden, und umgekehrt kann es bei geringem Stichprobenumfang passieren, dass das Signifikanzniveau nicht unterschritten wird, obwohl die Alternativhypothese zutreffend wäre. Aber selbst wenn ein signifikantes Ergebnis als verlässlicher Nachweis für die Geltung der Alternativhypothese betrachtet wird, erlaubt es keine Aussage über die Stärke bzw. das Ausmaß des Unterschieds bzw. Zusammenhangs (siehe Abschn. 10.11), da es nur Evidenz für oder gegen die Hypothese liefert. Dieser Kritik am Falsifikationsprinzip versucht der entscheidungstheoretische Ansatz Rechnung zu tragen. Entsprechend dem Prinzip der Abduktion (vgl. Abschn. 4.4) wird die Hypothesenprüfung als Entscheidung für die beste Erklärung aufgefasst. Die Entscheidung besteht in einer quantitativen Abwägung der Wahrscheinlichkeit unterschiedlicher Hypothesen. Man unterscheidet nicht zwischen Null- und Alternativhypothesen, sondern betrachtet alle zu prüfenden Hypothesen als verschiedene sich einander ausschließenden Alternativhypothesen. Im einfachsten Fall hat man zwei Alternativhypothesen.

Ausgangspunkt ist, dass man jeder der zu prüfenden Hypothesen eine anfängliche Wahrscheinlichkeit (Hypothesenwahrscheinlichkeit) zuweist. Dieses Vorgehen unterscheidet sich vom klassischen Hypothesentesten, bei dem sowohl die Null- als auch die Alternativhypothese eine Wahrscheinlichkeit von null haben. In die Schätzung der anfänglichen Wahrscheinlichkeit, der sogenannten **Prior-Wahrscheinlichkeit,** kann

6.5 Überprüfung der Gültigkeit von Theorien

vorhandenes Vorwissen einfließen, so dass man unterschiedliche Wahrscheinlichkeiten für die einzelnen Hypothesen ansetzen kann. Ist kein Vorwissen vorhanden, weist man bei zwei Hypothesen (H_1 und H_2) jeder der beiden die Wahrscheinlichkeit 0,5 zu, also $P(H_1)=0,5$ und $P(H_2)=1-0,5$). Auch für die erhaltenen Ergebnisse bestimmt man eine Prior-Wahrscheinlichkeit, in diesem Fall die **Ereigniswahrscheinlichkeit**, das ist die Wahrscheinlichkeit des Auftretens der erhaltenen Ergebnisse. Das weitere Vorgehen basiert auf dem Bayes'schen Theorem der Wahrscheinlichkeitstheorie (vgl. Abschn. 4.4). Es bezieht sich auf bedingte Wahrscheinlichkeiten, das sind Wahrscheinlichkeiten, die vom Auftreten bestimmter Bedingungen abhängen. In einer empirischen Untersuchung sind die Bedingungen zum einen die jeweilige Hypothese und zum anderen die erhaltenen Ergebnisse. Daraus ergeben sich zwei Arten bedingter Wahrscheinlichkeit:

- $P(H_i|E)$, das ist die Wahrscheinlichkeit für die Geltung der Hypothese (H_i) bei vorliegenden Ergebnissen (E).
  Sie ergibt sich als $P(H_i|E) = \frac{P(H_i)*P(E|H_i)}{P(E)}$
- $P(E|H_i)$, das ist die Wahrscheinlichkeit für die vorliegenden Ergebnisse bei Geltung der Hypothese H_i. Sie wird auch als „Likelihood" bezeichnet[1].
  Sie ergibt sich als $P(E|H_i) = \frac{P(H_i)*P(E|H_i)}{P(H_i)}$

Gesucht sind bei zwei Alternativhypothesen $P(H_1|E)$ und $P(H_2|E)$, also die bedingten Wahrscheinlichkeiten für jede der beiden Hypothesen unter der Bedingung der vorliegenden Ergebnisse. Das Ergebnis E kann entweder zusammen mit H_1 oder zusammen mit H_2 auftreten. Die Wahrscheinlichkeit für das erhaltene Ergebnis ist damit die Summe beider Wahrscheinlichkeiten:

- $P(E) = P(H_1) * P(E|H_1) + P(H_2) * P(E|H_2)$.

Durch Einsetzen in die erste Formel ergeben sich dann die Formeln für die gesuchten Wahrscheinlichkeiten:

- $P(H_1|E) = \dfrac{P(H_1) * P(E|H_1)}{P(H_1) * P(E|H_1) + P(H_2) * P(E|H_2)}$

und

- $P(H_2|E) = \dfrac{P(H_2) * P(E|H_2)}{P(H_1) * P(E|H_1) + P(H_2) * P(E|H_2)}$

Die errechneten Wahrscheinlichkeiten stellen im Vergleich zu den Prior-Wahrscheinlichkeiten revidierte Wahrscheinlichkeiten dar und werden als **„Posterior-Wahrscheinlichkeiten"** bezeichnet (vgl. Abschn. 4.4). Ihre Berechnung zeigt, wie sich im Lichte

---

[1] „Deskriptiv" steht hier im Gegensatz zu „präskriptiv" (vgl. Abschn. 1.6 und 2.2) und bedeutet nicht, dass nur deskriptive Aussagen getroffen werden.

der erhaltenen Daten die ursprünglichen Wahrscheinlichkeiten verändern. Als Schlussfolgerung für die Bewertung der einzelnen Hypothesen entscheidet man sich für diejenige Hypothese, deren Posterior-Wahrscheinlichkeit am höchsten ist. Ein Beispiel für das Vorgehen zeigt der folgende Kasten.

Fiktives Beispiel für einen Evidenznachweis
Untersucht werden soll, ob in städtischen Regionen der Verkaufspreis von Lebensmitteln gleicher Hersteller höher liegt als in ländlichen Regionen. Als „höher" gilt, dass der Preis in der Stadt den auf dem Land um mindestens 5 % übersteigt.

Als statistische Hypothesen werden zwei zu prüfende Alternativhypothesen, Hypothese H_1 und Hypothese H_2, formuliert:[2]

H_1: In städtischen Regionen liegen höchstens 50 % der Verkaufspreise um 5 % höher als in ländlichen Regionen (Gleichheitshypothese).

H_2: In städtischen Regionen liegen mindestens 60 % der Verkaufspreise um 5 % höher als in ländlichen Regionen (Ungleichheitshypothese).

Jeder der beiden Hypothesen wird dieselbe Prior-Wahrscheinlichkeit von $P(H_i) = 0{,}5$ zugewiesen, also $P(H_1) = 0{,}5$ und $P(H_2) = 1 - 0{,}5$. Andere mögliche Hypothesen werden nicht betrachtet. Ihnen wird die Wahrscheinlichkeit 0 zugewiesen.

Das Ergebnis eines Vergleichs von 55 städtischen mit 55 ländlichen Regionen für dieselben Produkte habe erbracht, dass in 35 der untersuchten Vergleiche die Preise in der Stadt um mindestens 5 % höher lagen als auf dem Land.

Die Bewertung der beiden Hypothesen soll nun entsprechend dem Bayes'schen Ansatz vorgenommen werden.

Gesucht sind die bedingten Wahrscheinlichkeiten für jede der beiden Hypothesen im Lichte der vorliegenden Ergebnisse:

- $P(H_1|E) = \frac{P(H_1)*P(E|H_1)}{P(H_1)*P(E|H_1)+P(H_2)*P(E|H_2)}$

und

- $P(H_2|E) = \frac{P(H_2)*P(E|H_2)}{P(H_2)*P(E|H_2)+P(H_1)*P(E|H_1)}$

$P(E|H_1)$ und $P(E|H_2)$ geben an, wie wahrscheinlich es ist, dass das erhaltene Untersuchungsergebnis auf die Hypothese H_1 bzw. die Hypothese H_2 zurückzuführen ist,

---

[2] Bei der Bayes-Statistik wird nicht zwischen Null- und Alternativhypothesen unterschieden, sondern nur zwischen unterschiedlichen Alternativhypothesen. Gemäß der klassischen Statistik wäre H_1 die Nullhypothese und H_2 die Alternativhypothese.

sie beziehen sich also auf die Likelihood. Wenn bereits frühere Untersuchungen vorliegen, können die Likelihoods auf der Basis dieser Untersuchungen geschätzt werden. Liegen keine Vorinformationen vor, kann man eine Annahme über die Verteilung der zu erwartenden Werte machen. Im vorliegenden Fall bietet sich die Binomialverteilung als Prior-Verteilung an. Aus ihr lassen sich die erwarteten Wahrscheinlichkeiten für Ereignisse mit zwei möglichen Ausgängen (z. B. Münzwurf) berechnen. Mithilfe der Verteilungsfunktion der Binomialverteilung lässt sich die Likelihood für jede der beiden Hypothesen berechnen. Die entsprechenden Werte können entweder nach der Binomialformel berechnet werden (vgl. z. B. Bleymüller, 2012, S. 53) oder aus Tabellen abgelesen werden. Man erhält 0,095 für $P(E|H_2)$ und 0,014 für $P(E|H_1)$. Der Wert gibt an, wie wahrscheinlich („plausibel") bei einer Häufigkeit von 35 bei 55 untersuchten Fällen die Aussage ist, dass der städtische Verkaufspreis in mindestens 60 % (Ungleichheitshypothese) bzw. in höchstens 50 % (Gleichheitshypothese) höher liegt.

Setzt man die für die Likelihood erhaltenen Werte in die Bayes'sche Formel ein, erhält man die Posterior-Wahrscheinlichkeiten für die beiden Hypothesen:

- $P(H_1|E) = \dfrac{0{,}5 * 0{,}014}{0{,}5 * 0{,}014 + 0{,}5 * 0{,}095} = 0{,}128$

und

- $P(H_2|E) = \dfrac{0{,}5 * 0{,}095}{0{,}5 * 0{,}095 + 0{,}5 * 0{,}014} = 0{,}872$

Als Fazit lässt sich festhalten, dass Posterior-Wahrscheinlichkeit für die Alternativhypothese H_2 mit p = 0,872 um ein Vielfaches höher ist als die für die Alternativhypothese H_1 mit 0,128. Zumindest für die untersuchte Stichprobe kann dies als Evidenznachweis für das Zutreffen der Alternativhypothese betrachtet werden; die Lebensmittelpreise sind somit in der Stadt höher als auf dem Land.

6.5.5 Hermeneutische Rekonstruktion

In den bisher dargestellten Ansätzen zur Überprüfung von Theorien wurden quantitative Ansätze zur Bewertung der Gültigkeit von Theorien beschrieben. Daneben existieren aber auch qualitative Ansätze. Die wichtigste der qualitativen Vorgehensweisen zur Überprüfung von Theorien ist das hermeneutische Schließen (vgl. Abschn. 4.5). Das hermeneutische Schließen, das in der Konstruktion und Rekonstruktion von **Sinnzusammenhängen** besteht, wird sowohl bei der Entwicklung („Konstruktion") als auch bei der Überprüfung („Rekonstruktion") von Theorien eingesetzt. Es vollzieht sich in Form eines „hermeneutischen Zirkels" (vgl. Abschn. 4.5), der sich wiederholt von der Betrachtung der Einzelphänomene, des „Besonderen", zur Betrachtung des Gesamtzusammenhanges, des „Allgemeinen", vollzieht. In der Betriebswirtschaftslehre hat dieses Vorgehen im sogenannten **Erlanger Konstruktivismus,** Eingang gefunden. Ausgangspunkt ist die betriebliche Alltagswirklichkeit, die vom Forscher erst konstruiert werden muss. Unter Einsatz des hermeneutischen Zirkels wird daraus eine Handlungstheorie abgeleitet, die in Form der Rekonstruktion von Bedeutungszusammenhängen auf ihre Tauglichkeit zu zweckdienlichem Handeln überprüft wird. Auf diese Weise wird zum Beispiel die Ableitung von Führungspraktiken im Management begründet. Die hermeneutische Rekonstruktion besteht hierbei darin, dass auf der Basis von Gesprächsanalysen Rollenerwartungen, Interaktionsformen und bisher akzeptierte Praktiken identifiziert werden, die als Grundlage für die Gestaltung des Führungsprozesses im jeweiligen betrieblichen Kontext dienen. Damit findet eine Abwendung von allgemeingültigen Managementpraktiken zugunsten von Praktiken, die im jeweiligen betrieblichen Gesamtkontext tauglich sind, statt.

6.6 Verhältnis von Theorie und Empirie

In den Realwissenschaften ist der Prüfstein für die Richtigkeit oder Angemessenheit einer Theorie die erfahrbare Realität, die sogenannte Empirie. Ausgehend von grundsätzlichen Fragen und bestehenden Theorien sowie von Beobachtungen und daraus abgeleiteten Fragen wird eine vorläufige Theorie formuliert. Daraus werden Hypothesen abgeleitet, die mithilfe von systematisch gesammelten Daten und deren Auswertung an der Empirie überprüft werden. Die ursprüngliche Theorie kann dadurch gestützt oder verworfen werden (vgl. Abschn. 6.5.3). Wird die Theorie gestützt, sollte ein neuer Realitätsausschnitt herangezogen werden, um festzustellen, ob sich ähnliche Befunde auch unter veränderten Randbedingungen ergeben. Wird die ursprüngliche Theorie nicht gestützt oder sogar verworfen, kann dies zu einer Modifikation oder Umformulierung der Theorie führen. Auch kann sich herausstellen, dass die aus der Theorie abgeleiteten Hypothesen unpräzise oder sogar falsch waren. In diesem Fall sollten die zu prüfenden Hypothesen verändert werden. Ebenfalls kann sich zeigen, dass die Operationalisierung der Begriffe unzureichend war. Die daraus resultierenden Präzisierungen der Theorie bzw. die veränderten Hypothesen lassen sich dann wiederum an der Empirie überprüfen. Es entsteht somit ein Wechselspiel zwischen Empirie und Theorie (vgl. Abb. 6.3), das praktisch niemals als abgeschlossen betrachtet werden kann. Neue Daten können auftauchen, die nicht zur früher aufgestellten Theorie passen, oder es kann sich neuerlich herausstellen, dass die aus der Theorie abgeleiteten Aussagen unpräzise, falsch oder sogar widersprüchlich waren.

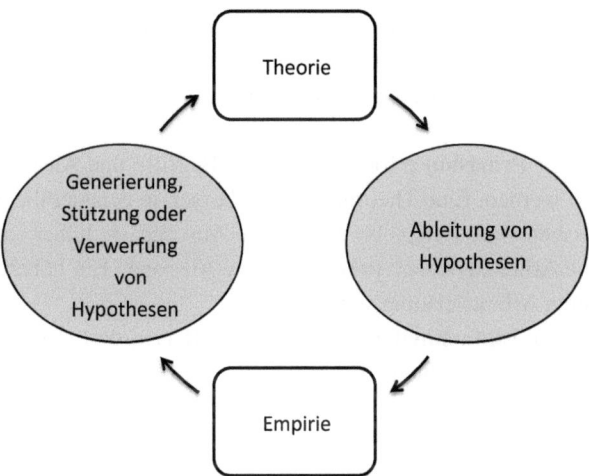

Abb. 6.3 Wechselspiel zwischen Theorie und Empirie

6.7 Bewertung von Theorien

Meistens existieren zur Erklärung eines Realitätsbereiches bzw. zur Gestaltung von Handlungsmaßnahmen mehrere untereinander konkurrierende Theorien. Man kann sich nun fragen, welche davon am besten ist. Zur Beurteilung der Güte einer Theorie wurden verschiedene Kriterien entwickelt. Nicht alle Kriterien können zur selben Zeit in optimaler Weise erfüllt werden, daher kann die Beurteilung der Güte einer Theorie ein Abwägen zwischen den einzelnen Kriterien erfordern. Manchmal ist es vielleicht gar nicht zweckmäßig, sich in jedem Fall für eine einzige Theorie zu entscheiden. Beispielsweise kann es sein, dass die eine der betrachteten Theorien zwar insgesamt schlechter als eine andere abschneidet, aber bestimmte Fakten erklären kann, die die andere nicht erklären kann. Außerdem stellt keine Theorie ein endgültiges Ergebnis dar: Stets muss damit gerechnet werden, dass neue Befunde auftauchen, die die Theorie infrage stellen.

Die wichtigsten Kriterien zur Beurteilung von Theorien sind:

- Widerspruchsfreiheit
- Präzision
- Einfachheit bzw. Sparsamkeit
- Reichweite bzw. Geltungsbereich
- Empirische Überprüfbarkeit
- Empirische Belege
- Praktische Anwendbarkeit

Widerspruchsfreiheit bedeutet, dass die einzelnen aus einer Theorie abgeleiteten Aussagen bzw. Hypothesen logisch konsistent sind, d. h. dass sie sich nicht gegenseitig widersprechen. Aus einer Theorie darf also nicht eine Aussage und zugleich ihr Gegenteil (Verneinung der Aussage) abgeleitet werden. Ein Beispiel für eine inkonsistente Aussage wäre: „Wenn der Gewinn einer Unternehmung steigt, ändert sich der Aktienkurs, oder er bleibt wie er ist."

Das Kriterium der **Präzision** erfordert, dass die Begriffe und Aussagen einer Theorie explizit dargestellt werden. Eine Theorie ist umso besser, je genauer die einzelnen aus ihr abgeleiteten Aussagen sind. Beispielsweise ist die Aussage „Je höher das Arbeitsentgelt, desto höher ist die Arbeitsleistung" präziser als die Aussage „Ein höheres Arbeitsentgelt ist mit einer höheren Arbeitsleistung verbunden."

Das Kriterium der **Einfachheit** bzw. **Sparsamkeit** erfordert, dass eine Theorie mit möglichst wenigen Vorannahmen, Begriffen und Grundaussagen auskommen soll. Gegenüber der Realität sollte die Theorie eine auf das Wesentliche reduzierte Abstraktion darstellen. Eine Theorie ist demnach umso besser, je einfacher bzw. „ökonomischer" sie formuliert ist. D. h. eine Theorie, die mit wenig Begriffen und Aussagen auskommt, ist besser als eine Theorie mit üppigem Begriffsapparat und einer Vielzahl von Aussagen. Das Prinzip der „ontologischen Sparsamkeit" wurde erstmals im 13. Jahrhundert von William Okham als „Rasiermesser"-Prinzip formuliert, später wurde es von Morgan als *„canon of parsimony"* aufgegriffen (Morgan, 1903). Der Dichter Antoine de Saint-Exupéry hat den Grundgedanken so ausgedrückt: „Vollkommenheit entsteht nicht dann, wenn man nichts mehr hinzufügen kann, sondern wenn man nichts mehr wegnehmen kann". Das folgende Beispiel zeigt eine Veranschaulichung aus der Betriebswirtschaftslehre.

> **Veranschaulichung des Sparsamkeitsprinzips am Beispiel der Produktionsprogramm-Optimierung**
> Bei der Ermittlung des optimalen Produktionsprogramms wird als Zielgröße die Maximierung des *Deckungsbeitrags*[3] herangezogen und nicht die Maximierung des Gewinns gewählt. Das Deckungsbeitragsmodell berücksichtigt im Unterschied zum Gesamtkostenmodell nur die variablen Kosten und verzichtet auf die Betrachtung der fixen Kosten. Da die Fixkosten in der betrachteten Zeitperiode konstant bleiben, folgt man dem Sparsamkeitsprinzip, wenn man sie gar nicht in die Berechnung einbezieht.

Die **Reichweite** bzw. der **Geltungsbereich** einer Theorie bezieht sich auf den Umfang des erklärten Realitätsbereichs. Eine Theorie sollte möglichst viele Phänomene der Realität erklären. Dementsprechend ist eine Theorie umso besser, je größer der Realitätsbereich ist, den sie erklärt. Beispielsweise wäre eine Theorie, die sich auf Betriebe erstreckt, von größerer Reichweite als eine Theorie, die sich auf Unternehmen beschränkt (vgl.

---

[3] Der Deckungsbeitrag ist die Differenz zwischen Umsatz und variablen Kosten.

Abschn. 5.5). Dabei gilt im Allgemeinen, dass der Geltungsbereich einer Theorie umso geringer ist, je präziser und einfacher die Theorie formuliert ist, und umgekehrt, dass der Geltungsbereich umso größer ist, je vager die Theorie formuliert ist. Es ist also ein Abwägen zwischen dem Geltungsanspruch und dem Präzisionsanspruch erforderlich. Ein Kompromiss besteht häufig darin, dass „Theorien mittlerer Reichweite" (Merton, 1995) vorgeschlagen werden.

Das Kriterium der **empirischen Überprüfbarkeit** besagt, dass die aus einer Theorie abgeleiteten Aussagen sich nachvollziehbar empirisch überprüfen lassen. Die Aussagen müssen so formuliert werden, dass sie an der Empirie scheitern können: Sie müssen durch empirische Befunde widerlegbar, d. h. falsifizierbar sein. Eine Theorie ist umso besser, je größer die Zahl möglicher empirischer Befunde ist, die sie widerlegen können, d. h. je höher der Grad ihrer **Falsifizierbarkeit** ist. Mit dem Grad der Falsifizierbarkeit wächst der Informationsgehalt der Aussagen, Popper bezeichnet dies als den „empirischen Gehalt" einer Theorie (Popper, 1984, S. 83 f.). Im Allgemeinen gilt, dass der empirische Gehalt umso größer ist, je größer die Reichweite einer Theorie ist, da eine umfassende Theorie eine größere Anzahl möglicher Befunde ermöglicht, die ihr widersprechen können, als eine weniger umfassende Theorie.

Das Kriterium der **empirischen Belege** erfordert die empirische Verankerung einer Theorie. Gemäß diesem Kriterium ist eine Theorie umso besser, je stärker bzw. umfangreicher sie durch empirische Befunde gestützt wird. Umgekehrt ist eine Theorie umso schlechter, je mehr Gegebenheiten auftreten, die der Theorie widersprechen.

Das Kriterium der **praktischen Anwendbarkeit** bezieht sich auf die Tauglichkeit der Theorie für die Ableitung konkreter Handlungsmaßnahmen. Die Theorie sollte Grundlagen für die Gestaltung von Handlungsanweisungen zur Verbesserung von Einzelfallentscheidungen liefern. Gemäß diesem Kriterium ist eine Theorie umso besser, je besser man aus den durch sie gewonnenen Erkenntnissen Empfehlungen für die Umsetzung in praktisches Handeln ableiten kann, d. h. je tauglicher sie für die Gestaltung praktischer Handlungsmaßnahmen ist.

6.8 Fazit

Die Aussagen in einer Wissenschaft stehen nicht unverbunden nebeneinander, sondern liefern – zumindest im Idealfall – eine zusammenfassende Gesamtsicht eines Gegenstandsbereiches. Diese Gesamtsicht wird als „Theorie" bezeichnet. Damit sie als wissenschaftlich gelten darf, muss sie einer Überprüfung ihrer Gültigkeit zugänglich sein. In Abhängigkeit von der Art der Theorie kann sich das Kriterium für die Gültigkeit sowohl auf die Übereinstimmung mit der Realität („Wahrheit") als auch auf den praktischen Nutzen der Theorie („Tauglichkeit") beziehen.

Zur Bewertung der Güte einer Theorie existieren Bewertungskriterien. Oft erfordert die Bewertung ein Abwägen zwischen verschiedenen Kriterien, da nicht alle Kriterien zugleich bestmöglich erfüllt werden können.

Verständnisfragen

1. Was versteht man unter einem „Indikator"?
   Bitte entscheiden Sie sich für *eine* der folgenden Antwortmöglichkeiten.
   (a) Bei einem Indikator handelt es sich um ein Anzeichen, das für eine Prognose genutzt werden kann.
   (b) Ein Indikator ist ein beobachtbares Phänomen oder Merkmal, das einen zugrunde liegenden inhaltlichen Begriff repräsentiert.
   (c) Bei einem Indikator handelt es sich um eine inhaltliche Definition des zu untersuchenden Gegenstandsbereiches.
   (d) Ein Indikator zeigt eine Zustandsveränderung an.
2. Was versteht man unter einer „Operationalisierung"?
   Bitte kreuzen Sie *alle* Antwortalternativen an, deren Aussagen zutreffen.
   (a) Eine Operationalisierung setzt die inhaltliche Definition eines Tatbestandes so um, dass sie einer Messung zugänglich wird.
   (b) Durch die Operationalisierung erhält man messbare Größen, die in ihrer Ausprägung variieren können und deswegen als „Variablen" bezeichnet werden.
   (c) Bei der Operationalisierung handelt es sich um eine genaue Beschreibung des zu untersuchenden Sachverhaltes.
   (d) Bei der Operationalisierung handelt es sich um eine inhaltliche Definition des zu untersuchenden Gegenstandsbereiches.
3. Was ist eine „Hypothese"? Bitte entscheiden Sie sich für *eine* der folgenden Antwortmöglichkeiten.
   (a) eine Annahme über Ursache-Wirkungs-Beziehungen
   (b) eine Annahme, deren Zutreffen mithilfe systematischer Methoden an der Realität überprüft werden kann
   (c) eine analytische Aussage, deren Zutreffen sich durch logische Ableitungen überprüfen lässt
   (d) eine empirisch begründete Aussage über Merkmalsunterschiede
   (e) eine formal-logische Aussage, die sich mittels Deduktion aus einer Theorie ableiten lässt
4. Welche der folgenden Aussagen über das Wesen einer „Theorie" sind **nicht** richtig? Bitte kreuzen Sie *alle* Antwortalternativen an, die unzutreffend sind.
   (a) Eine Theorie steht im Gegensatz zur Praxis.
   (b) Eine Theorie ist eine zusammenfassende Gesamtsicht eines Erkenntnisbereichs.
   (c) Eine Theorie besteht aus Axiomen, Definitionen und Aussagen.
   (d) Eine Theorie ist die notwendige Voraussetzung zur Ableitung betrieblicher Gestaltungsmaßnahmen.
   (e) Eine Theorie ist eine abstrahierende Darstellung eines Erkenntnisbereiches

5. Was bedeutet „Falsifikation"? Bitte kreuzen Sie *alle* zutreffenden Antwortalternativen an.
   (a) Falsifikation bedeutet die Widerlegung von Aussagen oder Theorien.
   (b) Eine Falsifikation dient der Überprüfung von Aussagen.
   (c) Eine Theorie wird falsifiziert, wenn empirische Befunde in Widerspruch zu den aus ihr abgeleiteten Aussagen, also den Hypothesen, stehen.
   (d) Sowohl die Nullhypothese als auch die Alternativhypothese kann falsifiziert werden.
   (e) Eine Aussage gilt dann als falsifiziert, wenn die vorliegenden Befunde ihr Zutreffen als unwahrscheinlich erscheinen lassen.
   (f) Wenn eine Nullhypothese nicht falsifiziert wird, heißt das, dass die Nullhypothese zutreffend ist.
6. Was sind zentrale Kriterien für die Güte einer Theorie in den Realwissenschaften? Welches der folgenden Kriterien gehört **nicht** zu den zentralen Kriterien? Bitte entscheidenden Sie sich für *eine* der folgenden Antwortalternativen.
   (a) Widerspruchsfreiheit
   (b) Sparsamkeit
   (c) Reichweite
   (d) Komplexität
   (e) empirische Überprüfbarkeit
   (f) praktische Anwendbarkeit

Literatur

Zitierte Literatur

Albert, H. (1980). Die Wissenschaft und die Suche nach Wahrheit. Der kritische Realismus und seine Konsequenzen für die Methodologie. In G. Radnitzky & G. Andersson (Hrsg.), *Fortschritt und Rationalität der Wissenschaft* (S. 221–246). Mohr.

Bleymüller, J. (2012). *Statistik für Wirtschaftswissenschaftler* (16. Aufl.). Vahlen.

Merton, R. K. (1995). *Soziologische Theorie und soziale Struktur*. De Gruyter.

Morgan, C. (1903). *An introduction to comparative psychology* (2. Aufl.). Williams & Norgate.

Müller-Lyer (1889). *Optische Urteilsbildung. Archiv für Anatomie und Physiologie, Physiologische Abteilung.* Supplement, 263-270.

Popper, K. R. (1984). *Objektive Erkenntnis – Ein evolutionärer Entwurf* (4. Aufl.). Campe.

Popper, K. R. (1994). *Logik der Forschung* (10. Aufl.). Mohr.

Weiterführende Literatur

Bleymüller, J., Weißbach, R., & Dörre, A. (2020). *Statistik für Wirtschaftswissenschaftler* (18. Aufl.). Vahlen.

Koch, K.-R. (2000). *Einführung in die Bayes-Statistik*. Springer.

Schwaiger, M., & Meyer, A. (Hrsg.). (2009). *Theorien und Methoden der Betriebswirtschaft*. Vahlen.

Zahar, E. G. (2013). Falsifiability. In H. Keuth (Hrsg.), *Karl Popper, Logik der Forschung* (S. 103–123). Akademie-Verlag.

Modelle als vereinfachte Abbildung von Zusammenhängen

7

> **Übersicht**
>
> Eng verwandt mit den in Kap. 6 behandelten Theorien sind Modelle. Ebenso wie eine Theorie stellt ein Modell eine zusammenfassende Gesamtsicht eines Gegenstandsbereichs dar. Dennoch unterscheiden sich Modelle in mancher Hinsicht von Theorien. Während sich Theorien vorwiegend sprachlicher Formulierungen bedienen, liefern Modelle ein vereinfachtes Abbild des Gegenstandsbereiches in visueller oder mathematischer Form. Es gibt verschiedene Arten von Modellen. Eine wichtige Unterscheidung lässt sich zwischen inhaltlichen und formalen Modellen treffen. In der Betriebswirtschaftslehre sind vor allem formale Modelle zur Optimierung von Entscheidungen bei der Produktionsprogrammplanung sowie bei der Investitions- und Finanzierungsplanung von Bedeutung.

7.1 Modelle und Theorien

Ebenso wie eine Theorie stellt auch ein Modell ein System von Beziehungen innerhalb eines Gegenstandsbereichs dar. Nicht einheitlich wird in der Betriebswirtschaftslehre eine Abgrenzung zum Begriff „Theorie" vorgenommen. Vereinfachend lässt sich jedoch sagen, dass sich eine Theorie meistens in ein Modell überführen lässt, während aber umgekehrt nicht jedes Modell in eine Theorie überführbar ist.

Ebenso wie eine Theorie hat das Modell die Funktion, relevantes Wissen über einen Gegenstandsbereich in eine überschaubare Ordnung zu bringen. In beiden Fällen geschieht dies durch die Aufstellung eines Systems von Beziehungen. Während aber eine Theorie das System in Form von sprachlichen Aussagen konkretisiert, repräsentiert das Modell die Beziehungen in Form von Visualisierungen, d. h. bildlichen bzw. grafischen

Darstellungen, oder in Form mathematischer Kalküle. Typische Beispiele für grafische Darstellungen sind Flussdiagramme, die die wichtigsten Stationen eines zeitlichen Ablaufs wiedergeben, und Pfeildiagramme (für ein Beispiel siehe Abschn. 10.4.7), die Kausalbeziehungen veranschaulichen. Typische Beispiele für mathematische Kalküle sind Gleichungen. Als Definition eines Modells wird vorgeschlagen:

Ein **Modell** stellt eine vereinfachte Abbildung eines Gegenstandsbereichs dar. Die Abbildung besteht entweder in einer Visualisierung oder einer mathematischen Beschreibung.

Die „vereinfachte Abbildung" erfordert immer eine **Abstraktion,** d. h. eine Reduktion der Komplexität des Gegenstandsbereichs. Ein Modell sollte keine überflüssigen Anteile enthalten, es sollte so einfach wie möglich und so kompliziert wie nötig sein. Die Abstraktion beinhaltet somit eine Reduktion des Gegenstandsbereichs auf die relevanten bzw. wichtigen Komponenten und deren Beziehungen. Was als „relevant" zu betrachten ist, hängt von der Zielsetzung des Modells ab. Entsprechend den Aufgaben der Betriebswirtschaftslehre (vgl. Kap. 3) kann die Zielsetzung in der Beschreibung, der Erklärung oder der Vorhersage von Tatbeständen sowie in der Gestaltung von Handlungsmaßnahmen bestehen. In Abhängigkeit von der jeweiligen Zielsetzung sind unterschiedliche Komponenten und deren Beziehungen relevant. So sind beispielsweise für eine Erklärung die funktionalen Beziehungen innerhalb des betrachteten Realitätsbereichs relevant, während sie möglicherweise für die Gestaltung von Handlungsmaßnahmen irrelevant sind.

7.2 Arten von Modellen

Es gibt verschiedene Arten von Modellen. Prinzipiell werden zwei Arten unterschieden:

- inhaltliche Modelle
- formale Modelle

Inhaltliche Modelle sind – ebenso wie Theorien – einem bestimmten Gegenstandsbereich zugeordnet, während formale Modelle auf verschiedenartige Gegenstandsbereiche anwendbar sind. Inhaltliche Modelle stellen ein vereinfachtes Abbild eines Erfahrungsbereichs dar. Im Fokus steht die innere Beschaffenheit des betrachteten Realitätsausschnitts. Man spricht von einem **White-Box**-Modell, das die Struktur der Realität abbildet, im Gegensatz zu einem **Black-Box**-Modell, bei dem die innere Struktur des betrachteten Gegenstandsbereichs unberücksichtigt bleibt.

Hinsichtlich ihrer Zielsetzung können sich inhaltliche Modelle auf die Beschreibung, Erklärung, Vorhersage und die Ableitung von Handlungsmaßnahmen beziehen. Beschreibende Modelle sind einer Landkarte vergleichbar: Sie liefern ein auf das Wesentliche reduziertes Abbild des Originals. Ein Beispiel wäre die Darstellung einer Unternehmensstruktur. Erklärende Modelle bilden darüber hinaus die funktionalen

7.2 Arten von Modellen

Beziehungen innerhalb des betrachteten Realitätsausschnitts ab. Ein Beispiel wäre das Kostenmodell eines Unternehmens. Die Abbildung funktionaler Beziehungen kann rein qualitativer Natur sein, sie kann aber auch mathematische Kalküle einbeziehen. Erklärende Modelle sollten immer auch eine Vorhersage im Sinne einer Übertragbarkeit der funktionalen Beziehungen auf neue Gegebenheiten innerhalb des betrachteten Realitätsausschnitts beinhalten (vgl. Abschn. 3.4). Manchmal lassen sich aus erklärenden Modellen auch Handlungsanweisungen ableiten, doch muss dies nicht notwendigerweise der Fall sein (vgl. Abschn. 5.5). Demgegenüber sind inhaltliche Modelle mit technologischer Zielsetzung – ebenso wie technologische Theorien – explizit auf Gestaltungsmaßnahmen innerhalb eines konkreten Handlungsbereichs ausgerichtet.

Oft beruhen inhaltliche Modelle auf einer Analogie zu Beziehungen in anderen Gegenstandsbereichen. Beispielsweise wird das in Chemie und Biologie entwickelte Modell des homöostatischen Gleichgewichts als Analogie zur Darstellung des Marktgleichgewichts zwischen Angebot und Nachfrage herangezogen. Der Nutzen eines auf dem Analogieprinzip basierenden Modells besteht vor allem in der Entwicklung und Ausformulierung von Theorien.

Formale Modelle sind meistens mathematische Modelle, die oft als Computermodelle realisiert werden. Sie beschreiben natürliche Systeme durch formale und quantifizierbare Beziehungen. Aus der formalen Struktur des Modells lassen sich Folgerungen ableiten, die sich allein aus den formalen Regeln ergeben und unabhängig von der inhaltlichen Interpretation des Modells sind. Hauptanwendungsgebiete im wirtschaftswissenschaftlichen Bereich sind Verbesserung des wirtschaftlichen Handelns durch Optimierung betrieblicher Entscheidungen und Abläufe sowie Prognose ökonomischer Daten.

Mathematische Modelle können, aber müssen nicht notwendigerweise die funktionalen Beziehungen innerhalb des natürlichen Systems widerspiegeln. Sie können also sowohl als White-Box- als auch als Black-Box-Modelle oder auch als Mischform (Grey-Box-Modelle) realisiert sein. Beispiele für White-Box-Modelle, also Modelle, die funktionale Prinzipien darstellen, finden sich im Bereich des betrieblichen Rechnungswesens (Kostenmodelle), im Bereich des Operations Research (OR), im Bereich des Marketing sowie im Bereich der Verhaltensökonomik („Behavioral Economics"). Sie versuchen, reale ökonomische Vorgänge als mathematische Strukturen und Beziehungen abzubilden und zu erklären.

Häufig bilden formale Modelle die Grundlage zur **Optimierung** wirtschaftlichen Handelns. Ziel dieser Optimierungsmodelle ist es, eine Zielgröße (z. B. die Summe der Deckungsbeiträge) unter bestimmten einschränkenden Bedingungen (z. B. Kapazitätsrestriktionen) und technischen Nebenbedingungen zu maximieren oder zu minimieren (z. B. die Summe der Kosten). Die Optimierung wird als Zielfunktion formuliert, die die zu optimierende Größe in Abhängigkeit von bestimmten Eingangsvariablen darstellt. Ziel der Optimierung ist dann die Bestimmung der Extremwerte. Der optimale Wert der Zielgröße ist also kein absoluter Extremwert, sondern ein Extremwert unter bestimmten Bedingungen.

Aus den Modellen werden Handlungsalternativen abgeleitet, die im Sinne einer präskriptiven Entscheidungslehre (vgl. Abschn. 1.6) die unter gegebenen Bedingungen bestmöglichen Handlungsalternativen aufzeigen.

Anwendung finden solche Entscheidungsmodelle häufig bei der Produktionsprogrammplanung sowie bei der Investitions- und Finanzierungsplanung. Ein Beispiel für Letzteres ist das sogenannte Dean-Modell (Dean, 1954). Es sortiert die Investitions- und Finanzierungsalternativen zu einem gegebenen Zeitpunkt und liefert eine Rechenvorschrift für deren Bewertung. Im folgenden Kasten wird es dargestellt.

Das Dean-Modell zur optimalen Investitions- und Finanzierungsplanung

Das Dean-Modell sucht der wechselseitigen Abhängigkeit von Investitions- und Finanzierungsentscheidungen Rechnung zu tragen.

Ziel: Maximierung des Endvermögens des Investors durch Realisierung des optimalen Investitionsprogramms.

Ausgangsbasis: Die Investitionsalternativen (vgl. Tab. 7.1) erwirtschaften unterschiedlich hohe Renditen (interner Zinsfuß der Investition; Kapitalnachfrage).

Die Finanzierungsalternativen (vgl. Tab. 7.2) verursachen unterschiedlich hohe Finanzierungskosten (interner Zinsfuß der Finanzierung; Kapitalangebot).

Vorgehen: Für alle Investitions- und Finanzierungalternativen wird jeweils eine Rangreihe der internen Verzinsung erstellt:

- Rangreihe der Investitionsalternativen nach abnehmendem internen Zinsfuß.
- Rangreihe der Finanzierungsalternativen nach zunehmenden internen Zinsfuß.

Der Zusammenhang zwischen Kapitalbedarf und Kapitalangebot lässt sich graphisch darstellen (vgl. Abb. 7.1).

Das optimale Investitionsprogramm ergibt sich aus dem Schnittpunkt von Kapitalangebot und Kapitalnachfrage. Im vorliegenden Fall können die ersten vier Investitionsalternativen (Inv. 1, 4, 2 und 5) realisiert werden. Hierbei kann die vierte Alternative (Inv. 5) gerade noch realisiert werden, da ihr interner Zinsfuß (10 %) höher ist als der interne Zinsfuß der Finanzierung (8 %). Die Realisierung der fünften Alternative (Inv. 3) würde das Ergebnis des Investitionsprogramms verschlechtern, da deren interner Zinsfuß (12 %) den internen Zinsfuß der Investition (6 %) übersteigt. Zudem wird die zweite Finanzierungsalternative (Fin. B) gar nicht benötigt, da das Finanzierungsvolumen der beiden anderen Finanzierungsalternativen ausreicht, um die Kapitalnachfrage der vier zu realisierenden Investitionen abzudecken.

7.2 Arten von Modellen

Tab. 7.1 Beispiele für Investitionsalternativen

Beispielhafte Investitionsalternativen (Laufzeit: 1 Jahr)	Höhe des investierten Kapitals	Rendite der Investition (interner Zinsfuß)
Inv. 1	100	18 %
Inv. 2	100	12 %
Inv. 3	200	6 %
Inv. 4	200	15 %
Inv. 5	300	10 %

Tab. 7.2 Beispiele für Finanzierungsalternativen

Beispielhafte Finanzierungsalternativen (Laufzeit: 1 Jahr)	Kreditvolumen	Kosten der Finanzierung (interner Zinsfuß)
Fin. A	600	6 %
Fin. B	300	12 %
Fin. C	400	8 %

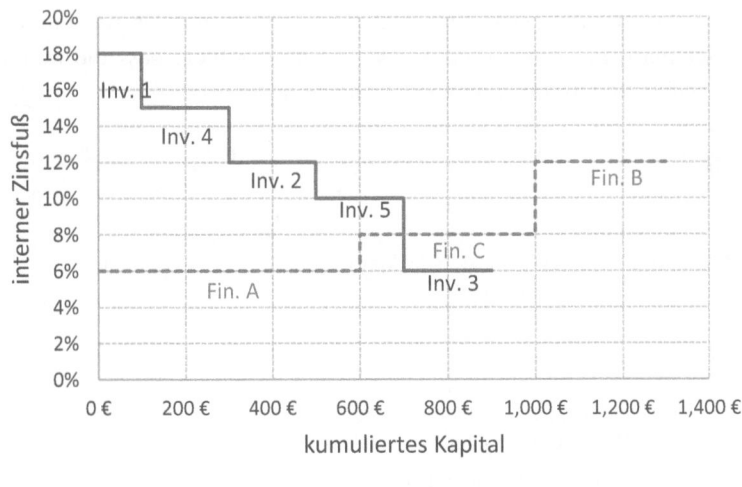

Abb. 7.1 Kapitalnachfrage und – angebot nach dem Dean-Modell (modifiziert nach Dean, 1954, und Wöhe et al., 2023, S. 501 f.)

Das Dean-Modell betrachtet nur eine bestimmte Periode. Entscheidungsmodelle, die der Veränderung der Bedingungskonstellationen im Zeitverlauf Rechnung tragen, setzen als Verfahren häufig die **lineare Programmierung** ein (vgl. Schierenbeck & Wöhle, 2012,

S. 220–225). Diese dient zur Bestimmung der Extremwerte von linearen Zielfunktionen unter einschränkenden Bedingungen, die ihrerseits durch lineare Gleichungen und Ungleichungen spezifiziert werden. Die Struktur eines solchen Entscheidungsmodells wird im folgenden Kasten dargestellt.

Lineare Programmierung als Instrument zur Lösung komplexer Entscheidungsprobleme

Anwendungsvoraussetzungen:

- Die Zielsetzung kann durch eine lineare Funktion dargestellt werden. Variablen treten nur in der ersten Potenz auf und sind nicht multiplikativ miteinander verknüpft.
- Die einschränkenden Nebenbedingungen können als lineare Gleichungen und Ungleichungen formuliert werden.
- Die Werte der Variablen dürfen nicht kleiner als null sein.
- Die Werte der Variablen müssen reelle Werte sein.

Entscheidungssituation:

Gesucht wird das deckungsbeitragsoptimale Produktionsprogramm, d. h. die Produktionsmengen der Produkte x_j, die dazu führen, dass die Summe der Deckungsbeiträge (DB) ein Maximum erreicht.

Zielfunktion:	„Was soll erreicht werden?"	$DB_{max} = \sum_{j=1}^{n} db_j * x_j \to max$
Nebenbedingungen:	„Welche Einschränkungen gibt es?"	$\sum_{j=1}^{n} a_{ij} * x_j \leq b_i$ für alle i
Nicht-Negativitätsbedingung:	„Wie müssen die Werte beschaffen sein?"	$x_j \geq 0$ für alle j

mit:

x_j	=	Variable *j* der Problemstellung (Produktionsmengen von Produkt x_j)
db_j	=	Zielbeitrag der Variablen j (Stückdeckungsbeitrag von Produkt x_j)
a_{ij}	=	Koeffizient der Variablen *j* in der Nebenbedingung *i* (Bearbeitungszeit von Produkt j auf der Maschine b_i)
b_i	=	maximale Wertausprägung der Nebenbedingung *i* (Maximalkapazität der Maschine b_i)

Modifiziert nach: Schierenbeck und Wöhle (2012, S. 220 f).

Die Aufstellung formaler Modelle zum Zweck der Optimierung wird häufig mit dem Einsatz von Simulationsstudien (siehe Abschn. 10.8) verbunden. Die Simulation erlaubt, neben real ermittelten Werten auch fiktive Werte in die Berechnung einzubeziehen. Dadurch wird die Anwendbarkeit eines Modells auf mögliche, aber bisher in der Praxis (noch) nicht aufgetretene Parameterkonstellationen erweitert.

Mathematische Modelle können auch zur **Prognose** ökonomischer Daten herangezogen werden. Oft handelt es sich dabei um Black-Box-Modelle. Ihr Ziel ist ausschließlich auf die Prognose von Daten ausgerichtet, ohne das Zustandekommen dieser Daten durch eine inhaltliche Theorie zu erklären. Ein Beispiel sind **neuronale Netze,** die als Prognosemodelle zur Vorhersage von Aktienkursen eingesetzt werden, ohne dass sie theoretische Erklärungen für das Zustandekommen der prognostizierten Kurse bereitstellen.

7.3 Überprüfung der Gültigkeit von Modellen

7.3.1 Gültigkeitskriterium

Ebenso wie Theorien müssen auch Modelle auf ihre Gültigkeit hin überprüft werden. Die Gültigkeitsprüfung wird als „**Validierung**" des Modells bezeichnet. Prinzipiell gelten für die Validierung eines Modells dieselben Richtlinien wie für die Überprüfung wissenschaftlicher Theorien bzw. wissenschaftlicher Aussagen im Allgemeinen. Das Kriterium der Gültigkeit variiert ebenso wie bei Theorien in Abhängigkeit von der Art des Modells. Bei inhaltlichen Modellen, die ja immer White-Box-Modelle sind, gilt das „Wahrheitskriterium", also die Übereinstimmung des Modells mit der (objektiven oder sinnlich wahrgenommenen) Realität. Bei formalen Modellen liegt der Fokus der Gültigkeit auf der Tauglichkeit für zweckdienliches Handeln. Sofern das Modell als Black-Box-Modell realisiert ist, ist dieses Kriterium hinreichend. Bei White-Box-Modellen wird darüber hinaus die Übereinstimmung mit der Realität gefordert.

7.3.2 Überprüfung inhaltlicher Modelle

Bei inhaltlichen Modellen stellt sich die Frage, inwieweit die in der Realität vorfindbaren Daten mit den vom Modell vorhergesagten Daten übereinstimmen. Ebenso wie bei der Überprüfung von Theorien lässt sich hier das Falsifikationsprinzip anwenden. Im Idealfall müssten aus dem Modell Hypothesen abgeleitet werden, die empirisch falsifizierbar sind. Eine aus dem Modell abgeleitete zu prüfende Hypothese entspricht der „Alternativhypothese"(vgl. Abschn. 6.5). Diese wird mit der „Gegenhypothese", also der „Nullhypothese", verglichen. Das Modell (bzw. die aus ihm abgeleitete Hypothese) kann dann akzeptiert werden, wenn die Nullhypothese sich als extrem unwahrscheinlich erweist, d. h. falsifiziert wird. Im Umkehrschluss wird das Modell dann nicht akzeptiert, wenn die Nullhypothese beibehalten werden muss.

Ein Problem bei der Anwendung dieses Vorgehens ist allerdings darin zu sehen, dass es schwierig ist, eine passende Nullhypothese zu finden, also ein passendes Gegenmodell aufzustellen. In der wissenschaftlichen Praxis wird daher häufig gegen das Prinzip der Falsifikation verstoßen bzw. es wird in unzulässiger Weise angewendet. Die unzulässige Weise besteht in einer Art Umkehrung des Falsifikationsprinzips. Das zu prüfende Modell wird als Nullhypothese betrachtet, die dann akzeptiert wird, wenn die real vorfindbaren Daten nicht in signifikanter Weise in Widerspruch zu den aus dem Modell vorhergesagten Werten stehen. Die statistische Überprüfung erfolgt mithilfe eines **Chi-Quadrat-Anpassungstests** („goodness-of-fit"-Test). Als Prüfgröße für die Güte der „Anpassung" der realen Daten an das Modell dient der resultierende Wert des Chi-Quadrat (χ^2), der ein Maß für die Abweichung der ermittelten Daten von den aus dem Modell vorhergesagten Daten darstellt. Das Modell wird dann als akzeptabel betrachtet, wenn das resultierende χ^2 insignifikant ist und damit die Nullhypothese beibehalten werden kann. Gemäß dem Prinzip der Falsifikation wird aber auf diese Weise die Nullhypothese zwar nicht widerlegt, jedoch keinesfalls bestätigt.

Ebenfalls in unzulässiger Weise wird das Falsifikationsprinzip angewandt, wenn zwei konkurrierende Modelle hinsichtlich ihrer Güte der Anpassung an die realen Daten mithilfe des Chi-Quadrat-Anpassungstests verglichen werden. Als Ergebnis des Vergleichs wird dasjenige der beiden Modelle als gültig erachtet, bei dem sich ein niedrigerer χ^2-Wert ergibt, d. h. also das Modell, bei dem die Abweichung eine höhere Irrtumswahrscheinlichkeit hat. Auch in diesem Fall widerspricht das Vorgehen dem Falsifikationsprinzip.

Besser geeignet ist ein Vorgehen, das als eine Art Evidenznachweis betrachtet werden kann. Es besteht darin, dass das Ausmaß der Übereinstimmung zwischen den aus dem Modell vorhergesagten Daten und den in der Realität vorgefundenen Daten ermittelt wird. Dies kann auf zwei Weisen geschehen. Eine Möglichkeit ist die Bestimmung der **Klassifikationsgüte,** ermittelt durch den Prozentsatz bzw. der Anteil richtiger Zuordnungen der vom Modell vorhergesagten Daten zu den realen Daten. Das Modell wird dann als gültig akzeptiert, wenn die Übereinstimmung einen bestimmten vorher festgelegt Prozentwert bzw. einen bestimmten Anteilswert (z. B. 80 % bzw. 0,8) überschreitet. Eine andere Möglichkeit ist die Bestimmung der **Stärke des Zusammenhangs** zwischen den Modelldaten und den realen Daten mithilfe der Korrelationsrechnung (siehe Abschn. 10.4.1). Prüfgröße ist der Korrelationskoeffizient. Dessen Höhe zeigt die Stärke des Zusammenhangs an und kann auf seine statistische Signifikanz geprüft werden.

7.3.3 Überprüfung formaler Modelle

Bei der Überprüfung formaler Modelle ist zunächst zu bestimmen, ob es sich um ein White-Box oder ein Black-Box-Modell handelt. Bei einem White-Box-Modell ist die Übereinstimmung mit der Realität zu fordern. Dagegen ist bei einem Black-Box-Modell das Kriterium der Tauglichkeit hinreichend.

7.3 Überprüfung der Gültigkeit von Modellen

Die Tauglichkeit kann auf verschiedene Weise überprüft werden. Hierbei lässt sich eine interne Validierung von einer externen Validierung unterscheiden (siehe Abschn. 9.4.2). Bei der **internen Validierung** kann das Kriterium für die Tauglichkeit die **Robustheit** der aus dem Modell abgeleiteten Handlungsempfehlungen gegenüber minimalen Schwankungen der Nebenbedingungen sein. Ein Modell wäre dann als „robust" zu bezeichnen, wenn die erhaltenen Werte der Zielgröße sich über einen großen Bereich als Funktion der Werte der Eingangsgrößen darstellen lassen. Zur Generierung eines entsprechend großen Bereichs der Eingangsgrößen sollten hierbei Simulationen (siehe Abschn. 10.8) mit einbezogen werden. Treten bei Veränderung der Modellparameter Strukturbrüche im Verlauf der für die Zielgröße erhaltenen Werte auf, muss das als Hinweis gewertet werden, dass das Modell nicht robust ist.

Eine **externe Validierung** kann in einem Vergleich zwischen den bei Anwendung des Modells real erzielten Ergebnissen und den vom Modell vorhergesagten Ergebnissen bestehen. Abb. 7.2 zeigt beispielhaft ein Schema des Validierungsprozesses.

Angenommen das Ziel besteht in einer Maximierung der Summe der Deckungsbeiträge. Handelt die Unternehmung entsprechend den Empfehlungen des Modells (z. B. Veränderung der Produktionsmengen), müsste die tatsächlich erzielte Deckungsbeitragssumme dem vom Modell vorhergesagten Maximalwert entsprechen. Bei genügend hoher Fallzahl von Unternehmen kann die Höhe der Übereinstimmung mithilfe des Korrelationskoeffizienten (siehe Abschn. 10.4.1) berechnet werden.

Eine andere Möglichkeit der externen Validierung besteht darin, dass das bei Anwendung des Modells erzielte Ergebnis mit dem in der vorherigen Praxis erzielten Ergebnis oder mit dem bei Anwendung eines anderen Modells erzielten Ergebnis

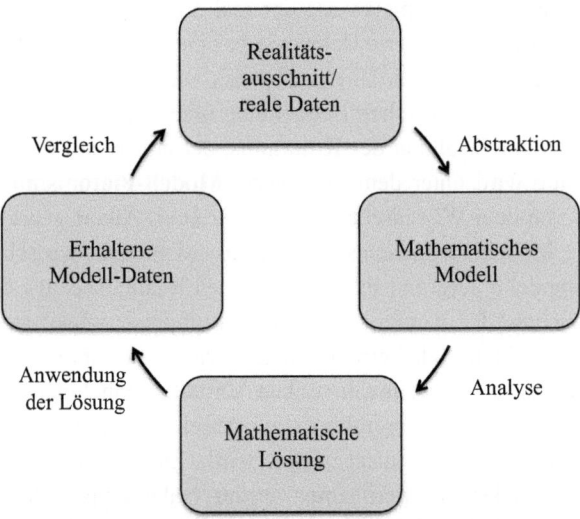

Abb. 7.2 Schematisches Beispiel für den Ablauf eines Validierungsprozesses

verglichen wird. Wird ein solcher Vergleich gemäß dem Falsifikationsprinzip vorgenommen, darf das zu prüfende Modell dann als akzeptabel bzw. überlegen gelten, wenn die unter seiner Anwendung ermittelten Werte für die Zielgröße sich in der gewünschten Richtung signifikant von den Werten in der bisherigen Praxis bzw. von den bei Anwendung eines anderen Modells erhaltenen Werten unterscheiden.

7.4 Bewertung von Modellen

Zur Bewertung der Güte von Modellen lassen sich prinzipiell dieselben Kriterien heranziehen wie diejenigen, die für die Bewertung von Theorien herangezogen werden (vgl. Abschn. 6.7). Allerdings erfahren die Kriterien teilweise eine von der Bewertung von Theorien abweichende Gewichtung. Eine abweichende Gewichtung ergibt sich hinsichtlich des Kriteriums der empirischen Überprüfbarkeit und des Kriteriums der praktischen Anwendbarkeit.

Die Kriterien der Widerspruchsfreiheit, Präzision und Einfachheit gelten für Modelle in gleichem Maße wie für Theorien. Das Kriterium der Einfachheit wurde in Kap. 6 am Beispiel der Optimierung des Produktionsprogramms veranschaulicht. Bei Modellen spricht man in diesem Zusammenhang auch von der „Ökonomie" des Modells. Von zwei konkurrierenden Modellen sollte stets dasjenige bevorzugt werden, welches ökonomischer ist. Das Prinzip der Einfachheit gewinnt hierbei die zusätzliche Bedeutung des mit der Anwendung des Modells verbundenen „Aufwands". Von konkurrierenden Modellen sollte also dasjenige gewählt werden, das den geringsten Aufwand erfordert.

Auch das Kriterium der empirischen Belege lässt sich für Modelle in ähnlicher Weise wie bei Theorien heranziehen. Die empirischen Befunde können gegenwärtige empirisch ermittelte Messgrößen wie beispielsweise der real ermittelte Deckungsbeitrag sein, sie können sich auch auf prognostizierte Daten wie beispielsweise Aktienkurse beziehen.

Das Kriterium der empirischen Überprüfbarkeit wird in der Betriebswirtschaftslehre in zweierlei Hinsicht einer kritischen Betrachtung unterzogen. Der eine Kritikpunkt bezieht sich auf die Nicht-Erfüllung des Kriteriums, der andere auf dessen Überbetonung. Die Nicht-Erfüllung wird unter dem Stichwort **„Modell-Platonismus"** diskutiert. Der Ausdruck wurde von dem Wissenschaftstheoretiker Hans Albert geprägt (Albert, 1967). Der Vorwurf des Modell-Platonismus besagt, dass sich viele wirtschaftswissenschaftliche Erklärungsmodelle aufgrund ihres mangelnden Realitätsbezugs der Falsifikationsmöglichkeit entziehen. Es werden sogenannte Immunisierungsstrategien angewandt, um die Modelle vor einem Scheitern an der Empirie zu bewahren. Die Immunisierung wird dadurch erzielt, dass von unrealistischen Verhaltensannahmen wie beispielsweise der Vorstellung vom **homo oeconomicus** (vgl. Abschn. 1.6), also der Vorstellung vom rational denkenden Menschen, ausgegangen wird. Zur Untermauerung der Modelle werden dann nur „Gedankenexperimente" anstatt realer empirischer Untersuchungen durchgeführt. Die Kritik ist allerdings nur eingeschränkt berechtigt, da beispielsweise im Bereich der empirischen Entscheidungsforschung *("behavioral finance")* Modelle präsentiert werden, die durchaus einer empirischen Untersuchung und damit der Falsifikation zugänglich sind.

Der zweite Kritikpunkt am Kriterium der empirischen Überprüfbarkeit bezieht sich darauf, dass viele aus einem Erklärungsmodell abgeleitete Hypothesen sich zwar empirisch überprüfen lassen, dass diese Aussagen aber für die betriebliche Praxis nutzlos sind, weil ihnen der Alltagsbezug fehlt. Die Aussagen entbehren somit der sogenannten **ökologischen Validität** (siehe Abschn. 9.4.3).

Eine ungleich stärkere Gewichtung im Vergleich zu Theorien erfährt bei Modellen das Kriterium der **praktischen Anwendbarkeit.** Dies gilt vor allem für formale Modelle, insbesondere dann, wenn es sich um Black-Box-Modelle handelt. Hier ist das Kriterium der praktischen Anwendbarkeit das wichtigste Kriterium. Es wird als **Tauglichkeit** oder Zweckmäßigkeit konkretisiert. Nur bei technologischen Theorien erfährt dieses Kriterium eine ähnliche Wichtigkeit wie bei formalen Modellen.

7.5 Fazit

Modelle haben ebenso wie Theorien die Funktion, relevantes Wissen über einen Gegenstandsbereich in eine überschaubare Ordnung zu bringen. Dies geschieht in beiden Fällen durch die Aufstellung eines Systems von Beziehungen. Während aber eine Theorie die Beziehungen in Form von sprachlichen Aussagen konkretisiert, stellt ein Modell die Beziehungen in Form visueller oder mathematischer Abbildungen dar. Man unterscheidet zwischen inhaltlichen und formalen Modellen. In der Betriebswirtschaftslehre sind vor allem formale Modelle als Grundlage der Optimierung wirtschaftlichen Handelns von Bedeutung.

Zur Bewertung der Güte von Modellen gelten prinzipiell dieselben Kriterien wie die zur Bewertung von Theorien. Allerdings erfahren die einzelnen Kriterien teilweise eine andere Gewichtung. Ungleich stärker als bei Theorien wird das Kriterium der praktischen Anwendbarkeit gewichtet.

Verständnisfragen

1. Was haben Modelle und Theorien gemeinsam, und wo liegen die Unterschiede? Bitte kreuzen Sie *alle* Antwortalternativen an, deren Aussage zutreffend ist.
   (a) Ein Modell stellt ebenso wie eine Theorie ein vereinfachtes System von Beziehungen innerhalb eines Gegenstandsbereichs dar.
   (b) Während eine Theorie das System in Form sprachlicher Aussagen konkretisiert, stellt das Modell die Beziehungen durch Visualisierungen oder mathematische Formeln dar.

(c) Sowohl ein Modell als auch eine Theorie erfordert eine Abstraktion, d. h. eine Reduktion der Komplexität eines Gegenstandsbereichs.
(d) Modelle müssen immer der Erklärung realer Tatbestände dienen.
2. Bei Modellen lassen sich White-Box-Modelle von Black-Box-Modellen unterscheiden. Bitte kreuzen Sie *alle* Antwortalternativen an, deren Aussage zutreffend ist.
(a) Ein White-Box-Modell bildet reale Strukturen ab, während ein Black-Box-Modell die innere Struktur des Gegenstandsbereichs unberücksichtigt lässt.
(b) Mathematische Modelle müssen immer White-Box-Modelle sein.
(c) Black-Box-Modelle können im Gegensatz zu White-Box-Modellen zur Prognose künftiger Entwicklungen herangezogen werden.
(d) Kriterium für die Gültigkeit eines White-Box-Modells ist dessen Übereinstimmung mit der Realität („Wahrheit"), während das Kriterium für die Gültigkeit eines Black-Box-Modells dessen Tauglichkeit („Wirksamkeit") ist.

Literatur

Zitierte Literatur

Albert, H. (1967). Modellplatonismus: Der neo-klassische Stil des ökonomischen Denkens in kritischer Beleuchtung. In H. Albert (Hrsg.), *Marktsoziologie und Entscheidungslogik* (S. 331–367). Luchterhand.

Dean, J. (1954). The concept and economic significance of regularization of business investment. In J. Dean (Hrsg.), *Regularization of business investment* (S. 37–74). Princeton University Press.

Schierenbeck, H., & Wöhle, C. B. (2012). *Grundzüge der Betriebswirtschaftslehre* (18. Aufl.). Oldenbourg.

Wöhe, G., Döring, U., & Brösel, G. (2023). *Einführung in die Allgemeine Betriebswirtschaftslehre* (28. Aufl.). Vahlen.

Weiterführende Literatur

Chmielewicz, K. (1994). *Forschungskonzeptionen der Wirtschaftswissenschaft* (3. Aufl.). Poeschel.

Homburg, C. (2000). *Quantitative Betriebswirtschaftslehre: Entscheidungsunterstützung durch Modelle* (3. Aufl.). Gabler.

Wissenschaftstheoretische Positionen 8

> **Übersicht**
>
> In Kap. 6 und 7 wurden Theorien und Modelle erörtert. Deren Funktion ist es, relevantes Wissen in eine überschaubare Ordnung zu bringen. Hierbei können unterschiedliche Ordnungsgesichtspunkte angelegt werden. Welche Ordnungsgesichtspunkte herangezogen werden, hängt vor allem von dem Stellenwert ab, den man den verschiedenen Erkenntnisprinzipien, die in Kap. 4 aufgeführt wurden, zubilligt. Der Stellenwert spiegelt sich in unterschiedlichen wissenschaftstheoretischen Positionen wider. Die Positionen sind wesentlich durch wissenschaftliche Traditionen geprägt, die aber ihrerseits unterschiedlich interpretiert und fortgeführt werden können.

8.1 Allgemeine Leitbilder und spezielle Ausrichtungen

Bei der wissenschaftlichen Erkenntnis geht man von bestimmten Vorannahmen (= Prämissen) aus. In ihrer allgemeinsten Form bilden diese Vorannahmen ein wissenschaftliches Leitbild, ein sogenanntes wissenschaftliches **Paradigma**, das als Standard von den meisten Forschern in einer bestimmten Zeit geteilt wird. Die gebräuchlichste Verwendungsweise des Wortes geht auf den amerikanischen Wissenschaftstheoretiker Thomas S. Kuhn (1922–1996) zurück, der das wissenschaftliche Paradigma als einen Satz von Vorgehensweisen beschreibt, die bestimmen, welche Art von Fragen gestellt werden und welche Arten der Überprüfung dieser Fragen zulässig sind.

Paradigmen können sich in ihrer Reichweite unterscheiden. Je nach Umfang kann es sich um ein allgemeines „Weltbild" oder um eine wissenschaftstheoretische Position handeln. Ein Beispiel für ein umfassendes Paradigma wäre das naturwissenschaftliche

Weltbild, in dem nur Ursache-Wirkungs-Beziehungen als Erklärungen zulässig sind. Ein Beispiel für eine wissenschaftstheoretische Position wäre der Kritische Rationalismus.

Nach Kuhn (1976) ist ein Paradigma solange wissenschaftlich anerkannt, bis Phänomene auftreten, die mit der bis dahin gültigen Lehrmeinung nicht vereinbar sind. Setzt sich dann eine neue Lehrmeinung durch, spricht man von einem **„Paradigmenwechsel"**. Die Betriebswirtschaftslehre ist bis zur Gegenwart wesentlich durch das mechanistisch geprägte naturwissenschaftliche Paradigma des 19. Jahrhunderts bestimmt, gemäß dem nach dem Vorbild der Naturwissenschaften wissenschaftliche Erkenntnis darin besteht, dass Ursache-Wirkungs-Beziehungen aufgedeckt werden, die ihrerseits die Grundlage für die Ableitung von Handlungsempfehlungen in Form von Ziel-Mittel-Beziehungen (vgl. Abschn. 5.5.1) bilden. Die Angemessenheit dieses Paradigmas wird allerdings gelegentlich auch infrage gestellt, beispielsweise dadurch, dass eine systemtheoretische Betrachtung anstatt einer einfachen Ursache-Wirkung-Betrachtung gefordert wird. Ob es sich dabei allerdings schon um einen Paradigmenwechsel handelt, kann nicht eindeutig entschieden werden, da sich Systeme auch als komplexe Ursache-Wirkungs-Gefüge beschreiben lassen.

Die Unterschiede zwischen den einzelnen in der Betriebswirtschaftslehre vertretenen wissenschaftstheoretischen Positionen lassen sich im Wesentlichen auf zwei Dimensionen ansiedeln. Die ontologische Dimension mit den beiden Polen „realistisch" und „idealistisch" bezieht sich darauf, wie man sich die Beschaffenheit der Wirklichkeit vorstellt. Die Art der Vorstellung wird als „Seinslehre" (= **„Ontologie"**) bezeichnet. Die epistemische Dimension mit den beiden Polen „empirisch" und „rational" bezieht sich auf die Art und Weise, wie man zu wissenschaftlichen Erkenntnissen gelangt. Diese wird als „Erkenntnislehre" (= **„Epistemologie"**) bezeichnet.

Für die betriebswirtschaftliche Forschung ergeben sich entsprechend der Ausprägung auf den beiden Dimensionen sechs grundlegende wissenschaftstheoretische Ansätze: Realismus, Empirismus, Rationalismus, Konstruktivismus, Systemtheoretische Betrachtung und Bayesianismus. Abb. 8.1 veranschaulicht die Einordnung der einzelnen Ansätze und deren Spielarten auf den beiden Dimensionen.

Ausgehend von der Ausprägung auf den beiden Dimensionen „Ontologie" und „Epistemologie" lassen sich die vorwiegend angewandten Erkenntnisprinzipien (vgl. Kap. 4) sowie das Kriterium für die Angemessenheit der gewonnenen Erkenntnisse, das Gültigkeitskriterium (vgl. Kap. 6), ableiten. Das Gültigkeitskriterium kann sich sowohl auf die Erklärung der Wirklichkeit („Wahrheit") als auch auf die Tauglichkeit für zweckgerichtetes Handeln beziehen. Die sich daraus ergebenden wichtigsten Aussagen der einzelnen Positionen sind in Tab. 8.1 aufgeführt.

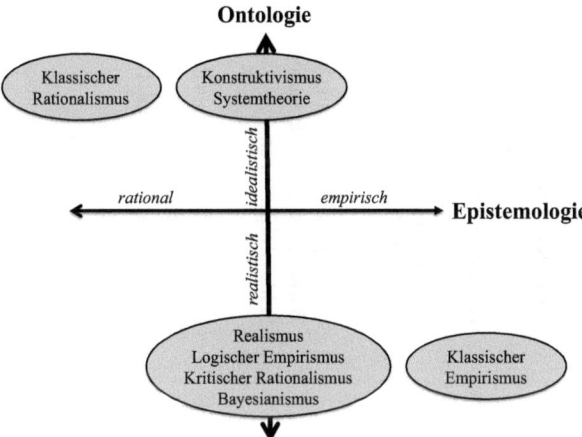

Abb. 8.1 Einordnung der wissenschaftstheoretischen Positionen auf den Dimensionen „Ontologie" und „Epistemologie"

8.2 Realismus

Die zentrale Annahme des Realismus ist, dass es eine vom Forscher unabhängige Realität oder Wirklichkeit gibt. Diese „objektive" Realität oder Wirklichkeit kann sich hierbei sowohl auf die physische als auch auf die soziale Welt beziehen. Da die Annahme der Existenz einer beobachterunabhängigen Realität die Seinslehre (= Ontologie) betrifft, wird diese Position als **„ontologischer Realismus"** bezeichnet. Eine wissenschaftliche Theorie ist nach realistischer Auffassung umso besser, je stärker sie in Übereinstimmung (= Korrespondenz) zur Wirklichkeit steht (vgl. Tarski, 1977, S. 143).

Die Vorstellung, dass es eine externe Realität gibt, macht noch keine Aussage darüber, ob und wie man diese Realität erkennen kann. Wird angenommen, dass die Realität prinzipiell erkennbar ist, d. h. dass sie mit wissenschaftlichen Methoden erfasst (beschrieben) und durch daraus abgeleitete wissenschaftliche Theorien erklärt werden kann, spricht man von **„epistemischem Realismus"**.

Als Reinform des Realismus gilt der **klassische** oder **naive** Realismus. Er beinhaltet die Annahme, dass die Außenwelt nicht nur unabhängig vom Forscher sowie seinen Theorien und Methoden existiert, sondern dass sie auch darüber hinaus direkt und unmittelbar durch Beobachtung zugänglich ist.

Die Auffassung des Realismus beschränkt sich jedoch nicht auf den naiven oder klassischen Realismus, sondern wird – wie Tab. 8.1 zeigt – in abgeschwächter Form auch von anderen wissenschaftstheoretischen Positionen geteilt (Kritischer Rationalismus und Bayesianismus). Die Abwandlung gegenüber dem naiven Realismus bezieht sich auf den epistemischen Aspekt: Zwar wird angenommen, dass die Realität prinzipiell vom Forscher erkennbar ist, die Art der Erkenntnis muss jedoch bestimmten Vorschriften gehorchen.

Tab. 8.1 Wissenschaftstheoretische Positionen in der Betriebswirtschaftslehre

Position	Ontologie	Epistemologie	Erkenntnisprinzip	Gültigkeitskriterium
Realismus	Es gibt eine vom Forscher unabhängige Realität.	Die Realität ist durch Erfahrung und Denken prinzipiell erkennbar.	Deduktion und Induktion	Korrespondenz zwischen den durch Erkenntnis gewonnenen Aussagen und der Realität
Klassischer Empirismus	Die Realität ist nur über die sinnliche Erfahrung zugänglich.	Aus der sinnlichen Erfahrung lassen sich allgemeine Gesetzmäßigkeiten ableiten.	Induktion	Korrespondenz zwischen den erkannten allgemeinen Gesetzmäßigkeiten und der Erfahrung
Logischer Empirismus	Nur die sinnlich erfassbaren Erscheinungen (= „positive" Gegebenheiten) sind zugänglich, die Wirklichkeit „an sich" bleibt unerkannt.	Wissenschaftliche Erkenntnis besteht in der Interpretation von „positiven" Befunden, d. h. Gegebenheiten, die sich intersubjektiv nachprüfbar nachweisen lassen.	Wechselspiel zwischen Deduktion und Induktion, Prüfung der logischen Struktur von Erklärungen	Korrespondenz zwischen den logisch strukturierten allgemeinen Gesetzmäßigkeiten und der Erfahrung
Klassischer Rationalismus	Es gibt nur theoretische Vorannahmen, Hypothesen oder Vermutungen über die Beschaffenheit der Realität.	Jegliche Erkenntnis gründet auf Verstand und Vernunft.	Deduktion	Philosophische Erklärung der Wirklichkeit durch deduktive Schlussfolgerungen
Kritischer Rationalismus	Es gibt eine vom Forscher unabhängige Realität.	Die Realität ist durch Erfahrung und Denken prinzipiell erkennbar.	Deduktion und Falsifikationsprinzip	Korrespondenz zwischen den durch Erkenntnis gewonnenen Aussagen und der Realität
Konstruktivismus	Die Realität ist eine soziale Konstruktion.	Basis der Erkenntnis ist die soziale Erfahrung.	Hermeneutische Rekonstruktion	Tauglichkeit für zweckgerichtetes Handeln

(Fortsetzung)

Tab. 8.1 (Fortsetzung)

Position	Ontologie	Epistemologie	Erkenntnisprinzip	Gültigkeitskriterium
Systemtheoretischer Ansatz	Die Realität ist eine soziale Konstruktion. Sie besteht nicht aus einer Menge von einzelnen Phänomenen, sondern kann nur durch die wechselseitige Vernetzung der einzelnen Phänomene beschrieben werden.	Die Analyse von Strukturen und Funktionen innerhalb von und zwischen Systemen erlaubt Vorhersagen über das Systemverhalten.	Analyse zirkulärer Kausalbeziehungen	Angemessenheit der Vorhersagen über das Systemverhalten
Bayesianismus	Es gibt eine vom Forscher unabhängige Realität,	Auf der Basis vorhandenen Wissens wird nach der besten Erklärung gesucht.	Wechselspiel zwischen Abduktion, Deduktion und Induktion	Die zu einer bestimmten Zeit beste Erklärung für eine Menge von Beobachtungen

8.3 Empirismus

8.3.1 Klassischer Empirismus

Die zentrale Annahme des Empirismus ist, dass wissenschaftliche Erkenntnisse auf dem Wege der **Induktion** gewonnen werden. Ontologischer Ausgangspunkt ist nicht die physische Realität, sondern sind die vom Menschen sinnlich wahrgenommenen Erfahrungen bzw. Aussagen über diese Erfahrungen. Zwei Spielarten des Empirismus lassen sich unterscheiden: der klassische und der logische Empirismus.

Die Anfänge empiristischen Denkens finden sich schon bei Aristoteles, in seiner klassischen Ausprägung geht der Empirismus auf die frühe Neuzeit und die damit beginnende Entwicklung der Naturwissenschaften zurück. Die Empiristen setzten sich damals bewusst von der Auffassung ab, nach der die Quelle des Wissens entweder der Verstand oder der christliche Glaube sei. Stattdessen gilt als Ausgangspunkt allen Wissens die sinnliche Erfahrung, die durch Beobachtungen und Experimente gewonnen wird. Aus den mithilfe der sinnlichen Erfahrung an möglichst vielen Einzelfällen gewonnenen Erkenntnissen werden dann per Induktion (vgl. Abschn. 4.2) allgemeine Gesetzmäßigkeiten abgeleitet (**„Induktivismus"**). Die wichtigsten Vertreter des klassischen Empirismus sind die britischen Denker Francis Bacon (1561–1626) und David Hume (1711–1776).

8.3.2 Logischer Empirismus

Eine Weiterentwicklung des klassischen Empirismus stellt der logische Empirismus dar, der durch den Positivismus vorbereitet und im Neopositivismus ausgeformt wurde. Der **Positivismus** entstand vor allem als Folge der Auseinandersetzung mit Immanuel Kants (1724–1804) Werk „Critik der reinen Vernunft" (Kant, 1781). Nach Kant kann man mithilfe der sinnlichen Erfahrung zwar die Welt der „Erscheinungen" erforschen, man kann aber daraus keine Schlüsse über das Wesen der Wirklichkeit, über das „Ding an sich", ableiten, da jenseits der Erfahrung keine Wahrheitskriterien zugänglich sind. Der französische Denker Auguste Comte (1798–1857) zog aus den Überlegungen Kants den Schluss, dass man sich in der Wissenschaft auf die Welt der sinnlich erfassbaren Erscheinungen im Sinne einer „sozialen Physik" (*„physique sociale"*) beschränken solle. In der von ihm begründeten Richtung des **„Positivismus"** besteht wissenschaftliche Erkenntnis in der Interpretation von „positiven" Befunden, d. h. Gegebenheiten, die sich intersubjektiv nachprüfbar aus Beobachtungen und Experimenten unter kontrollierten Bedingungen nachweisen lassen. Ontologische Fragestellungen werden dagegen als unwissenschaftlich betrachtet und daher ausgeklammert.

Eine Weiterentwicklung des Positivismus ist die in den 20er-Jahren des 20. Jahrhunderts in Wien gegründete Schule des „logischen Positivismus", auch **„Neopositivis-**

mus" oder **„Logischer Empirismus"** genannt, der eine Verknüpfung des Positivismus mit der formalen Logik anstrebte. Hauptvertreter dieses sogenannten Wiener Kreises waren Rudolf Carnap (1891–1970), Otto Neurath (1882–1945) und Moritz Schlick (1882–1936). Das Augenmerk richtete sich auf logische Untersuchungen von Aussagen über die reale Welt. Zugelassen werden nur solche Aussagen, die in naturwissenschaftlich erfassbare Gegebenheiten übersetzt werden können.

Die Einbeziehung der Logik, deren Eigenständigkeit unabhängig von der empirischen Realität angenommen wurde, beinhaltet eine deutliche Abkehr vom klassischen Empirismus und nähert sich damit einer rationalistischen Position an. Diese Annäherung wird noch deutlicher im Ansatz der „deduktiv-nomologischen Erklärung" von C. G. Hempel und P. Oppenheim (1948), gemeinhin als „Hempel-Oppenheim-Schema" (**„H-O-Schema"**) bezeichnet. Ausgangspunkt ist die Annahme, dass Einzeltatsachen einer Erklärung bedürfen und diese Erklärung einer bestimmten logischen Struktur genügen muss. Diese besteht darin, dass eine zu erklärende Einzeltatsache (**„Explanandum"**) unter ein allgemeines Gesetz (**„nomologische Aussage"**), das unter bestimmten Randbedingungen (**„Antezedenzien"**) gilt, subsumiert wird (vgl. Abschn. 4.3). Die Gesetzesaussage bildet zusammen mit den Randbedingungen die Erklärung (**„Explanans"**). Aus ihr wird mittels Deduktion das Explanandum abgeleitet.

Ein Beispiel für das H-O-Schema aus der Betriebswirtschaftslehre könnte sein:

Nomologische Aussage: Billige Produkte sind von minderwertiger Qualität.
Randbedingung: Produkt A ist billig zu erwerben.
Schlussfolgerung: Produkt A ist von minderwertiger Qualität.

Ein Problem dieses Erklärungsansatzes ergibt sich jedoch daraus, dass es so gut wie keine allgemeinen Gesetze gibt, die für alle beobachtbaren möglichen Fälle zutreffen. Die Forderung an das allgemeine Gesetz wird daher abgeschwächt: Aus universell gültigen Gesetzen werden **„statistisch-probabilistische"** Gesetze (Hempel, 1977, S. 55), die nicht mit Sicherheit, sondern nur mit einer bestimmten Wahrscheinlichkeit gültig sind. Diese Gesetze lassen sich durch induktive Verallgemeinerung aus der Erfahrung ableiten. Die gefundenen statistischen Gesetzmäßigkeiten erlauben dann, für nachfolgende Beobachtungen mittels Deduktion Erklärungen und Vorhersagen abzuleiten. Stehen die Beobachtungen nicht in Einklang mit den Vorhersagen, können weitere Beobachtungen hinzugezogen und neue induktive Verallgemeinerungen vorgenommen werden. Auf diese Weise entsteht ein Wechselspiel zwischen Induktion und Deduktion, wie es in Abb. 4.1 veranschaulicht wurde.

Dennoch bleibt die grundlegende Herausforderung des Induktionsproblems (vgl. Abschn. 8.4.2) bestehen: Es gibt keine logische Rechtfertigung dafür, dass die Zukunft den gleichen Mustern folgen wird, die man in der Vergangenheit beobachtet hat. Probabilistische Gesetze mildern das Problem, indem sie Unsicherheiten und Variabilitäten einbeziehen, aber sie eliminieren nicht die grundlegende philosophische Frage, die das Induktionsproblem aufwirft.

8.4 Rationalismus

8.4.1 Klassischer Rationalismus

Gegenüber dem Empirismus betont der Rationalismus die Rolle der **Deduktion** für die Gewinnung wissenschaftlicher Erkenntnisse. Der klassische Rationalismus, als dessen Vertreter René Descartes (1596–1650), Baruch de Spinoza (1632–1677) und Gottfried Wilhelm Leibniz (1646–1716) gelten, geht von der Annahme aus, dass wissenschaftliche Erkenntnis nicht durch sinnliche Erfahrung gewonnen werden kann, sondern allein auf verstandesmäßigen bzw. logischen Überlegungen beruht. Alle Beobachtungen, die zu wissenschaftlicher Erkenntnis führen, haben theoretische Vorannahmen, Hypothesen oder Vermutungen zur Voraussetzung. Erkenntnisprinzip ist die Deduktion, also der Schluss vom Allgemeinen auf das Besondere (vgl. Abschn. 4.3). Aus einer vorhandenen Erkenntnis werden als logische Folgerungen andere Erkenntnisse abgeleitet – und zwar unabhängig von Beobachtungen.

8.4.2 Kritischer Rationalismus

Während der klassische Rationalismus die Auffassung beinhaltet, dass jegliche Erkenntnis auf Verstand und Vernunft gründet und damit immer auf Deduktion beruht, geht der Kritische Rationalismus davon aus, dass der Prüfstein des Erkenntnisgewinns die Erfahrung, also die **Empirie,** ist. Die Wissenschaftsauffassung des Kritischen Rationalismus, als dessen Hauptvertreter der österreichisch-britische Philosoph Karl Popper (1902–1994) gilt, entstand in der Auseinandersetzung mit dem logischen Empirismus. Popper kritisierte sowohl die empiristische Sicht des Induktivismus als auch die Ableitung von Verallgemeinerungsschlüssen mittels der deduktiv-nomologischen Methode. Gegenüber der Sicht des Induktivismus vertritt Popper die Auffassung, dass eine Theoriebildung durch Induktion nicht möglich ist, da jede Beobachtung bereits theoriegeladen ist, d. h. von theoretischen Vorannahmen ausgeht, selbst wenn diese dem erkennenden Subjekt gar nicht bewusst sind (Popper, 1994, S. 76). Die Induktion ist nach Popper (1963, 1994) für die wissenschaftliche Arbeit überflüssig, weil sie weder für die Entdeckung noch für die Überprüfung von Hypothesen benötigt wird. Die Entdeckung von Theorien beruht auf intuitiven Vermutungen, die zwar auf Erfahrung beruhen können, die aber immer schon theoretische Vorstellungen beinhalten. Die Überprüfung einer Theorie wird durch Hypothesen möglich, die aus der Theorie deduktiv abgeleitet werden. Popper plädiert daher für eine **„hypothetisch-deduktive"** Methode (Reichenbach, 1951). Abb. 8.2 veranschaulicht das Vorgehen.

Gegenüber Hempel und Oppenheims deduktiv-nomologischer Methode vertritt Popper die Auffassung, dass dort die „positiven Fälle" die Grundlage der Argumentation bilden, während er die „negativen" Fälle wie Gegenbeispiele betont. D. h. nach Popper

8.4 Rationalismus

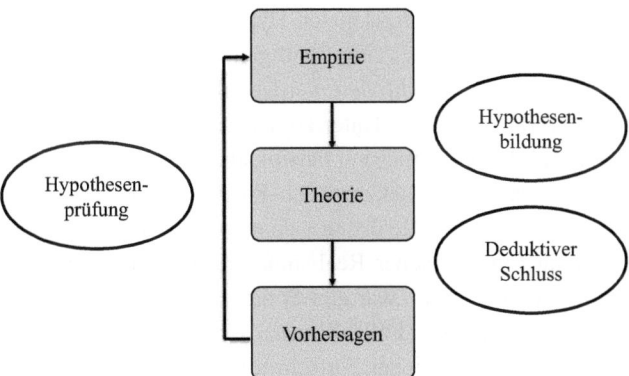

Abb. 8.2 Die hypothetisch-deduktive Methode

ist die deduktiv-nomologische Methode eher ein bestätigendes Verfahren, wohingegen die hypothetisch-deduktive Methode ein widerlegendes Verfahren ist. Eine wissenschaftliche Theorie kann nach Popper durch empirische Befunde nie definitiv bestätigt („verifiziert") werden, da immer Gegenbeispiele auftreten können und schon ein einziges Gegenbeispiel die Allgemeingültigkeit der Theorie infrage stellt. Stattdessen propagiert Popper das Prinzip der empirischen **Falsifikation** (vgl. Abschn. 6.5.3). Es besagt, dass das Zutreffen einer wissenschaftlichen Theorie nur dadurch überprüft werden kann, dass man durch geeignete Methoden versucht, sie zu widerlegen („falsifizieren"). Die Theorie wird somit „kritisch" infrage gestellt. Anzumerken ist allerdings, dass in der gängigen Wissenschaftspraxis nicht die aus der Theorie abgeleitete Hypothese („Alternativhypothese") falsifiziert wird, sondern nur die Gegenhypothese („Nullhypothese", vgl. Abschn. 6.5.3). Die Theorie wird somit dann kritisch infrage gestellt, wenn sie die Versuche zur Falsifikation der Nullhypothese nicht übersteht.

Indem die Falsifikation Irrtümer ausräumt, erlaubt sie einen wissenschaftlichen Fortschritt und damit schrittweise eine Annäherung an die Wahrheit. Bestehende Theorien können verworfen und durch bessere ersetzt werden. Popper (1963) beschreibt dies als Ablauf von „Vermutungen und Widerlegungen" *(„conjectures and refutations")*. Ebenso wie die Vertreter des logischen Empirismus (vgl. Abschn. 8.3.2) geht auch Popper davon aus, dass es in den Erfahrungswissenschaften so gut wie keine allgemein gültigen Erkenntnisse gibt. Die Falsifikation der Allgemeingültigkeit ist daher nahezu überflüssig. Erkenntnisse in den Erfahrungswissenschaften können bestenfalls Wahrscheinlichkeitsaussagen, also **probabilistische** Aussagen, sein. Eine Theorie in den Erfahrungswissenschaften gilt daher dann als falsifiziert, wenn der Nachweis erbracht werden kann, dass das Zutreffen der aus ihr abgeleiteten Hypothesen relativ unwahrscheinlich ist. Analog gilt eine Nullhypothese dann als falsifiziert, wenn ihr Zutreffen relativ unwahrscheinlich ist.

Werden die aus einer Theorie abgeleiteten Hypothesen nicht falsifiziert (also „widerlegt"), darf die Theorie vorläufig als zutreffend gelten. Widersprechen neue Befunde der Theorie, so muss sie entweder modifiziert werden oder ihr Geltungsbereich (die „Reichweite") muss eingeschränkt werden. Unter konkurrierenden Theorien hat sich dann diejenige am besten bewährt, die die meisten Falsifikationsversuche überstanden hat.

Mit dem Falsifikationsprinzip bekennt sich Popper sowohl zu einem ontologischen als auch zu einem epistemischen Realismus, da er von der Existenz einer vom Forscher unabhängigen Realität (ontologischer Realismus) ausgeht, die prinzipiell auch erkennbar ist (epistemischer Realismus). Zwar gibt es niemals absolute Gewissheit, da menschliches Denken prinzipiell fehlbar (**Fallibilismus**) ist, doch man kann sich der Wahrheit annähern. Somit ist wissenschaftlicher Fortschritt möglich. Hinsichtlich des Gültigkeitskriteriums einer Theorie vertritt Popper die korrespondenztheoretische Auffassung: Eine Theorie ist umso besser, je besser sie mit der Realität übereinstimmt.

Die theoretischen Aussagen bilden nach Popper gleichzeitig die Grundlage für Technologien, die zur Verbesserung zweckgerichteten Handelns herangezogen werden können. Eine Theorie wird durch **„tautologische Transformation"** auf technologische Aussagen übertragen (vgl. Abschn. 5.5). Die tautologische Transformation wird in einer Art „Umkehrung des fundamentalen Erklärungsschemas" (Popper, 1972, S. 52) in ihre technologische Form überführt. Damit werden die in der Theorie postulierten Ursache-Wirkungs-Beziehungen direkt auf Ziel-Mittel-Beziehungen übertragen.

Obwohl in der Betriebswirtschaftslehre das Falsifikationsprinzip des kritischen Rationalismus weitgehend anerkannt ist, wird das Prinzip der tautologischen Transformation von einigen Wissenschaftlern als unzureichend kritisiert (vgl. Abschn. 5.5), da es dem Kriterium der Tauglichkeit, wie es in einer Handlungswissenschaft (vgl. Abschn. 1.4) gefordert ist, nicht gerecht wird.

Grundsätzliche Kritik am Falsifikationsprinzip äußert der Wissenschaftstheoretiker Thomas S. Kuhn (1976). Poppers Falsifikationsprinzip ist nach Kuhn unangemessen, da es keinesfalls die Praxis des normalen Wissenschaftsbetriebs widerspiegele. Kuhn stellte fest, dass Wissenschaftler fast nie ihre Theorien verwerfen, wenn ihre Hypothesen nicht zutreffen, sondern zunächst versuchen, die Theorie durch Zusatzannahmen und Zusatzerklärungen zu retten. Erst wenn so viele widersprüchlichen Befunde („Anomalien") auftauchen, dass die Theorie ihre allgemeine Akzeptanz verliert, gerät die Theorie ins Wanken. Nur dieser Prozess kann nach Kuhn durch Poppers Falsifikationsprinzip beschrieben werden.

Es kommt nach Kuhn dann zu einer „wissenschaftlichen Krise", die zunächst zu verschiedenen miteinander konkurrierenden Theorien – Modifikationen des Paradigmas – führt, bis schließlich die bis dahin akzeptierten Vorannahmen und Vorgehensweisen generell infrage gestellt werden. Möglicherweise mündet eine solche Krise in eine „wissenschaftliche Revolution", die die Auflösung des gesamten wissenschaftlichen Paradigmas und einen **„Paradigmenwechsel"** nach sich zieht. Das neue Paradigma baut aber nicht auf dem alten auf, sondern stellt einen Strukturbruch dar. Erkenntnisfortschritte sind daher nach Kuhn nicht durch Kumulation von Wissen, sondern nur durch Umdenken erreichbar.

8.4.3 Raffinierter Falsifikationismus

Kuhns Kritik am Falsifikationsprinzip beruht im Wesentlichen darauf, dass es kein vernünftiges Abbruchkriterium für Falsifikationsversuche gibt. Um dieser Kritik zu begegnen, schlug der Wissenschaftstheoretiker Imre Lakatos (1974) eine Erweiterung des Falsifikationsprinzips in Form eines „Raffinierten Falsifikationismus" vor. Nach Lakatos ist es nicht immer sinnvoll, eine Theorie aufzugeben, wenn empirische Befunde sie falsifizieren. Vielmehr sollten die bewussten oder auch unbewussten Grundüberzeugungen, die der Theorie zugrunde liegen, neu überdacht und durch Zusatzannahmen (**„Ad-hoc-Hypothesen"**) modifiziert werden. Diese Grundüberzeugungen, die ein sogenanntes Forschungsprogramm bilden und den Kuhn'schen Paradigmen entsprechen, sollen nach Lakatos erst dann aufgegeben werden, wenn das Forschungsprogramm sich degenerativ entwickelt, d. h. in seiner Erklärungskraft stagniert, und durch ein besseres Forschungsprogramm ersetzt werden kann. Dieses Prinzip des „Raffinierten Falsifikationismus" soll eine Heuristik ermöglichen, mit der sich nicht nur die Bewährung einer Theorie, sondern auch Entdeckung neuer Theorien rational begründet lässt.

8.5 Systemtheoretischer Ansatz

Der systemtheoretische Ansatz überträgt Einsichten aus der Kybernetik und der „Allgemeinen Systemtheorie" (Ludwig von Bertalanffy, 1901–1972) auf die Beschreibung und Erklärung menschlichen Verhaltens. Allgemein gesprochen besteht ein System aus Elementen, die untereinander in Beziehung stehen, und in ihrer Gesamtheit eine Struktur bilden, die sich von der jeweiligen Umwelt abhebt. Die Elemente eines Systems bilden kohärente, sich selbst erhaltenden Einheiten wie etwa „Gesellschaft", „Staat" oder „Betriebe". Die beobachteten Phänomene wie etwa das Handeln von Individuen werden durch ihre Positionierung innerhalb der Einheit und der daraus sich ergebenden sozialen Zwänge erklärt. Die Positionierung innerhalb des jeweiligen Systems wird durch Strukturen und Funktionen beschrieben, deren Analyse Vorhersagen über das Systemverhalten erlauben soll.

Dabei können Systeme auf einer niedrigeren Ebene durchaus als **Subsysteme** eines Systems auf höherer Ebene aufgefasst werden. Beispielsweise kann das Individuum als Subsystem des Systems „Haushalt" oder des Systems „Abteilung" aufgefasst werden, und die Abteilung kann wiederum ein Subsystem der Unternehmung darstellen.

Von zentraler Bedeutung ist, dass die Elemente eines Systems in gegenseitiger Verflechtung stehen, d. h. die Elemente beeinflussen sich untereinander – sie sind wechselseitig voneinander abhängig (**Interdependenz**). Damit grenzt sich der systemische

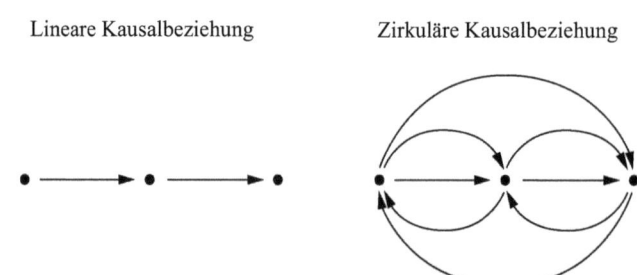

Abb. 8.3 Lineare versus zirkuläre Kausalbeziehung

Ansatz von der einseitigen Kausalbetrachtung ab, bei der nur nach Ursachen und Wirkungen gefragt wird, ohne die jeweiligen Rückwirkungen zu betrachten. Wie Abb. 8.3 veranschaulicht, wird statt der linearen Kausalbeziehung bei der systemischen Betrachtung eine **zirkuläre Kausalbeziehung** angenommen.

In die Betriebswirtschaftslehre hat die systemtheoretische Betrachtung als **Ökonomische Kybernetik** vor allem in die Bereiche Produktion und Logistik Eingang gefunden, wo den komplexen Wechselbeziehungen zwischen den einzelnen Elementen jenseits einfacher Kausalität und linear darstellbarer Relationen Rechnung getragen wird. Auch im Bereich der Managementlehre ist der systemtheoretische Ansatz auf Resonanz gestoßen. Im Mittelpunkt dieser Unternehmungsführungslehre steht die Optimierung von konkreten Handlungsmaßnahmen unter systemtheoretischer Perspektive (vgl. Ulrich, 2001). Aufbauend auf der Systemtheorie von Niklas Luhmann (2001) werden Gestaltungs- und Führungsprobleme von „produktiven sozialen Systemen" (Unternehmungen, öffentliche Betriebe, Verwaltungen) analysiert. Die Fortführung dieses Ansatzes als „evolutionäres Managementmodell" betrachtet die betriebliche Entwicklung als dynamische Entwicklung von einem produktiven sozialen System hin zu einem selbstorganisierenden System (vgl. Malik, 2004).

Als Weiterentwicklungen der systemtheoretischen Betrachtungsweise als Erklärungsansätze gelten die **Chaostheorie** (z. B. Mitchell Feigenbaum, 1978), und die **Katastrophentheorie** (z. B. René Thom, 1989), die plötzliche Veränderungen und unerwartete Effekte, die sich aus kleinen Veränderungen von Umständen ergeben, beschreiben und erklären.

Auch in der Theorie neuronaler Netze (**Konnektionismus**) werden systemtheoretische Überlegungen aufgegriffen. Der Konnektionismus analysiert Systeme als Wechselwirkungen vieler vernetzter einfacher Einheiten und erlaubt die Steuerung von Abläufen mithilfe von **Assoziationsketten** (vgl. Bentz & Dierks, 2013). In der Betriebswirtschaft können neuronale Netze beispielsweise zur Steuerung von Produktionsabläufen und zur Vorhersage von Aktienkursen eingesetzt werden. Oftmals werden hier rein formale Modelle (vgl. Kap. 7) verwendet, die nicht notwendigerweise erklärenden Charakter haben, sich aber zur Optimierung von Steuerungsprozessen eignen.

8.6 Bayesianismus

Die wissenschaftstheoretische Position des Bayesianismus geht auf die Entscheidungstheorie des britischen Mathematikers Thomas Bayes (1701–1761) zurück. „Entscheidung" ist nach diesem Ansatz in einem doppelten Sinne zu verstehen: zum einen geht es um Entscheidungen im Alltagsleben und zum anderen um Entscheidungen bei der Suche nach wissenschaftlichen Erklärungen für beobachtbare Phänomene. Grundlage ist die Wahrscheinlichkeitsrechnung. Das sogenannte Bayes-Theorem (vgl. Kap. 4) bezieht sich auf **bedingte Wahrscheinlichkeiten (Posterior-Wahrscheinlichkeiten)**[1], das sind Wahrscheinlichkeiten, die – im Unterschied zu voraussetzungslosen Ausgangswahrscheinlichkeiten (**Prior-Wahrscheinlichkeiten**) – vom Auftreten bestimmter Bedingungen abhängen. Beispielsweise hängt die subjektive Wahrscheinlichkeit, die jemand beim Wetten in einem Pferderennen dem Sieg eines bestimmten Pferdes zuschreibt, vom persönlichen Wissen über die Kondition der einzelnen Pferde ab. Darüber hinaus kann sich diese subjektive Wahrscheinlichkeit im Lichte neuer Erkenntnisse im Laufe des Rennens verändern, z. B. wenn der Wettende bemerkt, dass ein Pferd stark schwitzt oder durch eine leichte Verletzung an Kondition verliert (vgl. Chalmers, 2007, S. 142).

Ebenso wie bei der Untersuchung von Alltagsentscheidungen wird das Bayes-Theorem bei der Anwendung auf den Prozess der Erkenntnisgewinnung mit dem Prinzip der **Abduktion** (vgl. Abschn. 4.4) verknüpft. Neue Theorien werden nicht voraussetzungslos entwickelt, sondern auf der Basis vorhandenen Wissens wird nach der besten Erklärung gesucht. Damit verändert sich die ursprüngliche Wahrscheinlichkeit für das Zutreffen einer bestimmten Theorie bzw. für eine aus der Theorie abgeleitete Hypothese zugunsten eines höheren Wahrscheinlichkeitswertes im Sinne einer bedingten Wahrscheinlichkeit.

Obwohl im Bayesianismus die subjektive Wahrscheinlichkeit, also die Wahrscheinlichkeit, wie sie das erkennende Subjekt wahrnimmt, betont wird, wird die Existenz einer externen Realität nicht geleugnet. Damit ist der Bayesianismus hinsichtlich der ontologischen Auffassung der realistischen Position zuzuordnen (vgl. Abschn. 8.1).

In der Betriebswirtschaftslehre wird das Bayes-Theorem in der sogenannten **präskriptiven Entscheidungslehre** (vgl. Abschn. 1.6 und 2.2) häufig zur Optimierung betrieblicher Alltagsentscheidungen herangezogen (vgl. Heinen, 1976). Hier werden mithilfe von Entscheidungsmodellen (vgl. Kap. 7) auf der Basis der Kenntnis vorausgegangener Bedingungen bestimmte Handlungsempfehlungen abgeleitet.

Eher selten wird das Bayes-Theorem dagegen zur Reflexion über den Prozess der wissenschaftlichen Erkenntnis genutzt. Aufgegriffen wird der Bayes'sche Grundgedanke der Kombination von vergangener und jetziger Information in der Technik der sogenannten **Meta-Analyse** (vgl. Abschn. 10.11). Meta-Analysen sind statistische

---

[1] Mitunter werden auch die Bezeichnungen „A-posteriori"- und „A-priori-Wahrscheinlichkeit" verwendet.

Analysen, die auf der Basis vorausgegangener Studien (Hintergrundwissen) eine zusammenfassende Würdigung (Posterior-Wahrscheinlichkeiten) des Zutreffens der in Frage stehenden Hypothesen vornehmen.

8.7 Konstruktivismus

Ausgangspunkt des Konstruktivismus ist die Annahme, dass es keine objektive Realität gibt, die es zu entdecken gilt, sondern dass der Mensch die Wirklichkeit selbst „konstruiert". Die Existenz einer vom Menschen unabhängigen Realität wird zwar nicht geleugnet, aber sie ist für den Menschen entweder nicht erkennbar (**Radikaler Konstruktivismus**) oder zumindest irrelevant für das menschliche Handeln (**Methodischer Konstruktivismus**). Kriterium für die Angemessenheit einer wissenschaftlichen Theorie ist nicht deren Korrespondenz zur Wirklichkeit, sondern die Tauglichkeit der Theorie für zweckgerichtetes Handeln. Die Rationalität der Wissenschaft wird damit als Handlungsrationalität begründet.

Die betriebswirtschaftliche Richtung des Konstruktivismus, der sogenannte **Erlanger Konstruktivismus**, der im Wesentlichen auf den Historiker Wilhelm Kamlah und den Mathematiker Paul Lorenzen (Kamlah & Lorenzen, 1967, 1996) zurückzuführen ist, ist dem Methodischen Konstruktivismus zuzurechnen. Gemäß diesem Ansatz besteht die vorrangige Aufgabe der Wissenschaft zunächst darin, die zu untersuchenden Gegenstände auf der Basis alltagsweltlicher Erfahrungen durch die Angabe der **methodisch** nötigen Schritte und Regeln zu **konstruieren,** um auf diese Weise zu einer **intersubjektiv nachvollziehbaren Wissenschaftssprache** zu gelangen. Aus den so definierten Gegenständen werden Schlussfolgerungen gezogen, die den Ausgangspunkt für ein sinnvolles und zweckgerichtetes Handeln bilden. Im Bereich der Managementlehre kann dies beispielsweise bedeuten, dass auf der Basis der gegenseitigen Verständigung Rollenerwartungen, Interaktionsformen und Praktiken identifiziert werden, die zur Gestaltung von Handlungsmaßnahmen genutzt werden.

Obwohl sich das Vorgehen eines mathematisch-logischen Begriffsapparates bedient, entspricht es nicht einem Erklären in Form von Ursache und Wirkung, sondern vielmehr einem Verstehen von Sinnzusammenhängen. Es kann daher als Spezialform hermeneutischen Schließens (vgl. Abschn. 4.5) betrachtet werden. Ziel ist nicht wie beim nomothetischen oder nomologischen Vorgehen (vgl. Abschn. 5.1) das Aufstellen allgemeiner Gesetzmäßigkeiten, sondern die Ableitung von Zweck-Mittel-Aussagen aus dem Verstehen der Bedeutung des betrieblichen Handelns im jeweiligen Kontext. Im Gegensatz zum nomothetischen Vorgehen betrachtet der Forscher die Phänomene nicht aus einer Außenperspektive, sondern „mit den Augen der Betroffenen". Damit entspricht es einer **„idiographischen"** Sichtweise (vgl. Abschn. 5.1).

Im Unterschied zum kritischen Rationalismus ist nach dem Erlanger Konstruktivismus die Entwicklung von Theorien nicht der Beliebigkeit anheimgestellt, sondern hat als Basis die betriebliche Erfahrung. Die betriebliche Erfahrung bestimmt auch die

Überprüfung der Gültigkeit theoretischer Überlegungen. Gültigkeitskriterium ist die Tauglichkeit für zweckmäßiges Handeln: Die Qualität einer betriebswirtschaftlichen Theorie bestimmt sich nicht nach deren Richtigkeit in Bezug auf die Übereinstimmung mit der Wirklichkeit, sondern nach der jeweiligen Nützlichkeit für das konkrete betriebliche Handeln.

8.8 Stellenwert der verschiedenen wissenschaftstheoretischen Positionen innerhalb der Betriebswirtschaftslehre

Am weitesten verbreitet in der Betriebswirtschaftslehre ist die wissenschaftstheoretische Position des Kritischen Rationalismus. Weitgehend ist das Prinzip der Falsifizierung zur Prüfung wissenschaftlicher Erklärungen anerkannt. Auch zur Prüfung der Tauglichkeit technologischer Theorien wird es eingesetzt.

Weniger akzeptiert ist die im Kritischen Rationalismus vorgeschlagene „tautologische Transformation" von erklärenden zu technologischen Aussagen. Hier wird geltend gemacht, dass eine erklärende Aussage weder eine hinreichende noch eine notwendige Bedingung für technologische Aussagen ist. Hinreichend ist eine erklärende Aussage deshalb nicht, weil praxistaugliche Handlungen zusätzliche Schritte erfordern, die nicht in den Erklärungen enthalten sind. Eine erklärende Aussage ist auch keine notwendige Bedingung für eine technologische Theorie, denn viele erfolgreiche betriebliche Praktiken verdanken ihre Entstehung eher einem intuitiven Verständnis als einer Theorie. Solche Praktiken entziehen sich jedoch nicht einer nachfolgenden wissenschaftlichen Begründung, da ihre Wirksamkeit mit wissenschaftlichen Methoden überprüft werden kann.

Auch die im Kritischen Rationalismus vertretene völlige Ablehnung des Induktionsprinzips wird in der Betriebswirtschaftslehre im Allgemeinen nicht geteilt. Eher wird hier die Position des logischen Empirismus vertreten, nach der Induktion und Deduktion im Wechselspiel stehen.

Der Bayesianismus hat in der Betriebswirtschaftslehre vor allem in die präskriptive Entscheidungslehre (vgl. Kastner, 2024) Eingang gefunden. Er ist insofern weitgehend akzeptiert, als auf der Basis von Vorwissen Handlungsempfehlungen abgeleitet werden. Weniger herangezogen wird der Bayesianismus zur Bildung und Überprüfung von Theorien. Eine Ausnahme bildet die Anwendung von Meta-Analysen, die allerdings bisher in der betriebswirtschaftlichen Forschung noch wenig verbreitet sind.

Der systemtheoretische Ansatz wird in der Betriebswirtschaftslehre selten als Erklärungsansatz, doch häufiger als Gestaltungsansatz herangezogen. Vor allem im Bereich des betrieblichen Managements hat er als stark sozialwissenschaftlich orientierter interdisziplinärer Ansatz Resonanz gefunden. Ausgehend vom Praxiskontext des Managements komplexer Organisationen werden hier aus einem systemtheoretischen Blickwinkel Konzepte zur Organisationsberatung entworfen.

Am wenigsten in der Betriebswirtschaftslehre durchgesetzt hat sich der Ansatz des Konstruktivismus. Im Mittelpunkt dieses Ansatzes stehen dialogische Verständigungsprozesse zwischen den im betrieblichen Alltag handelnden und den wissenschaftlich darüber reflektierenden Individuen. Aus Sicht der Kritiker erscheint es eher hinderlich als förderlich für den wissenschaftlichen Fortschritt, wenn vorwiegend darüber nachgedacht wird, wie die Wirklichkeit konstruiert werden kann. Dennoch wird eingeräumt, dass die konstruktivistische Sichtweise zur heuristischen Generierung von Hypothesen ihre Berechtigung hat.

8.9 Fazit

Bei der Aufstellung von Theorien und Modellen geht man von bestimmten Vorannahmen aus. Diese beziehen sich im Wesentlichen darauf, wie man sich die Beschaffenheit der Welt vorstellt („Ontologie") und welche Erkenntnisprinzipien („Epistemologie") man für zulässig erachtet. Daraus ergeben sich unterschiedliche wissenschaftstheoretische Positionen. In der Betriebswirtschaftslehre dominiert die von dem Wissenschaftsphilosophen Karl Popper (1902–1994) ausgearbeitete Position des Kritischen Rationalismus. Obwohl innerhalb der betriebswirtschaftlichen Forschung auch Schwachstellen dieser Position aufgewiesen wurden, spielen andere Ansätze wie die Systemtheorie, der Bayesianismus und der Konstruktivismus in Relation zum Kritischen Rationalismus eine eher untergeordnete Rolle.

Verständnisfragen

1. Was bedeuten die Begriffe „ontologischer Realismus" und „epistemischer Realismus"? Bitte kreuzen Sie *alle* Antwortalternativen an, deren Aussage zutreffend ist.
   (a) Der ontologische Realismus beinhaltet die Auffassung, dass man mithilfe der Induktion aus der Erfahrung die Wirklichkeit erkennen kann.
   (b) Der ontologische Realismus beinhaltet die Auffassung, dass es eine vom Beobachter unabhängige Wirklichkeit gibt.
   (c) Der epistemische Realismus beinhaltet die Auffassung, dass die Wirklichkeit prinzipiell erkennbar ist.
   (d) Der epistemische Realismus beinhaltet die Auffassung, dass man mithilfe der Induktion aus der Erfahrung die Wirklichkeit erkennen kann.
   (e) Der epistemische Realismus betrachtet ontologische Fragestellungen als unwissenschaftlich, man sollte sich daher auf die Untersuchung sinnlich erfassbarer Erscheinungen beschränken.

2. Was kennzeichnet den „kritischen Rationalismus"? Bitte kreuzen Sie *alle* Antwortalternativen an, deren Aussage zutreffend ist.
   (a) Gemäß dem kritischen Rationalismus ist der Prüfstein des Erkenntnisgewinns die Erfahrung.
   (b) Jegliche Erkenntnis beruht auf Induktion.
   (c) Eine Theorie wird aus Hypothesen ermöglicht, die aus der Theorie deduktiv abgeleitet werden.
   (d) Der kritische Rationalismus geht nach der sogenannten hypothetisch-deduktiven Methode vor.
   (e) Gemäß dem kritischen Rationalismus ist die Induktion ein wichtiger Baustein wissenschaftlicher Erkenntnis.
   (f) Durch induktive Verallgemeinerung lassen sich aus der Erfahrung Gesetze ableiten, die statistisch-probabilistische Gültigkeit haben.
3. Vergleichen Sie die deduktiv-nomologische mit der hypothetisch-deduktiven Vorgehensweise. Bitte kreuzen Sie *alle* Antwortalternativen an, deren Aussage zutreffend ist.
   (a) Gemäß der deduktiv-nomologischen Vorgehensweise lassen sich mittels Deduktion allgemeine Gesetzmäßigkeiten aus der Erfahrung ableiten, während gemäß der hypothetisch-deduktiven Vorgehensweise sich aus der Erfahrung nur Vermutungen ableiten lassen.
   (b) Prüfstein des Erkenntnisgewinns ist gemäß beiden Vorgehensweisen die Erfahrung.
   (c) Gemäß beiden Vorgehensweisen lassen sich aus der Erfahrung allgemeine Gesetzmäßigkeiten mittels Induktion ableiten.
   (d) Stimmen die empirischen Befunde nicht mit der Theorie überein, können gemäß dem deduktiv-nomologischen Ansatz neue Befunde zur Stützung der Theorie herangezogen werden, während gemäß dem hypothetisch-deduktiven Ansatz die Theorie als widerlegt gilt.
4. Was kennzeichnet den „Konstruktivismus"? Bitte kreuzen Sie *alle* Antwortalternativen an, deren Aussage zutreffend ist.
   (a) Die Basis der Erkenntnis ist die soziale Erfahrung.
   (b) Gemäß dem Konstruktivismus ist die uns umgebende Wirklichkeit real vorfindbar und kann vom Wissenschaftler entdeckt werden.
   (c) Die notwendige Voraussetzung zur Ableitung betrieblicher Gestaltungsmaßnahmen ist eine Theorie.
   (d) Kriterium für die Angemessenheit einer Theorie ist nicht deren Übereinstimmung mit der realen Welt, sondern deren Tauglichkeit für zweckgerichtetes Handeln.
   (e) Das konstruktive Vorgehen zielt nicht auf das Erklären von Ursache-Wirkungs-Beziehungen, sondern auf das Verstehen von Sinnzusammenhängen.

5. Was versteht man unter einem wissenschaftlichen Paradigma? Bitte kreuzen Sie *alle* Antwortalternativen an, deren Aussage zutreffend ist.
   (a) Ein wissenschaftliches Paradigma ist ein beispielhafter Einzelfall.
   (b) Ein wissenschaftliches Paradigma ist ein wissenschaftliches Leitbild, das von den meisten Forschern in einer bestimmten Zeit geteilt wird.
   (c) Ein wissenschaftliches Paradigma ist ein Satz von Vorgehensweisen, die bestimmen, welche Art von Fragen gestellt werden und welche Arten der Überprüfung dieser Fragen zulässig sind.
   (d) Ein wissenschaftliches Paradigma gibt die Anordnung unabhängiger und daraus abgeleiteter abhängiger Variablen für die in einem Experiment zu überprüfenden Hypothesen vor.
   (e) Ein wissenschaftliches Paradigma ist die zulässige Art und Weise, wie theoretische Erkenntnisse in praktische Handlungsanweisungen umzusetzen sind.

Literatur

Zitierte Literatur

Bentz, H.-J., & Dierks, A. (2013). *Neuromathematik und Assoziativmaschinen*. Springer Vieweg.
Chalmers, A. F. (2007). *Wege der Wissenschaft – Einführung in die Wissenschaftstheorie* (6. Aufl.). Springer.
Feigenbaum, M. J. (1978). Quantitative universality for a class of non-linear transformations. *Journal of Statistical Physics, 19*(1), 25–52.
Heinen, E. (1976). *Grundfragen der entscheidungsorientierten Betriebswirtschaftslehre*. Vahlen.
Hempel, C. G., & Oppenheim, P. (1948). Studies in the logic of explanation. *Philosophy of Science, 15*(2), 135–175.
Hempel, C. G. (1977). *Aspekte wissenschaftlicher Erklärung*. W. de Gruyter.
Kamlah, W., & Lorenzen, P. (1967). *Logische Propädeutik. Vorschule des vernünftigen Redens*. Bibliographisches Institut.
Kamlah, W., & Lorenzen, P. (1996). *Logische Propädeutik. Vorschule des vernünftigen Redens* (3. Aufl.). Metzler.
Kant, I. (1781). *Critik der reinen Vernunft*. Johann Friedrich Hartknoch.
Kastner, M. (2024). *Präskriptive Entscheidungstheorie*. BoD – Books on Demand.
Kuhn, T. (1976). *Die Struktur wissenschaftlicher Revolutionen* (2. Aufl.). Suhrkamp.
Lakatos, I. (1974). Falsifikation und die Methodologie wissenschaftlicher Forschungsprogramme. In I. Lakatos & A. Musgrave (Hrsg.), *Kritik und Erkenntnisfortschritt. Abhandlungen des Internationalen Kolloquiums über die Philosophie der Wissenschaft* (S. 89–189). Vieweg.
Luhmann, N. (2001). *Soziale Systeme. Grundriß einer allgemeinen Theorie* (2. Aufl.). Suhrkamp.
Malik, F. (2004). *Systemisches Management, Evolution, Selbstorganisation. Grundprobleme, Funktionsmechanismen und Lösungsansätze für komplexe Systeme* (4. Aufl.). Haupt.
Popper, K. R. (1963). *Conjectures and refutations – The growth of scientific knowledge*. Routledge & Kegan.
Popper, K. R. (1972). *Objective knowledge – An evolutionary approach*. Oxford University Press.
Popper, K. R. (1994). *Logik der Forschung* (10. Aufl.). Mohr.
Reichenbach, H. (1951). *The rise of scientific philosophy*. California University Press.

Tarski, A. (1977). *Einführung in die mathematische Logik* (5. Aufl.). Vandenhoeck & Ruprecht.
Thom, R. (1989). *Structural stability and morphogenesis – An outline of a general theory of models* (2. Aufl.). Addison-Wesley.
Ulrich, H. (2001). *Die Unternehmung als produktives soziales System* (2. Aufl.). Haupt.

Weiterführende Literatur

Lauth, B., & Sareiter, J. (2020). *Wissenschaftliche Erkenntnis – Eine ideengeschichtliche Einführung in die Wissenschaftstheorie* (2. Aufl.). Brill/mentis.

Gütekriterien methodischer Vorgehensweisen 9

> **Übersicht**
>
> In Kap. 1 wurde ausgeführt, wie sich wissenschaftliche Erkenntnis von der Alltagserkenntnis unterscheidet. Als wesentliches Merkmal wurde die systematische Herangehensweise unter Anwendung bestimmter Regeln und definierter Methoden herausgestellt. Die Regeln und Methoden müssen von anderen Forschern nachvollziehbar und überprüfbar sein. Daher müssen sie bestimmten Anforderungen genügen, die als „Gütekriterien" bezeichnet werden. Diese Gütekriterien werden in diesem Kapitel behandelt.

9.1 Notwendigkeit und Art methodischer Gütekriterien

Damit methodische Vorgehensweisen als wissenschaftlich gelten dürfen, müssen sie bestimmten Anforderungen genügen. Diese sollen gewährleisten, dass das mithilfe der jeweiligen Methode erzielte Ergebnis nicht willkürlich oder zufällig zustande kommt, sondern intersubjektiv nachvollziehbar, wiederholbar und dem Gegenstand angemessen ist. Sie werden als „Gütekriterien" bezeichnet. Die Einhaltung der Gütekriterien ist unabhängig von der erkenntnistheoretischen Position und der methodologischen Sichtweise zu fordern. Die Gütekriterien betreffen alle Stadien eines Forschungsprozesses, also die Operationalisierung der begrifflichen Konstrukte, die Hypothesenbildung, die Wahl der Forschungsstrategie, die Datenerhebung und -aufbereitung, die Datenauswertung und die Ergebnisinterpretation. In der Literatur werden sie hauptsächlich in Bezug auf die Datenerhebung und -aufbereitung, d. h. auf der Ebene der Messverfahren, betrachtet, lediglich bei der Validität wird explizit die Forschungsstrategie angesprochen.

Drei Gütekriterien lassen sich unterscheiden (vgl. Tab. 9.1): Objektivität (Sachlichkeit), Reliabilität (Zuverlässigkeit) und Validität (Gültigkeit). Die einzelnen Güte-

Tab. 9.1 Gütekriterien für methodische Vorgehensweisen

Gütekriterium	Definition	Beispiel	Mögliche Überprüfung	Resultierendes Maß
Objektivität (Sachlichkeit)	Eine Methode ist dann objektiv, wenn das Ergebnis unabhängig von der Person ist, die die Methode anwendet.	Die Bestimmung der Arbeitsleistung in einem Produktionsunternehmen ist unabhängig von der Person, die die Arbeitsleistung ermittelt.	Berechnung der Übereinstimmung der Urteile unterschiedlicher Beurteiler (Inter-Rater-Reliability)	Übereinstimmungskoeffizient
Reliabilität (Zuverlässigkeit)	Eine Methode ist dann zuverlässig, wenn sie bei wiederholten Messungen unter vergleichbaren Bedingungen dasselbe Ergebnis erbringt.			
Zeitliche Reliabilität		Das Ergebnis eines Maßes für die Tagesarbeitsleistung muss an unterschiedlichen Tagen dasselbe sein.	Berechnung der Übereinstimmung zwischen den Ergebnissen zu zwei unterschiedlichen Zeitpunkten	Re-Test-Reliabilitätskoeffizient
Inhaltliche Reliabilität		Wird die Arbeitsleistung als Anzahl der produzierten Stücke pro Zeiteinheit erfasst, müssen verschiedenartige Stücke untereinander vergleichbar sein.	Unterteilung der unterschiedlichen Stückarten in zwei Hälften und Berechnung der Übereinstimmung zwischen den jeweiligen Ergebnissen	Test-Halbierungs-Reliabilitätskoeffizient (split-half reliability coefficient)
			Berechnung des Grades des Zusammenhangs zwischen allen Ergebnissen mit unterschiedlichen Stückarten	Koeffizient der internen Konsistenz

(Fortsetzung)

9.1 Notwendigkeit und Art methodischer Gütekriterien

Tab. 9.1 (Fortsetzung)

Gütekriterium	Definition	Beispiel	Mögliche Überprüfung	Resultierendes Maß
Validität (Gültigkeit)	Eine Methode ist dann valide (gültig), wenn mit ihr das erfasst wird, was erfasst werden soll.			
Inhaltsvalidität		Anzahl der produzierten Stücke pro Zeiteinheit stellt eine sachlich angemessene Operationalisierung der Arbeitsleistung dar.	Prüfung der Augenscheinlichkeit oder Expertenurteil	Face-Validität oder Expertenurteil
Konstruktvalidität		In einem Marktforschungsfragebogen sollen „Kundenzufriedenheit" und „Einstellung zu Neuheiten" erfasst werden.	Berechnung des Grades des Zusammenhangs zwischen den einzelnen Fragen des Fragebogens	Koeffizient für den Zusammenhang zwischen den einzelnen Fragen zum selben Konstrukt (konvergente Validität) und Koeffizient für den Zusammenhang zwischen Fragen zu unterschiedlichen Konstrukten (diskriminante Validität)
Kriteriumsvalidität		Zusammenhang zwischen der durch einen Test erfassten Eignung zum betriebswirtschaftlichen Studium und dem späteren Berufserfolg	Berechnung des Grades des Zusammenhangs zwischen Testergebnis und Außenkriterium	Koeffizient für den Zusammenhang zwischen Testergebnis und Außenkriterium

kriterien bauen aufeinander auf, d. h. die Reliabilität setzt die Objektivität voraus und die Validität die Reliabilität. Ob und inwieweit die jeweiligen Gütekriterien erfüllt sind, lässt sich – zumindest für den Bereich der Datenerhebung und -aufbereitung – anhand bestimmter Verfahren überprüfen. Die Anwendung solcher Verfahren führt zu einem Koeffizienten, der zwischen 0 (Gütekriterium gar nicht erfüllt) und 1 (Gütekriterium maximal erfüllt) schwanken kann, oder analog zu einem Prozentanteil, der zwischen 0 und 100 % schwanken kann. Tab. 9.1 gibt eine Übersicht über die Gütekriterien für methodische Vorgehensweisen bei der Datenerhebung und –aufbereitung.

9.2 Objektivität

Das grundlegende Gütekriterium ist Objektivität bzw. Sachlichkeit. Es bedeutet, dass die angewandte Methode oder die angewandte Forschungsstrategie nicht an die Person des Forschers oder Untersuchers gebunden ist. Das Vorgehen und das jeweils erhaltene Ergebnis müssen intersubjektiv nachvollziehbar, d. h. objektiv sein. Soll beispielsweise die Arbeitsleistung in einem Produktionsbetrieb ermittelt werden, darf die Einschätzung nicht davon abhängen, wer sie vornimmt.

Überprüfen lässt sich die Objektivität durch den **Grad der Übereinstimmung** zwischen verschiedenen Forschern bzw. Beurteilern (oft auch – nicht ganz zutreffend – als „Inter-Rater-Reliabilität" bezeichnet). Zur Ermittlung der Beurteiler-Übereinstimmung existieren verschiedene statistische Verfahren (vgl. Asendorpf & Wallbott, 1979), häufig basieren sie auf prozentualen Übereinstimmungen bzw. Korrelationen zwischen den Ergebnissen der einzelnen Beurteiler.

9.3 Reliabilität

Die Reliabilität einer Methode bezieht sich auf deren Zuverlässigkeit. Eine Methode ist dann zuverlässig, wenn sie bei wiederholten Messungen unter vergleichbaren Bedingungen dasselbe Ergebnis erbringt. Die Wiederholung kann sowohl zeitlich als auch inhaltlich definiert werden. Eine zeitliche Wiederholung bedeutet, dass die Messung zu unterschiedlichen Zeitpunkten durchgeführt wird. Das erhaltene Reliabilitätsmaß gibt den Grad der **Stabilität** der Messung an. Eine inhaltliche Wiederholung bedeutet, dass die einzelnen Bestandteile des Messverfahrens dasselbe begriffliche Konstrukt abbilden, d. h. vergleichbare (nicht identische) Wiederholungen der Messung sind. Das erhaltene Reliabilitätsmaß gibt den Grad der **Konsistenz** der Messung an.

Die zeitliche Reliabilität ist gegeben, wenn das Ergebnis der Anwendung der Methode unabhängig davon ist, zu welchem Zeitpunkt die Methode durchgeführt wird, d. h. das Ergebnis muss wiederholbar bzw. reproduzierbar sein. Wird beispielsweise die Tagesarbeitsleistung in einem Produktionsbetrieb ermittelt, ist die Zuverlässigkeit nur dann gegeben, wenn die Tagesarbeitsleistung an unterschiedlichen Tagen gleich ist. Überprüfen lässt sich die Zuverlässigkeit durch den Grad der Übereinstimmung von Ergebnissen, die zu verschiedenen Zeitpunkten unter Anwendung derselben Methode erzielt wurden. Man ermittelt auf diese Weise die sogenannte **Re-Test-Reliabilität**.

Der inhaltliche Aspekt der Reliabilität bezieht sich darauf, inwieweit die einzelnen Bestandteile eines Messverfahrens untereinander stimmig, d. h. konsistent, sind. Die einzelnen Bestandteile müssen also vergleichbar sein. Die Vergleichbarkeit kann dadurch überprüft werden, dass der Grad der Übereinstimmung von Ergebnissen, die zum selben Zeitpunkt mit unterschiedlichen Bestandteilen des Messverfahrens erzielt wurden, berechnet wird. Ermittelt wird entweder die Parallel-Test-Reliabilität *(split-half reliability)* oder die sogenannte interne Konsistenz.

Bei der **Parallel-Test-Reliabilität** werden die Bestandteile des Messverfahrens in zwei Hälften geteilt. Jede Hälfte ist ein Parallel-Test zur anderen Hälfte. Gezeigt werden muss, dass die Messung der einen Hälfte äquivalent zur Messung der anderen Hälfte ist. Ermittelt wird der Grad der Äquivalenz durch die Prüfung der Übereinstimmung zwischen den Ergebnissen der beiden Hälften.

Die **interne Konsistenz** bezieht sich auf das Ausmaß, in dem alle Bestandteile des Messverfahrens miteinander in Beziehung stehen. Jedes der Bestandteile wird als Parallel-Test behandelt und mit jedem anderen Bestandteil korreliert. Eine gebräuchliche Kenngröße für den Gesamtzusammenhang ist Cronbachs Alpha (Cronbach, 1951; vgl. Bortz & Döring, 2006, S. 198 f.).

Wird beispielsweise die Arbeitsleistung als Anzahl der produzierten Stücke pro Zeiteinheit erfasst und die Stücke sind von unterschiedlicher Art, können zur Ermittlung der Paralleltest-Reliabilität die unterschiedlichen Stückarten in zwei Hälften unterteilt und der Grad der Übereinstimmung zwischen den jeweiligen Ergebnissen mithilfe der Korrelationsrechnung (vgl. Abschn. 10.4.1) oder durch einen Mittelwertsvergleich berechnet werden. Zur Ermittlung der internen Konsistenz wird der generelle Zusammenhang zwischen allen Einzelergebnissen mit unterschiedlichen Stückarten berechnet.

9.4 Validität

9.4.1 Ebenen der Validität

Die Validität oder Gültigkeit bezieht sich als zentrales Gütekriterium auf die Angemessenheit sowohl der methodischen Herangehensweise als auch auf die Ergebnisse von Untersuchungen in Bezug auf die untersuchte Fragestellung. Im Allgemeinen lässt sich sagen, dass Objektivität und Reliabilität die notwendigen Voraussetzungen, jedoch nicht die hinreichenden Bedingungen für die Validität darstellen.

Die Validität kann auf verschiedenen Ebenen einer Untersuchung betrachtet werden. Sie kann sich auf die bei der Datenerhebung und -aufbereitung angewandten Messverfahren beziehen, aber auch auf die Gültigkeit der aus einer Untersuchung gezogenen Schlussfolgerungen. Daher unterscheidet man zwei Arten der Validität:

- Validität von Messverfahren
- Validität von Forschungsstrategien

Hinsichtlich der Validität von Messverfahren wird gefragt, ob mit der angewandten Methode tatsächlich das erfasst wird, was erfasst werden soll. Will man beispielsweise die Tagesarbeitsleistung in einem Produktionsbetrieb ermitteln und zieht hierzu die Anzahl der produzierten Stücke heran, wäre dies nur dann eine valide Messung, wenn man auch den Ausschuss, d. h. die fehlerhaft produzierten Stücke mitberücksichtigt.

Hinsichtlich der Validität von Forschungsstrategien wird gefragt, inwieweit die aus den Ergebnissen abgeleiteten Schlussfolgerungen gerechtfertigt sind und welche Aussagekraft sie haben.

9.4.2 Validität als Gütekriterium für Messverfahren

Hinsichtlich der Validität als Gütekriterien für Messfahren werden drei Arten unterschieden:

- Inhaltsvalidität
- Konstruktvalidität
- Kriteriumsvalidität

Der **Inhaltsvalidität** liegt die Frage zugrunde, ob das Messinstrument sachlich und logisch geeignet ist, das in Frage stehende begriffliche Konstrukt zu operationalisieren (vgl. Abschn. 6.3). Beantwortet wird diese Frage entweder mittels einer einfachen Augenscheinsprüfung als sogenannte Face-Validität oder mittels einer Beurteilung durch Experten.

Auch der **Konstruktvalidität** liegt die Frage zugrunde, ob das Messinstrument geeignet ist, das in Frage stehende begriffliche Konstrukt zu operationalisieren. Im Unterschied zur Inhaltsvalidität wird die Überprüfung der Konstruktvalidität mithilfe statistischer Prozeduren vorgenommen. Die Prozeduren sollen sicherstellen, dass zwei Forderungen erfüllt sind: Einerseits müssen die einzelnen Bestandteile des Messinstruments dasselbe Konstrukt abbilden (**konvergente Validität**), und andererseits müssen die Messergebnisse sich hinreichend von Messungen, die sich auf andere Konstrukte beziehen, unterscheiden (**diskriminante Validität**). Als Prozeduren werden in der Regel Korrelationsrechnungen (vgl. Abschn. 10.4.1) eingesetzt. Die Konstruktvalidität wird dann als gegeben angenommen, wenn Ergebnisse, die dasselbe begriffliche Konstrukt messen sollen, hoch untereinander korrelieren (positiv oder negativ), gleichzeitig aber gar nicht oder nur geringfügig mit Ergebnissen korrelieren, die ein anderes Konstrukt anzeigen sollen.

Bei der **Kriteriumsvalidität** wird zur Überprüfung der Gültigkeit des Messverfahrens ein Außenkriterium herangezogen. Als Beispiel soll ein Test dienen, der bei Studenten der Betriebswirtschaft die Eignung zum betriebswirtschaftswissenschaftlichen Studium feststellen soll. Ein Außenkriterium könnte in diesem Fall der spätere Berufserfolg, beispielsweise operationalisiert durch die Höhe des Gehalts, sein. Auch zur Ermittlung der Kriteriumsvalidität wird die Korrelationsrechnung eingesetzt. Im Beispiel werden die Ergebnisse des Eignungstests mit der Höhe des späteren Gehalts der Testteilnehmer in Beziehung gesetzt.

9.4.3 Validität als Gütekriterium für Forschungsstrategien

Die Überprüfung der Validität einer Forschungsstrategie beinhaltet die Beurteilung, inwieweit mit der durchgeführten Untersuchung das Untersuchungsziel erreicht wurde und welche Schlussfolgerungen aus der Untersuchung gezogen werden können. Für Untersuchungen, deren Ziel die Erklärung von Kausalzusammenhängen war – also vor allem Experimente, Quasi-Experimente und Pfadanalysen (siehe Kap. 10), muss geprüft werden, inwieweit alternative Erklärungen ausgeschlossen werden können. Für Untersuchungen mit dem Ziel einer Prognose (vor allem Simulationen) muss geprüft werden, inwieweit eine Vorhersage zukünftiger Zustände möglich ist. Für Untersuchungen, deren Ziel die Optimierung von Gestaltungsmaßnahmen war, muss die Wirksamkeit der vorgeschlagenen Maßnahmen überprüft werden.

Man unterscheidet zwei Arten der Validität von Forschungsstrategien:

- interne Validität
- externe Validität

Die **interne Validität** bezieht sich auf die im Rahmen der Untersuchung verwendeten Daten, Vorgehensweisen und Ergebnisse. Eine Untersuchung ist dann intern valide, wenn das in der Untersuchung erzielte Ergebnis eindeutig interpretierbar ist. Das Kriterium für die Eindeutigkeit kann in Abhängigkeit von der Untersuchungsfrage und der angewandten Forschungsstrategie variieren. So wäre bei einer Untersuchung von Ursache-Wirkungs-Beziehungen zu fordern, dass andere Ursachen als die durch die Untersuchung ermittelten Ursachen als Erklärung auszuschließen sind. Bei der Überprüfung eines rein formalen Modells könnte dagegen die Robustheit des Modells (vgl. Abschn. 7.3) als Kriterium hinreichend sein.

Die **externe Validität** bezieht sich darauf, inwieweit sich die in der Untersuchung ermittelten Befunde auf andere Personen, andere Umgebungsbedingungen und auf zukünftige Gegebenheiten übertragen lassen. Die Prüfung der externen Validität ist damit gleichbedeutend mit der Prüfung der Generalisierbarkeit der ermittelten Befunde (vgl. Abschn. 3.4). Für die Prüfung der externen Validität ist die interne Validität die notwendige Voraussetzung. Auch bei der externen Validität kann das Kriterium in Abhängigkeit von der Untersuchungsfrage und der angewandten Forschungsstrategie variieren. Bei der Untersuchung von Kausalbeziehungen wäre zu fordern, dass die ermittelten

Ursache-Wirkungs-Beziehungen auch bei neuen Umgebungsbedingungen zutreffend sind. Bei der Prüfung rein formaler Modelle wäre zu fragen, inwieweit die aus dem Modell vorhergesagten Daten mit tatsächlich in der Realität vorfindbaren Daten übereinstimmen.

Die Unterscheidung zwischen interner und externer Validität soll am Beispiel des experimentellen Vorgehens verdeutlicht werden. Ziel eines Experiments ist es, kausale Beziehungen zwischen vorausgehenden Bedingungen (unabhängigen Variablen) und nachfolgenden Zuständen (abhängigen Variablen) aufzudecken (siehe Abschn. 10.5). Das Experiment darf dann als intern valide gelten, wenn die Veränderung der abhängigen Variablen eindeutig auf die Manipulation der unabhängigen Variablen zurückgeführt werden kann. Dies beinhaltet die Kontrolle von möglichen **Störfaktoren** wie etwa eine verzerrte Stichprobenauswahl (vgl. Abschn. 10.5), unzureichende Operationalisierung der unabhängigen Variablen (vgl. Abschn. 6.3), Störungen des Versuchsablaufes oder fehlerhafte **statistische Auswertung** (siehe Abschn. 12.2).

Die externe Validität eines Experiments hängt davon ab, inwieweit sich die gewonnenen Befunde **generalisieren** lassen. Zunächst muss gefragt werden, ob die an der aktuellen Stichprobe ermittelten Ergebnisse auch für die Population, d. h. die Grundgesamtheit, gelten Die Population bezieht sich auf die Gesamtheit der Untersuchungseinheiten (z. B. Personen oder Betriebe), für die die Ergebnisse der Untersuchung zutreffen sollen (siehe Abschn. 11.5). Inwieweit diese Generalisierung möglich ist, hängt von der Auswahl der Stichprobe ab. Sodann muss gefragt werden, inwieweit sich die erhaltenen Ergebnisse auf andere Situationen übertragen lassen. Bei einem Laborexperiment wird gefragt, inwieweit dieselben Befunde auch außerhalb des Labors, also in natürlichen Situationen, zu erwarten wären. Eine mögliche Gefahr der Beeinträchtigung dieser sogenannten **ökologischen Validität** ist darin zu sehen, dass der im Labor vorgenommene Ausschluss von Störfaktoren deshalb unrealistisch ist, weil die im Experiment als „Störfaktoren" definierten Variablen im natürlichen Umfeld möglicherweise die entscheidenden Wirkgrößen sind. Ein Beispiel aus der Werbeforschung wäre die individuelle Beeinflussung durch bestimmte Maßnahmen unter Ausschluss des sozialen Einflusses als Störvariable. Im natürlichen Umfeld könnte aber gerade der soziale Einfluss die entscheidende Einflussgröße sein, deren Ausschluss als „Störvariable" somit unrealistisch wäre.

Bei einem Feldexperiment, bei dem ja die unabhängigen Variablen unter natürlichen Bedingungen variiert werden, ist zu fragen, inwieweit diese konkreten Bedingungskonstellationen sich auf anders geartete Umgebungsbedingungen übertragen lassen.

Schließlich muss gefragt werden, inwieweit sich die in einem Experiment erhaltenen Ergebnisse zur Vorhersage eignen. Die Vorhersage bezieht sich einerseits auf die Nützlichkeit für den Einzelfall und andererseits auf die Nützlichkeit im Hinblick auf die Prognose zukünftiger Ereignisse (vgl. Abschn. 3.4). In beiden Fällen hängt der Grad der externen Validität von der Ähnlichkeit der neuen Situation mit der im Experiment realisierten Bedingungskonstellation ab.

9.5 Fazit

Wissenschaftliche Erkenntnis zeichnet sich im Unterschied zur Alltagserkenntnis durch eine systematische Herangehensweise aus. Diese muss einer Überprüfbarkeit durch andere Forscher standhalten. Daher muss sie bestimmten Anforderungen genügen, die als „Gütekriterien" bezeichnet werden. Sie gelten unabhängig von der wissenschaftstheoretischen Position und beziehen sich auf alle Stadien des Forschungsprozesses. Drei Gütekriterien wurden spezifiziert: „Objektivität" (Sachlichkeit), „Reliabilität" (Zuverlässigkeit) und „Validität" (Gültigkeit).

Verständnisfragen

1. Wissenschaftliches Vorgehen muss bestimmten Anforderungen genügen, die als „Gütekriterien" bezeichnet werden. Der folgende Text behandelt diese Gütekriterien. Bitte ergänzen Sie die Lücken (…) im Text durch die passenden Worte.

Text
Das grundlegende Gütekriterium ist …. Es bedeutet, dass die angewandte Methode oder die angewandte Forschungsstrategie … an die Person des Forschers oder Untersuchers gebunden ist. Das Vorgehen und das jeweils erhaltene Ergebnis müssen … nachvollziehbar sein.

Das zweite Gütekriterium ist …. Die … einer Methode bezieht sich auf deren …. Eine Methode ist dann …, wenn sie bei wiederholten Messungen unter vergleichbaren Bedingungen dasselbe Ergebnis erbringt. Die Wiederholung kann sowohl … als auch … definiert werden. Die zeitliche … ist gegeben, wenn das Ergebnis der Anwendung der Methode unabhängig davon ist, zu welchem Zeitpunkt die Methode durchgeführt wird, d. h. das Ergebnis muss wiederholbar bzw. reproduzierbar sein. Die zeitliche … bezeichnet man als „…". Der inhaltliche Aspekt der … bezieht sich darauf, inwieweit die einzelnen Bestandteile eines Messverfahrens untereinander stimmig, d. h. …, sind. Die Vergleichbarkeit kann dadurch überprüft werden, dass der Grad der Übereinstimmung von Ergebnissen, die zum selben Zeitpunkt mit unterschiedlichen Bestandteilen des Messverfahrens erzielt wurden, berechnet wird. Ermittelt wird entweder die … oder die ….

Das dritte Gütekriterium ist …. Im Allgemeinen lässt sich sagen, dass … und … die notwendigen Voraussetzungen, jedoch nicht die hinreichenden Bedingungen für die … darstellen. Die … (= …) bezieht sich als zentrales Gütekriterium auf die Angemessenheit sowohl der methodischen Herangehensweise als auch auf die Ergebnisse von Untersuchungen in Bezug auf die untersuchte Fragestellung. Der … liegt die Frage zugrunde, ob das Messinstrument geeignet ist, das in Frage stehende be-

griffliche Konstrukt zu .... Ihre Überprüfung geschieht Hilfe statistischer Prozeduren. Die Prozeduren sollen sicherstellen, dass zwei Forderungen erfüllt sind: Einerseits müssen die einzelnen Bestandteile des Messinstruments dasselbe Konstrukt abbilden (…), und andererseits müssen die Messergebnisse sich hinreichend von Messungen, die sich auf andere Konstrukte beziehen, unterscheiden (…).
2. Die Überprüfung der Validität einer Forschungsstrategie beinhaltet die Beurteilung, inwieweit mit der durchgeführten Untersuchung das Untersuchungsziel erreicht wurde und welche Schlussfolgerungen aus der Untersuchung gezogen werden können. Man unterscheidet zwischen „interner" und „externer" Validität. Bitte kreuzen Sie *alle* der folgenden Aussagen an, die Sie für zutreffend halten.
(a) Eine Untersuchung ist dann intern valide, wenn das in der Untersuchung erzielte Ergebnis eindeutig interpretierbar ist.
(b) Die interne Validität ist dann gegeben, wenn sich die Untersuchungsergebnisse verallgemeinern lassen, d. h. auf andere Personen, andere Umgebungsbedingungen und auf zukünftige Gegebenheiten übertragen lassen.
(c) Die externe Validität bezieht sich auf die Generalisierbarkeit der erhaltenen Untersuchungsergebnisse.
(d) Die interne Validität ist Voraussetzung für die externe Validität.
(e) Die interne Validität einer Untersuchung ist nicht gegeben, wenn alternative Erklärungen der Untersuchungsergebnisse möglich sind.
(f) Die Validität eines formalen Modells ist nur dann gegeben, wenn das Modell die Strukturen der realen Welt abbildet.

Literatur

Zitierte Literatur

Asendorpf, J., & Wallbott, H. (1979). Messung der Beurteilerübereinstimmung. Ein systematischer Vergleich. *Zeitschrift für Sozialpsychologie, 10*, 243–252.
Bortz, J., & Döring, N. (2006). *Forschungsmethoden und Evaluation für Human- und Sozialwissenschaftler* (4. Aufl.). Springer.
Cronbach, L. J. (1951). Coefficient alpha and the internal structure of tests. *Psychometrika, 16*, 297–334.

Weiterführende Literatur

Campbell, D. T., & Fiske, D. W. (1959). Convergent and discriminant validation by the multitrait-multimethod matrix. *Psychological Bulletin, 56*, 81–105.
Schnell, R., Hill, P. B., & Esser, E. (2008). *Methoden der empirischen Sozialforschung* (8. Aufl.). Oldenbourg.

Forschungsstrategien 10

> **Übersicht**
>
> Während in Kap. 9 in Form von Gütekriterien Prinzipien behandelt wurden, die für jegliche empirische Forschung gelten, werden in diesem und in Kap. 11 spezifische methodische Herangehensweisen betrachtet. Hierbei wird unterschieden zwischen allgemeinen Forschungsstrategien und besonderen Verfahrensweisen. Forschungsstrategien beziehen sich auf die Gesamtplanung einer Untersuchung, während Verfahren einzelne Schritte innerhalb dieser Gesamtplanung darstellen. In diesem Kapitel werden Forschungsstrategien dargestellt. Leitfrage ist hierbei, welche Art von Aussagen als Ergebnis der Untersuchung gewonnen werden können.

10.1 Nomothetische und idiographische Betrachtungsweise

Die in Kap. 8 dargelegten unterschiedlichen wissenschaftstheoretischen Positionen haben Konsequenzen für die Art der methodischen Herangehensweise, zusammenfassend als „Methodologie" bezeichnet. In den Realwissenschaften lassen sich in Abhängigkeit von der erkenntnistheoretischen Position zwei methodologische Sichtweisen unterscheiden: die nomothetische und die idiographische Sicht. Gemäß der nomothetischen Sicht versucht man, allgemeine Gesetzmäßigkeitene (griech.: *nomoi*) aufzustellen (griech.: *thetein*), während die idiographische Sicht die Besonderheit (griech.: *idioma*) der Einzelphänomene beschreibt (griech.: *graphein*). Das 1894 von dem Philosophen Wilhelm Windelband eingeführte Begriffspaar sollte den Unterschied zwischen dem **erklärenden** Vorgehen der Naturwissenschaften und dem **verstehenden** Vorgehen der Geisteswissenschaften charakterisieren (vgl. Abschn. 3.3). Bezogen auf die Betriebswirtschaftslehre versucht man aus nomothetischer Sicht wirtschaftliche Phänomene als verallgemeinerte Zusammenhänge zwischen Ursache und Wirkung zu erklären. Die Ursache-Wirkungs-Zusammenhänge bilden aus nomothetischer Sicht zugleich die Grundlage für Ziel-Mittel-Zusammenhänge, wie sie in einer Handlungswissenschaft gefordert werden. Aus idiographischer Sicht steht dagegen das Verstehen der Bedeutung wirtschaftlicher Phänomene für den jeweiligen Handlungskontext im Mittelpunkt der Betrachtung. Im Mittelpunkt steht der Einzelfall – entweder als Ausgangspunkt der Betrachtung oder als Anwendungsfall für das betriebliche Handeln.

Beispielhaft für den nomothetischen Ansatz ist die erkenntnistheoretische Position des kritischen Rationalismus (vgl. Abschn. 8.4.2), beispielhaft für den idiographischen Ansatz die Position des Konstruktivismus (vgl. Abschn. 8.7). Im Mittelpunkt der nomothetischen Forschungsstrategie steht die Überprüfung von aus einer Theorie abgeleiteten Hypothesen (vgl. Abschn. 6.3). Die Vorgehensweise folgt dem Ideal der Naturwissenschaften und sieht eine sukzessive Abfolge der einzelnen Untersuchungsschritte vor. Demgegenüber ist die idiographische Forschungsstrategie eher ganzheitlich orientiert und impliziert eine mehrfache Neubestimmung der einzelnen Untersuchungsschritte. Das Vorgehen folgt einem „hermeneutischen Zirkel" (vgl. Abschn. 4.5), der eine sich wiederholende Betrachtung vom Einzelnen zum Ganzen und vom Ganzen zum Einzelnen impliziert. Für den Ablauf einer konkreten wissenschaftlichen Untersuchung kann damit eine lineare einer zirkulären Vorgehensweise gegenübergestellt werden. Abb. 10.1 stellt exemplarisch die beiden Vorgehensweisen dar.

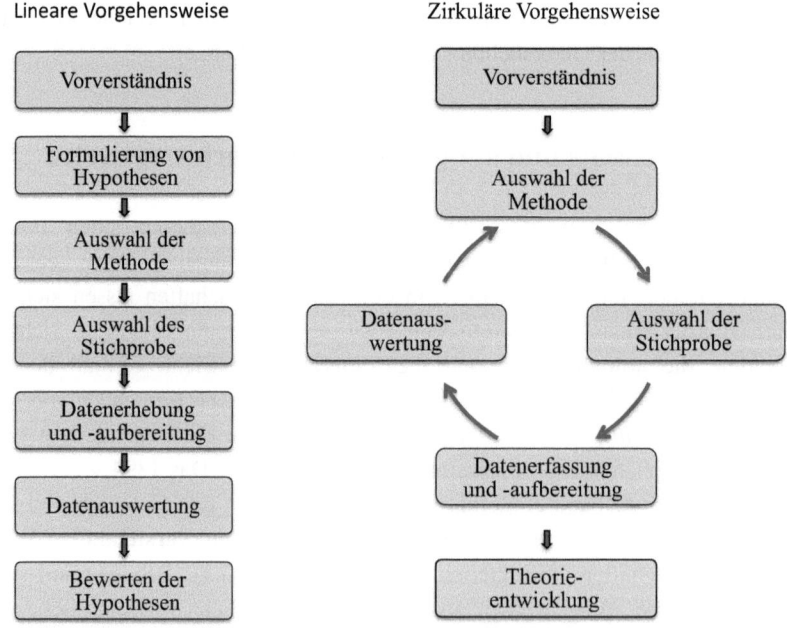

Abb. 10.1 Lineare versus zirkuläre Vorgehensweise. Modifiziert nach Witt (2001).

Verbunden mit der unterschiedlichen methodologischen Sichtweise ist auch eine unterschiedliche Bevorzugung der Art von methodischen Verfahren und Art von Daten. Aus nomothetischer Sicht werden **quantitative** Methoden bevorzugt, während entsprechend der idiographischen Sicht **qualitative** Methoden dominieren. Der folgende Kasten verdeutlicht die Unterschiede.

> **Quantitative und qualitative Methoden**
> In der betriebswirtschaftlichen Forschung existieren quantitative und qualitative Methoden.
>
> *Quantitative* Methoden orientieren sich am Vorgehen der Naturwissenschaften und untermauern ihre Befunde durch Zahlenangaben.
>
> Bei den *qualitativen* Methoden liegt der Fokus auf der Darstellung oder Einschätzung des Phänomens, ohne dass dies zahlenmäßig beschrieben werden muss. Interpretationen und Deutungen des jeweiligen Forschers stehen im Vordergrund.
>
> Illustriert sei der Unterschied am Beispiel der Erforschung der Marktsituation des Lebensmitteleinzelhandels im Stadtgebiet von Wiesbaden. Eine quantitative Methode wäre die Berechnung von umsatzbezogenen Marktanteilen des Lebensmitteleinzelhandels. Ein Beispiel für eine qualitative Methode wäre die Schätzung der Marktmacht einzelner Lebensmittelketten basierend auf Gesprächen mit Kunden und Händlern.
>
> Beide Arten von Methoden haben unterschiedliche Stärken und Schwächen, wie die Gegenüberstellung in Tab. 10.1 zeigt.
>
> Qualitative und quantitative Methoden schließen sich nicht gegenseitig aus, sondern können sich ergänzen. Qualitative Methoden eignen sich besonders zur Erkundung eines Forschungsfeldes und zur intuitiven Entwicklung von Theorien, während sich quantitative Methoden im Allgemeinen besser zur Überprüfung bestehender Theorien eignen (vgl. Helfrich, 2019, S. 18).

Heute ist man weitgehend der Auffassung, dass sich die beiden Sichtweisen nicht gegenseitig ausschließen, sondern eher unterschiedliche Phasen innerhalb eines Forschungsprozesses darstellen, die sich wechselseitig ergänzen. So scheint das idiographische

Tab. 10.1 Quantitative und qualitative Methoden im Vergleich

	Quantitative Methoden	Qualitative Methoden
Stärke	Zahlengestützte Ergebnisse für definierte Populationen	Möglichkeit der Entdeckung bisher unbekannter Phänomene
Schwäche	Hoher Untersuchungsaufwand wegen exakter Ermittlung geeigneter Kennwerte	Aufwendige Datenverarbeitung; Gefahr der Fokussierung auf untypische Fälle; Subjektivität der Interpretationen

Vorgehen besonders geeignet zur Gewinnung von Hypothesen sowie zum individualisierten Handeln im Einzelfall, während das nomothetische Vorgehen sich besonders zur Überprüfung von Theorien eignet.

10.2 Strategien und Verfahren

Bei der methodischen Herangehensweise kann zwischen Strategien und Verfahren unterschieden werden. Strategien orientieren sich am Untersuchungsziel, d. h. an der Art der Aussagen (vgl. Kap. 5), die als Ergebnis gewonnen werden sollen. Verfahren beschreiben die Art und Weise, wie die zur Zielerreichung notwendige Datenbasis gewonnen wird. Damit beziehen sich Forschungsstrategien auf die Gesamtplanung zur Untersuchung einer Fragestellung, während Verfahren einzelne Schritte innerhalb dieser Gesamtplanung darstellen. Beispielsweise kann sich eine Fallstudie als Forschungsstrategie auf Beobachtungen, Interviews und Verhaltensdaten als Verfahren der Datenerhebung (siehe Kap. 11) stützen.

Eine Forschungsstrategie umfasst die gesamte Untersuchung von der Hypothesenbildung bis zur Interpretation der durch die Untersuchung erhaltenen Ergebnisse. Welche Forschungsstrategie gewählt wird, hängt von der Fragestellung der Untersuchung, von der wissenschaftlichen Sichtweise bzw. der wissenschaftstheoretischen Position und den zur Verfügung stehenden Methoden ab. Die Art der Forschungsstrategie bestimmt wesentlich die Art und Stärke der Aussagen, die aus den Ergebnissen abgeleitet werden können. So lassen sich beispielsweise aus Experimenten Kausalaussagen ableiten, während Korrelationsstudien nur Aussagen über Zusammenhänge erlauben. Die verschiedenen Forschungsstrategien schließen sich nicht gegenseitig aus, sondern können auch kombiniert oder sukzessiv verwendet werden. Tab. 10.2 gibt einen Überblick über die verschiedenen in den Realwissenschaften angewandten Forschungsstrategien. Diese spiegeln in unterschiedlichem Ausmaß die nomothetische bzw. idiographische Sichtweise wider. Am einen Extrem wäre das experimentelle Vorgehen anzusiedeln, das prototypisch für die nomothetische Sichtweise ist. Das andere Extrem bilden Fallstudien, bei denen die idiographische Sichtweise dominiert.

10.3 Merkmalsbeschreibungen

Merkmalsbeschreibungen führen zu deskriptiven Aussagen (vgl. Kap. 5) über Häufigkeit und Grad von Merkmalausprägungen. Sie geben damit Antworten auf Fragen nach dem „Was", „Wie", „Wann" und „Wie oft" (vgl. Kap. 3 und 5). Häufig werden sie im Rahmen von explorativen Studien zur Erkundung eines noch weitgehend unbekannten Forschungsfelds eingesetzt. Beispielsweise wird untersucht, wie hoch der Verbreitungs- bzw. Realisierungsgrad bestimmter betrieblicher Praktiken ist. Die Ergebnisse

10.3 Merkmalsbeschreibungen

Tab. 10.2 Forschungsstrategien

Strategie	Vorgehen	Ziel	Art der resultierenden Aussage	Beispiel
Merkmalsbeschreibungen	Analyse der Häufigkeit und Ausprägung von Merkmalen (Variablen)	Feststellung der Häufigkeit und Ausprägung von einzelnen Merkmalen	Die untersuchten Merkmale treten mit bestimmter Häufigkeit und bestimmter Ausprägungstendenz auf.	Durchschnitt und Variationsbreite des Bruttoeinkommens in Deutschland
Korrelationsanalyse	Analyse des Zusammenhanges zwischen zwei oder mehreren Variablen	Feststellung des gemeinsamen Auftretens unterschiedlicher Merkmale und deren Ausprägung	Es besteht ein Zusammenhang zwischen den untersuchten Merkmalen.	Zusammenhang zwischen Arbeitsleistung der Beschäftigten und Modernisierungsgrad der Maschinen
Faktorenanalyse	Reduktion einer größeren Anzahl von Variablen auf wenige Variablengruppen	Zusammenfassung von Variablen zu Variablen höherer Ordnung	Die untersuchten Merkmale lassen sich auf grundlegenden Dimensionen repräsentieren.	Verdichtung der Einzelfragen eines umfangreichen Fragebogens zur Kaufeinstellung auf die Dimensionen „Gesundheit", „Verantwortungsbewusstsein" und „Zahlungsbereitschaft"
Regressionsanalyse	Vorhersage einer abhängigen Variablen (Kriterium) aus einer oder mehreren unabhängigen Variablen (Prädiktoren)	Abschätzung des Beitrags einzelner Variablen (Prädiktoren) zum Zustandekommen einer anderen Variablen (Kriterium)	Die untersuchten Prädiktoren tragen mit einem jeweils bestimmten Gewicht zur Ausprägung des Kriteriums bei.	Abschätzung des Modernisierungsgrades von Maschinen als Prädiktor der Arbeitsleistung der Beschäftigten (Kriterium)
Diskriminanzanalyse	Bestimmung von Prädiktoren, die sich zur Klassifizierung von Merkmalsträgern in vorher definierte Gruppen eignen	Abschätzung des Beitrags einzelner Variablen (Prädiktoren) zur Klassifikation von Merkmalsträgern in bestimmte Gruppen	Die untersuchten Prädiktoren tragen mit einem jeweils bestimmten Gewicht zur Klassifikation der Merkmalsträger bei.	Bestimmung der Merkmale, die erfolgreiche von weniger erfolgreichen Außendienstmitarbeitern unterscheiden

(Fortsetzung)

Tab. 10.2 (Fortsetzung)

Strategie	Vorgehen	Ziel	Art der resultierenden Aussage	Beispiel
Clusteranalyse	Entdeckung von Ähnlichkeiten zwischen Objekten oder Personen hinsichtlich bestimmter Merkmale in vorliegenden Datenbeständen	Identifikation von neuen (d. h. vorher nicht bekannten) Gruppen (Cluster)	Als Maß für die Gruppierung in Cluster dient die Ähnlichkeit zwischen den Objekten bzw. Merkmalsträgern. Sie wird mittels verschiedener Distanzmaße berechnet, z. B. der euklidischen Distanz.	Identifikation bestimmter Käufergruppen aus Kundendaten anhand des unterschiedlichen Kaufverhaltens
Mehrebenenanalyse	Multiple Regressionsanalyse zur Vorhersage einer abhängigen Variablen (Kriterium) aus unabhängigen Variablen (Prädiktoren), die hierarchisch unterschiedlichen Analyseebenen entstammen	Abschätzung des jeweiligen Beitrags von Variablen unterschiedlicher Ebenen zum Zustandekommen einer anderen Variablen (Kriterium)	Die untersuchten Prädiktoren tragen mit einem jeweils bestimmten Gewicht zur Ausprägung des Kriteriums bei.	Vorhersage der Arbeitsleistung aus dem Standort des Betriebs (regionale Ebene), Modernisierungsgrad der Maschinen (betriebliche Ebene) und der Erfahrung des Mitarbeiters (individuelle Ebene)
Pfadanalyse	Multiple Regressionsanalyse zur Bestimmung von direkten und indirekten Abhängigkeiten zwischen Prädiktoren und Kriterium	Abschätzung des Ausmaßes von direktem und indirektem Einfluss von Prädiktoren auf das Zustandekommen einer anderen Variablen (Kriterium)	Es bestehen direkte und indirekte Abhängigkeiten zwischen unabhängigen und abhängigen Variablen mit bestimmten Gewichten	Vorhersage des Projekterfolgs durch direkte und indirekte Einflüsse von Top-Management, Projektleitern und Projektteam

(Fortsetzung)

10.3 Merkmalsbeschreibungen

Tab. 10.2 (Fortsetzung)

Strategie	Vorgehen	Ziel	Art der resultierenden Aussage	Beispiel
Experimenteller und quasi-experimenteller Ansatz	Systematische Variation von vorausgehenden Bedingungen („unabhängige Variable") und Erfassung der dadurch hervorgerufenen Veränderungen („abhängige Variable")	Ermittlung von Faktoren als Einflussgrößen für die Ausprägung bestimmter Merkmale	Es besteht ein kausaler Zusammenhang zwischen unabhängigen und abhängigen Variablen	Einfluss der Gestaltung von Werbeanzeigen auf die Einstellung zum Kauf eines Produkts
Ex-Post-Facto-Untersuchungen	Analyse des Zusammenhangs zwischen vorausgehenden Bedingungen und resultierenden Merkmalen mithilfe bereits vorliegender Daten	Ermittlung von Faktoren als Einflussgrößen für die Ausprägung bestimmter Merkmale	Es besteht ein Zusammenhang zwischen unabhängigen und abhängigen Variablen	Einfluss der Gestaltung von Werbeanzeigen auf den Kauf von Produkten
Fallstudien	Erfassung und Beschreibung von Phänomenen in ihrer natürlichen Umgebung	Erkundung eines Forschungsbereichs; Validierung experimentell gewonnener Erkenntnisse	Die untersuchte Umgebung zeichnet sich durch bestimmte Besonderheiten aus	Führungsverhalten in einem Betrieb
Simulation	Durchspielen realer oder fiktiver Szenarien unter Variation der Bedingungen	Abschätzen der Konsequenzen bestimmter Bedingungen	Es bestehen spezifizierte Wenn-Dann-Beziehungen	Entscheidungsfindung unter Risikobedingungen
Zeitreihenanalyse	Analyse der zeitlichen Entwicklung von Merkmalen	Beschreibung von Trends, Prognose zukünftiger Entwicklungen	Es bestehen spezifizierte Verlaufstrends	Entwicklung des Bruttoinlandsprodukts in Deutschland zwischen 2000 und 2015

(Fortsetzung)

Tab. 10.2 (Fortsetzung)

Strategie	Vorgehen	Ziel	Art der resultierenden Aussage	Beispiel
Meta-Analyse	Statistische Zusammenfassung von Befunden vorausgegangener Einzelstudien zu einer bestimmten Problemstellung	Systematische Abschätzung der Effektstärke bestimmter Zusammenhänge	Es besteht ein Zusammenhang zwischen den untersuchten Variablen in einem spezifizierten Ausmaß	Zusammenhang zwischen Marktorientierung und Unternehmenserfolg
Theoretische Analyse	Kritische Auseinandersetzung mit Vorannahmen, Definition und Operationalisierung von Begriffen sowie der Ableitung von Hypothesen	Theoretische und methodische Konzeptualisierung	Analytische Aussagen und erklärende Hypothesen	Konzeptualisierung des strategischen Controlling
Gestaltung von Handlungsalternativen	Entwicklung von Instrumenten	Verbesserung des unternehmerischen Handelns	Es bestehen spezifizierte Ziel-Mittel-Beziehungen	Aufbau eines Controllingsystems auf der Basis rechnergestützter Kostenrechnung

werden oft in Form von Verteilungen repräsentiert (siehe Abschn. 12.1). Die Verteilung kann durch statistische Kennwerte wie zentrale Tendenz (z. B. Mittelwert) und Variabilität (z. B. Standardabweichung) charakterisiert werden. Beschränkt sich die Merkmalsbeschreibung auf einzelne Untersuchungseinheiten (z. B. Betriebe oder Personen), erhält man eine Stichprobenverteilung, die mithilfe der deskriptiven Statistik (siehe Abschn. 12.1) analysiert werden kann. Will man die gewonnenen Aussagen von der Stichprobenverteilung auf die Grundgesamtheit (Population) generalisieren (siehe Abschn. 11.5), erfordert dies den Einsatz der Inferenzstatistik (siehe Abschn. 12.2).

10.4 Zusammenhangsanalysen

10.4.1 Korrelationsanalysen

Auf der Suche nach einer Erklärung für vorliegende Sachverhalte besteht der erste Schritt häufig darin, dass man nach einem Zusammenhang zwischen unterschiedlichen Gegebenheiten oder Merkmalen sucht. So könnte man sich etwa fragen, ob es einen Zusammenhang zwischen Arbeitsleistung und anderen Kenngrößen des Produktionsbereiches eines Unternehmens gibt. Ein Bespiel könnte der Zusammenhang zwischen der Arbeitsleistung der Mitarbeiter und dem Modernisierungsgrad der Maschinen sein.

Solche Fragen nach dem Zusammenhang zwischen zwei oder mehreren Merkmalen sucht man durch Korrelationsstudien zu beantworten. Allgemein gesprochen möchte man feststellen, in welchem Grad und in welcher Richtung eine lineare Beziehung zwischen zwei (oder mehr) Variablen besteht. Als „Variable" bezeichnet man ein Merkmal, wenn sich unterschiedliche Ausprägungen unterscheiden lassen (vgl. Abschn. 5.2). Im Beispiel könnte man die unterschiedlichen Ausprägungen der „Arbeitsleistung" durch das Produktivitätsmaß „Stückzahl pro Zeiteinheit" und die unterschiedlichen Ausprägungen des Modernisierungsgrads durch die „Höhe der Ersatzinvestitionen" quantifizieren.

Um die Richtung und den Grad der Beziehung zwischen zwei Variablen auszudrücken, ermittelt man in Korrelationsstudien mithilfe statistischer Verfahren einen numerischen Wert, der als **Korrelationskoeffizient** *(r)* bezeichnet wird. Der empirisch ermittelte Korrelationskoeffizient kann alle Werte zwischen -1 und $+1$ annehmen. Die Abb. 10.2, 10.3, 10.4 und 10.5 zeigen Beispiele für verschiedene Formen korrelativer Zusammenhänge.

Ein (hinreichend von 0 verschiedener) positiver Wert besagt, dass die beiden Variablen in gleichsinniger Beziehung zueinander stehen: Je höher der Wert in der einen Variable, desto höher der Wert in der anderen. In unserem Beispiel würde dies heißen, dass die Arbeitsleistung umso höher ist, je stärker der Grad der Modernisierung ist (vgl. Abb. 10.2; jeder Punkt repräsentiert zwei Werte pro Betrieb: Höhe der Ersatzinvestitionen (x) und Stückzahl pro Schicht (y), die Gerade zeigt den linearen Trend).

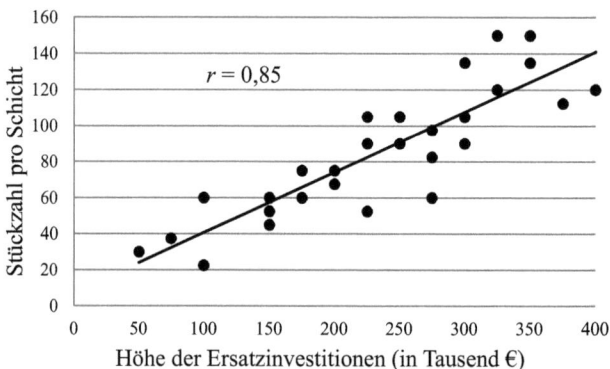

Abb. 10.2 Zusammenhang zwischen Modernisierungsgrad (Höhe der Ersatzinvestitionen) und Arbeitsleistung (Stückzahl pro Schicht) in 30 Betrieben (fiktive Daten). Jeder Punkt repräsentiert zwei Werte pro Betrieb: Höhe der Ersatzinvestitionen (x) und Stückzahl proSchicht (y), die Gerade zeigt den linearen Trend.

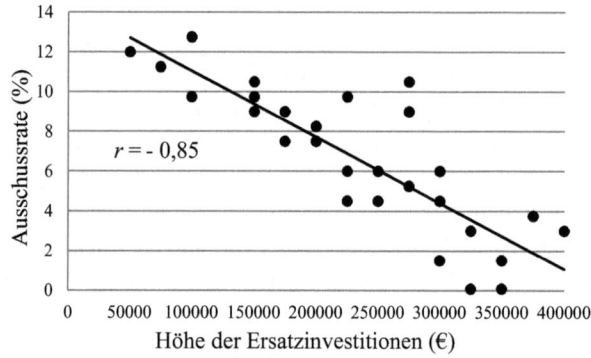

Abb. 10.3 Zusammenhang zwischen Modernisierungsgrad (Höhe der Ersatzinvestitionen) und Arbeitsleistung (Ausschussrate in %) in 30 Betrieben (fiktive Daten). Jeder Punkt repräsentiert zwei Werte pro Betrieb: Höhe der Ersatzinvestitionen (x) und Ausschussratein %(y). Die Gerade zeigt den linearen Trend

Ein (hinreichend von 0 verschiedener) negativer Wert bedeutet, dass ein gegenläufiger Zusammenhang zwischen den beiden Variablen besteht: je höher der Wert in der einen Variablen, desto niedriger der Wert in der anderen.

Damit in obigem Beispiel eine solche negative Beziehung plausibel wird, wird es ein bisschen abgewandelt. Ein negativer Korrelationskoeffizient könnte sich beispielsweise dann ergeben, wenn man den Zusammenhang zwischen der Ausschussrate der produzierten Teile und dem Modernisierungsgrad der Maschinen ermittelt hätte. Je höher also die Ausgaben für Ersatzinvestitionen sind, desto geringer ist die Ausschussrate (vgl. Abb. 10.3; jeder Punkt repräsentiert zwei Werte pro Betrieb: Höhe der Ersatzinvestitionen (x) und Ausschussrate in % (y), die Gerade zeigt den linearen Trend).

10.4 Zusammenhangsanalysen

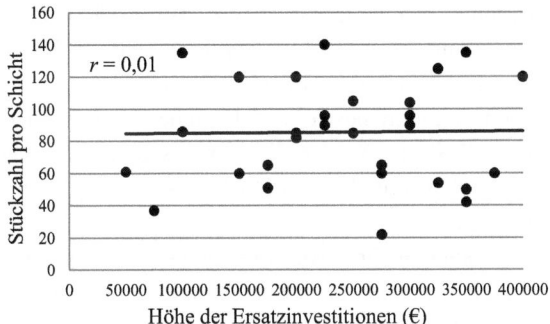

Abb. 10.4 Zusammenhang zwischen Modernisierungsgrad (Höhe der Ersatzinvestitionen) und Arbeitsleistung (Ausschussrate in %) in 30 Betrieben (fiktive Daten). Jeder Punkt repräsentiert zwei Werte pro Betrieb: Höhe der Ersatzinvestitionen (x) und Ausschussrate in % (y)

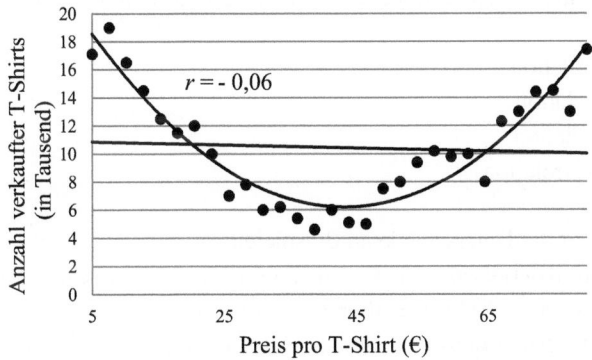

Abb. 10.5 Zusammenhang zwischen Höhe des Preises pro T-Shirt in € und Absatzmenge (Anzahl verkaufter T-Shirts in Tausend) in einer Textilfirma (fiktive Daten). Jeder Punkt repräsentiert zwei Werte: Preis pro T-Shirt (x) Anzahl verkaufter T-Shirts in Tausend (y). Die Gerade zeigt den linearen, die Kurve den parabolischen Trend.

Weist der Korrelationskoeffizient einen Wert von 0 (bzw. nahe 0) auf, heißt dies, dass keine Beziehung zwischen den beiden Variablen besteht (vgl. Abb. 10.4; jeder Punkt repräsentiert zwei Werte pro Betrieb: Höhe der Ersatzinvestitionen (x) und Ausschussrate in % (y)).

Es sollte allerdings nicht übersehen werden, dass sich manchmal hinter einer Nullkorrelation ein nicht-linearer Zusammenhang verbergen kann.

Betrachten wir als Beispiel eine Textilfirma, die den Zusammenhang zwischen der Höhe des Verkaufspreises und der Absatzmenge ihrer produzierten T-Shirts ermitteln will. Die Berechnung der Korrelation ergäbe für den Korrelationskoeffizienten einen Wert von nahe 0. Die graphische Inspektion der Punkteverteilung lässt aber dennoch einen Zusammenhang vermuten, der aber in diesem Fall keinen linearen, sondern einen

U-förmigen oder parabolischen Verlauf aufweist. Abb. 10.5 (jeder Punkt repräsentiert zwei Werte: Preis pro T-Shirt (x) Anzahl verkaufter T-Shirts in Tausend (y), die Gerade zeigt den linearen, die Kurve den parabolischen Trend) illustriert den Zusammenhang. Der Kurvenverlauf könnte möglicherweise dahingehend interpretiert werden, dass im Niedrigpreisbereich ein T-Shirt von den Kunden als umso „preisgünstiger" empfunden wird, je billiger es ist, während es im Hochpreisbereich als umso „trendiger" eingeschätzt wird, je teurer es ist.

Korrelationsanalysen sind in ihrer Anwendung nicht auf quantitativ erfassbare Variablen beschränkt, sondern können auch bei Variablen vorgenommen werden, die nur qualitative Ausprägungsstufen aufweisen (beispielsweise Geschlecht). Man spricht dann von **„Kontingenzanalysen"**. Der berechnete Koeffizient wird dann als **„Kontingenzkoeffizient"** bezeichnet. Ein Beispiel wäre die Höhe des Zusammenhanges zwischen Geschlecht (männlich/weiblich) und Eignung zum Wirtschaftsstudium (ja/nein).

In Abhängigkeit von der Anzahl der untersuchten Variablen und der Art der Betrachtungsweise lassen sich verschiedene Formen der Korrelation unterscheiden:

- bivariate Korrelation
- partielle Korrelation
- multiple Korrelation
- kanonische Korrelation

Tab. 10.3 illustriert die Unterschiede an Beispielen.

Eine **bivariate Korrelation** drückt den Zusammenhang zwischen zwei Variablen aus. Sie kann auch als „einfache" Korrelation bezeichnet werden.

Eine **partielle Korrelation** dient der Ausschaltung der Korrelation einer Drittvariablen bei der Berechnung einer bivariaten Korrelation. Oft kommt es vor, dass man bei einer bivariaten Korrelation eine weitere Variable, von der man weiß, dass sie auch mit einer der beiden untersuchten Variablen zusammenhängt, aus der Betrachtung ausschließen möchte. Beispielsweise möchte man bei der Berechnung der Korrelation zwischen der Höhe des Gehaltes und der Arbeitsleistung den Alterseffekt ausschalten. Dies kann durch Berechnung einer partiellen Korrelation geschehen. Eine partielle Korrelation beschreibt also den Zusammenhang zwischen zwei Variablen unter Ausschaltung bzw. statistischer Kontrolle einer dritten Variablen. Hierbei werden die Korrelationen der dritten Variablen mit den beiden interessierenden Variablen „herauspartialisiert".

Eine **multiple Korrelation** beschreibt den Zusammenhang zwischen einer Variablen und zwei oder mehreren anderen Variablen.

Eine **kanonische Korrelation** beschreibt den Zusammenhang zwischen zwei Gruppen von Variablen.

Zu beachten ist, dass eine Korrelation auf einen Zusammenhang zwischen zwei (oder mehr) Größen hinweist, aber keine Aussage über Ursache und Wirkung macht. So weist das Vorliegen einer Korrelation zwischen den beiden Größen A und B auf ein gemeinsames Auftreten hin, sagt aber noch nichts über gegenseitige Abhängigkeiten aus.

10.4 Zusammenhangsanalysen

Tab. 10.3 Beispiele für eine bivariate, eine partielle, eine multiple und eine kanonische Korrelation

Art der Korrelation	Definition	Beispiel	Operationalisierung der Variablen
Bivariate (einfache) Korrelation	Zusammenhang zwischen zwei Variablen	Zusammenhang zwischen Arbeitsleistung der Mitarbeiter und Modernisierungsgrad der Maschinen	Arbeitsleistung: Stückzahl pro Zeiteinheit Modernisierungsgrad: Höhe der Ersatzinvestitionen
Partielle Korrelation	Zusammenhang zwischen zwei Variablen unter Ausschaltung einer dritten Variablen	Zusammenhang zwischen Arbeitsleistung der Mitarbeiter und Modernisierungsgrad der Maschinen unter Ausschaltung der Weiterbildungsinvestitionen	Weiterbildungsinvestitionen: Anzahl der Fortbildungstage
Multiple Korrelation	Zusammenhang zwischen einer Variablen und zwei oder mehreren anderen Variablen	Zusammenhang zwischen Arbeitsleistung der Mitarbeiter einerseits und Modernisierungsgrad, Weiterbildungsinvestitionen und Komplexität der Produkte andererseits	Komplexität der Produkte: Anzahl der Baugruppen
Kanonische Korrelation	Zusammenhang zwischen zwei Gruppen von Variablen	Zusammenhang zwischen Arbeitsleistung und Teamfähigkeit der Mitarbeiter einerseits und Modernisierungsgrad, Weiterbildungsinvestitionen und Komplexität der Produkte andererseits	Teamfähigkeit: Einschätzung durch den Vorgesetzten auf einer Skala von 1 („niedrig") bis 10 („hoch")

Verschiedene Möglichkeiten sind denkbar: A kann die Ursache von B sein, B kann die Ursache von A sein oder A und B werden von einer (oder mehr) dritten Ursache(n) C hervorgerufen. Findet man also beispielsweise einen korrelativen Zusammenhang zwischen Arbeitsleistung und Modernisierungsgrad, so kann sowohl die Arbeitsleistung die Ursache für die Modernisierung als auch die Modernisierung die Ursache für die Arbeitsleistung sein und weiterhin können sowohl Arbeitsleistung als auch Modernisierung von einer dritten Ursache wie etwa dem Betriebsklima hervorgerufen werden.

10.4.2 Faktorenanalyse

Eine Weiterführung der multiplen Korrelationsrechnung stellt die Faktorenanalyse dar. Ziel der Faktorenanalyse ist es, mehrere Variablen mit ähnlichem Inhalt zu einer Variablen höherer Ordnung, zu einem sogenannten **Faktor,** zusammenzufassen. Damit lässt sich eine größere Anzahl von Variablen auf wenige Variablengruppen reduzieren. Die Variablen innerhalb derselben Gruppe, also innerhalb eines Faktors, sollen dabei hoch (entweder positiv oder negativ) miteinander korrelieren, während sie mit den Variablen der anderen Faktoren nur geringfügig oder gar nicht korrelieren sollen. Im Idealfall liefert die Faktorenanalyse wenige, wechselseitig voneinander unabhängige, so genannte **orthogonale** Faktoren, die auch als „**Dimensionen**" bezeichnet werden.

Unterschieden wird zwischen einer **explorativen** und einer **konfirmatorischen** Faktorenanalyse. Erstere wird dann durchgeführt, wenn Anzahl und Struktur der Faktoren noch nicht bekannt ist, letztere dient der Überprüfung einer bereits empirisch ermittelten oder a priori angenommenen Faktorenstruktur.

Die Faktorenanalyse wird in der Betriebswirtschaftslehre hauptsächlich im Bereich des Marketing angewandt, vor allem im Rahmen von Fragebogenuntersuchungen. Beispielsweise könnte die Anwendung der Faktorenanalyse dazu führen, die Fragen eines Fragebogens zur Einstellung zum Kauf von Bio-Lebensmitteln zu wenigen Faktoren wie etwa „Gesundheit und Fitness", „Verantwortungsbewusstsein" und „Zahlungsbereitschaft" zu verdichten.

Angemerkt werden muss, dass die mittels einer Faktorenanalyse extrahierten Faktoren weder mit den von Gutenberg definierten Produktionsfaktoren (vgl. Abschn. 2.1) noch mit den in einem Experiment (siehe Abschn. 10.5) realisierten Faktoren verwechselt werden dürfen. Letztere werden im Voraus spezifiziert, während die in einer Faktorenanalyse ermittelten Faktoren das empirische Resultat einer Untersuchung sind.

10.4.3 Regressionsanalyse

Die Regressionsanalyse soll eine **Vorhersage** von der Ausprägung einer oder mehrerer Variablen auf die Ausprägung einer anderen Variablen erlauben. Ein Beispiel aus dem Alltagsleben wäre die Vorhersage der Schuhgröße aufgrund der Körpergröße. Während bei der Korrelationsrechnung alle der einbezogenen Variablen denselben Stellenwert haben, muss bei der Regressionsrechnung entschieden werden, welche Variable vorhergesagt werden soll (Variable y) und welche Variablen der Vorhersage dienen sollen (Variablen x). Die vorhergesagte Variable gilt als abhängige Variable und wird als „**Kriterium**" bezeichnet, die zur Vorhersage genutzten Variablen gelten als unabhängige Variablen und werden „**Prädiktoren**" genannt. Im Beispiel aus dem vorherigen Abschnitt könnte man versuchen, die Höhe der Arbeitsleistung (Kriterium) auf der Basis des Modernisierungsgrads (Prädiktor) vorherzusagen, d. h. man betrachtet y als Funktion von x ($y = f(x)$). Im einfachsten Fall lässt sich die Beziehung als lineare Gleichung von

10.4 Zusammenhangsanalysen

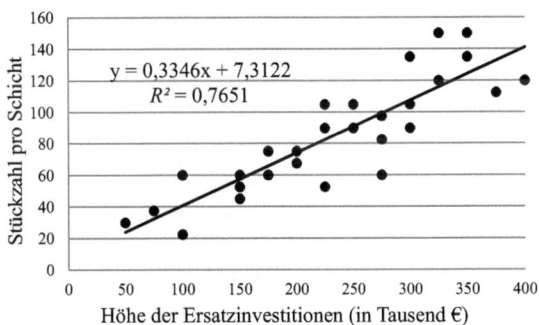

Abb. 10.6 Lineare Regressionsfunktion für Arbeitsleistung (Stückzahl pro Schicht) als Kriterium und Modernisierungsgrad (Höhe der Ersatzinvestitionen) als Prädiktor in 30 Betrieben (fiktive Daten). Jeder Punkt repräsentiert zwei Werte pro Betrieb: Höhe der Ersatzinvestitionen (x) und Stückzahl pro Schicht (y)

der Form $y = a + b * x$ darstellen. a und b sind die sogenannten Regressionskoeffizienten, wobei a den Achsenabschnitt auf der Ordinate und b die Steigung der Geraden bezeichnet. In Abb. 10.6 ist der lineare Trend der Regressionsfunktion eingezeichnet (jeder Punkt repräsentiert zwei Werte pro Betrieb: Höhe der Ersatzinvestitionen (x) und Stückzahl pro Schicht (y)).

Als Maß für die Güte der Anpassung der vorhergesagten y-Werte an die erhaltenen Werte dient der **Determinationskoeffizient** R^2, der auch als „**Bestimmtheitsmaß**" bezeichnet wird. Er kann aus dem Quadrat des Korrelationskoeffizienten berechnet werden und gibt den Anteil der durch die Regressionsfunktion erklärten Variation an der Gesamtvariation der y-Werte an (vgl. Bleymüller, 2012, S. 144 f.). Wie leicht zu sehen ist, kann der Determinationskoeffizient Werte zwischen $R^2 = 0$ (keine Erklärung) und $R^2 = 1$ (vollständige Erklärung) annehmen.

Die Entscheidung darüber, welche Variable als „Kriterium" und welche Variablen als „Prädiktoren" dienen sollen, hängt sowohl vom Untersuchungsziel als auch von der Art der zu untersuchenden Tatbestände ab. Oft ist die Entscheidung durch die zeitliche Reihenfolge der einzelnen Tatbestände vorgegeben. So wäre es in unserem Beispiel nicht sinnvoll, den Modernisierungsgrad als Kriterium zu verwenden, da man davon ausgehen kann, dass die Modernisierung der Arbeitsleistung zeitlich vorausgeht. Zu beachten ist aber, dass bei der Regressionsrechnung „Vorhersage" nicht gleichbedeutend mit „Prognose" ist. Bei der Vorhersage im Sinne der Regressionsrechnung ist es wichtig, dass Kriterium und Prädiktoren an derselben Stichprobe erhoben werden, d. h. alle Variablen müssen an denselben Untersuchungseinheiten gemessen werden. In unserem Beispiel können Betriebe die Untersuchungseinheiten darstellen. Pro Betrieb wäre als Kriterium die durchschnittliche Arbeitsleistung und als Prädiktor der Modernisierungsgrad zu erheben.

Soll der durch die Regressionsanalyse ermittelte Zusammenhang für eine **Prognose** für die generell zu erwartende Arbeitsleistung dienen, muss eine neue Stichprobe

Tab. 10.4 Beispiele für eine bivariate und eine multiple Regression

Art der Korrelation	Definition	Beispiel	Operationalisierung der Variablen
Bivariate (einfache) Regression	Vorhersage des Kriteriums (y) auf der Basis eines Prädiktors (x)	Vorhersage der Arbeitsleistung der Mitarbeiter (Kriterium) auf der Basis des Modernisierungsgrads der Maschinen (Prädiktor)	Arbeitsleistung: Stückzahl pro Schicht Modernisierungsgrad: Höhe der Ersatzinvestitionen
Multiple Regression	Vorhersage des Kriteriums (y) auf der Basis von zwei oder mehreren Prädiktoren (x_1, ..., x_m)	Vorhersage der Arbeitsleistung der Mitarbeiter (Kriterium) auf der Basis des Modernisierungsgrads der Maschinen (Prädiktor x_1) und der Höhe der Weiterbildungsinvestitionen (Prädiktor x_2)	Weiterbildungsinvestitionen: Anzahl der Fortbildungstage

herangezogen werden. Zur Prüfung der Prognosegüte wird der Grad der Übereinstimmung zwischen den aus der Regressionsgleichung der ersten Stichprobe vorhergesagten Werten mit den in der neuen Stichprobe tatsächlich erhaltenen Werten ermittelt.

Ebenso wie bei der Korrelationsrechnung lässt sich bei der Regressionsrechnung zwischen einer bivariaten (einfachen) und einer multiplen (multivariaten) Regression unterscheiden. Bei der **bivariaten** Regression erfolgt die Vorhersage des Kriteriumswertes durch einen einzigen Prädiktor. Bei der **multiplen** Regression verwendet man zwei oder mehrere Prädiktoren, um den Kriteriumswert vorherzusagen. Darüber hinaus erlaubt die multiple Regressionsanalyse, den relativen Beitrag jedes einzelnen Prädiktors zur Vorhersage zu bestimmen. Tab. 10.4 gibt jeweils ein Beispiel für eine bivariate und eine multiple Regression.

10.4.4 Diskriminanzanalyse

Eine spezielle Form der multiplen Regressionsanalyse stellt die Diskriminanzanalyse dar. Mit ihrer Hilfe lässt sich prüfen, ob sich unterschiedliche Untersuchungsgruppen (z. B. Personen oder Objekte) anhand des Ausprägungsmusters bestimmter Variablen statistisch voneinander trennen lassen. Während bei der multiplen Regressionsanalyse der Beitrag der einzelnen Prädiktoren zur Vorhersage des Kriteriums bestimmt wird, bestimmt man bei der Diskriminanzanalyse, welchen Beitrag die einzelnen Prädiktoren zur korrekten **Klassifikation** eines Merkmalsträgers in vorher definierte Gruppen leisten.

10.4 Zusammenhangsanalysen

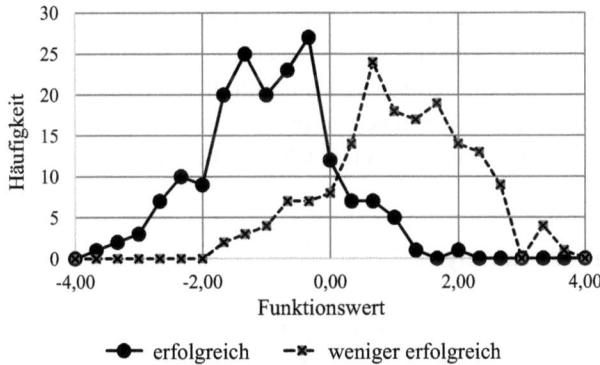

Abb. 10.7 Diskriminanzfunktion für erfolgreiche und weniger erfolgreiche Außendienstmitarbeiter (fiktive Daten)

So kann beispielsweise im Marketingbereich gefragt werden, durch welche Merkmale sich erfolgreiche von weniger erfolgreichen Außendienstmitarbeitern voneinander unterscheiden lassen. Ziel ist die Bestimmung einer sogenannten **Diskriminanzfunktion**, definiert als.

$$y_i = b_1 * x_{1i} + b_2 * x_{2i} + \cdots + b_n * x_{ni}$$

Die Diskriminanzkoeffizienten b_j werden so gewählt, dass die Diskriminanzwerte y_i die Gruppen optimal voneinander trennen. Sie sind Maßzahlen für das Gewicht, das den einzelnen Prädiktoren für die Klassifikation zukommt. In unserem Beispiel könnte etwa b_1 das Gewicht für das Merkmal Extraversion und b_2 das Gewicht für das Merkmal „Kompetenz" anzeigen. Abb. 10.7 zeigt die Häufigkeiten, Mittelwerte und Standardabweichungen für die (fiktiv) erhaltenen Werte der Diskriminanzfunktion.

Zur Prüfung der Validität der Methode kann die Güte der Klassifikation (vgl. Abschn. 7.3.2) herangezogen werden, ausgedrückt durch den Prozentsatz richtiger Zuordnungen zu einer der Gruppen.

10.4.5 Clusteranalyse

Während man bei der Diskriminanzanalyse nach Merkmalen sucht, anhand derer sich vorher definierte Gruppen unterscheiden, sucht man bei der Clusteranalyse Ähnlichkeiten zwischen Objekten oder Personen hinsichtlich bestimmter Merkmale zu entdecken. Einander ähnliche Objekte oder Personen (=Merkmalsträger) bilden dann neue (d. h. vorher nicht bekannte) Gruppen, so genannte **Cluster.** Auf diese Weise können zum Beispiel aus Kundendaten anhand des unterschiedlichen Kaufverhaltens bestimmte Käufergruppen identifiziert werden, die zur Marktsegmentierung dienen. Die Clusteranalyse wird häufig beim sogenannten Data-Mining eingesetzt, bei dem man explorativ nach

Ähnlichkeitsstrukturen in vorhandenen Datenbeständen sucht. Zur Ermittlung der Ähnlichkeitsstruktur dienen verschiedene Distanzmaße, z. B. die euklidische Distanz.

Anschließend an eine Clusteranalyse kann mithilfe einer Diskriminanzanalyse überprüft werden, inwieweit die Merkmale, die für das Clustering verwendet wurden, zu den Unterschieden zwischen den identifizierten Clustern beitragen.

10.4.6 Mehrebenenanalyse

In der betrieblichen Praxis findet man häufig den Fall, dass die einzelnen Prädiktorvariablen auf unterschiedlichen Ebenen anzusetzen sind. Beispielsweise könnte die individuelle Arbeitsleistung eines Mitarbeiters außer von seiner Erfahrung (individuelle Ebene) vom Modernisierungsgrad der Firma (betriebliche Ebene) und vom Standort der Firma (regionale Ebene) abhängig sein. Die multiple Regressionsanalyse kann in diesem Fall hierarchisch als sogenannte Mehrebenenanalyse ausgeführt werden. Die Mehrebenenanalyse erlaubt, den relativen Beitrag der einzelnen Ebenen zur Vorhersage des Kriteriumswertes abzuschätzen. Im Folgenden wird ein fiktives Untersuchungsbeispiel gezeigt.

> **Fiktives Untersuchungsbeispiel einer Mehrebenenanalyse**
> Ziel der Untersuchung soll sein, die individuelle Arbeitsleistung eines Mitarbeiters (Kriterium) aufgrund des Modernisierungsgrades und dem Standort der Firma sowie der betrieblichen Erfahrung des Mitarbeiters (Prädiktoren) mit Hilfe einer mehrstufigen (hierarchischen) Regressionsanalyse (Mehrebenenanalyse) vorherzusagen.
>
> Die Prädiktoren sind auf drei verschiedenen Ebenen anzusetzen:
>
> - *Regionale Ebene:* Standort der Firma (Stadt versus Land)
> - *Betriebliche Ebene:* Modernisierungsgrad der Firma (unterschiedliche Höhe der Ersatzinvestitionen)
> - *Individuelle Ebene:* Erfahrung des Mitarbeiters (unterschiedliche Dauer der Betriebszugehörigkeit)
>
> In die Regressionsanalyse gehen als Prädiktoren der Mittelwert für jeden Standort, der Mittelwert für jede der Stufen des Modernisierungsgrades und der individuelle Wert jeder Person in Bezug auf die Dauer der Betriebszugehörigkeit ein.
>
> Der Beitrag des Prädiktors auf Individualebene ergibt sich aus der Vorhersage der individuellen Arbeitsleistung allein aus der betrieblichen Erfahrung. Als Basis für die Schätzung des Beitrags des Prädiktors auf der betrieblichen Ebene dienen die Mittelwerte der einzelnen Stufen des Modernisierungsgrades. Als Basis für die Schätzung des Beitrags des Standorts als Prädiktor dient der jeweilige Mittelwert für den ländlichen und den städtischen Standort.

10.4 Zusammenhangsanalysen

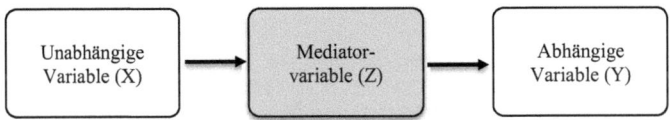

Abb. 10.8 Mediatorvariable

> Als Ergebnis könnte beispielsweise resultieren, dass hohe Erfahrung generell zu einer höheren Arbeitsleistung führt und dieser Effekt durch den Modernisierungsgrad verstärkt wird, aber gleichzeitig ein Standort auf dem Lande zu einer Verringerung der Arbeitsleistung führt. Hier wäre dann ein positiver Effekt auf der Individualebene mit einem negativen Effekt auf der regionalen Ebene verbunden.

In der betriebswirtschaftlichen Forschung werden Mehrebenenanalysen außer zur Hypothesenüberprüfung auch zur Modellbildung mittels Simulationen eingesetzt. Die mittels Simulation (siehe Abschn. 10.8) erstellten Modelle können dann in einem weiteren Schritt an realen Daten auf ihre Gültigkeit hin überprüft werden.

10.4.7 Pfadanalyse

Eine weitere Sonderform der multiplen Regressionsanalyse stellt die Pfadanalyse dar. Mit ihrer Hilfe lassen sich nicht nur – wie in der Regressionsanalyse – direkte Zusammenhänge zwischen Prädiktoren und Kriterium darstellen, sondern es werden auch **indirekte Beziehungen** zwischen Prädiktoren und Kriterium ermittelt.

Zwar lassen sich streng genommen aus den mithilfe einer Pfadanalyse gefundenen Abhängigkeiten keine Aussagen über kausale Zusammenhänge treffen, doch lässt sich aufgrund theoretischer Vorüberlegungen ein Kausalmodell postulieren, das sich graphisch in einem **Pfaddiagramm** und mathematisch als Satz von Strukturgleichungen in einem **Pfadmodell** darstellen lässt. Die Pfade bilden hypothetische Kausalbeziehungen ab.

Die Kausalbeziehung zwischen unabhängiger und abhängiger Variable kann direkt sein oder – wie im nachfolgenden Beispiel veranschaulicht – indirekt durch eine sogenannte **Mediatorvariable** (vgl. Abb. 10.8) vermittelt.

> **Mediatorvariable**
> Eine *Mediatorvariable* Z ist eine Größe, die einen *vermittelnden* Einfluss zwischen der unabhängigen Variablen X und der abhängigen Variable Y ausübt, d. h. der Einfluss der unabhängigen Variablen X auf die abhängige Variable Y wird durch die Mediatorvariable Z vermittelt.

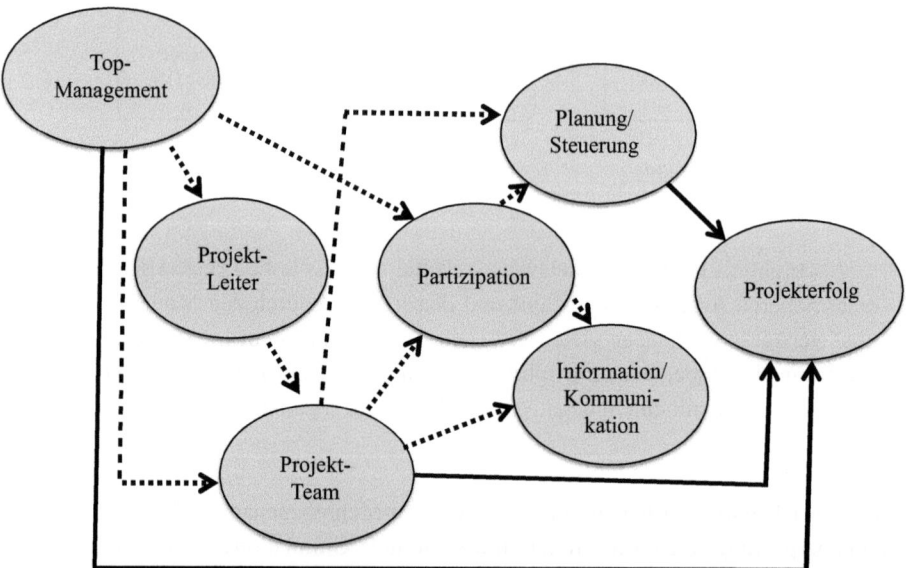

Abb. 10.9 Pfaddiagramm des Einflusses verschiedener Prädiktoren auf den Projekterfolg (vereinfacht). Modifiziert nach Lechler & Gemünden (1998). Die durchgezogenen Linien zeigen direkte Beziehungen zwischen Projekterfolg und Prädiktor, die unterbrochenen Linien zeigen indirekte Beziehungen.

> Beispiel: Der Einfluss des Top-Managements (X) auf den Projekterfolg (Y) wird durch das Projekt-Team (Z) vermittelt.

Mit Hilfe regressionsanalytischer Verfahren wird überprüft, wie gut die empirisch ermittelten Zusammenhänge mit den hypothetischen Kausalbeziehungen des Pfadmodells übereinstimmen. Abb. 10.9 zeigt ein Beispiel für ein Pfaddiagramm in stark vereinfachter Form (unterschieden wird nur zwischen direkten und indirekten Einflussgrößen). Die durchgezogenen Linien zeigen direkte Beziehungen zwischen Projekterfolg und Prädiktor, die unterbrochenen Linien zeigen indirekte Beziehungen.

10.5 Experimentelles und quasi-experimentelles Vorgehen

Beim experimentellen Vorgehen werden bestimmte Bedingungen planmäßig variiert und die dadurch hervorgerufenen Veränderungen systematisch erfasst. Die variierten Bedingungen bilden die „unabhängige Variable", die erfassten Veränderungen bilden die „abhängige Variable". Ein Experiment enthält also zwei Arten von Variablen: die **unabhängige(n) Variable(n),** das sind die Bedingungen, die der Untersucher selbst variiert

10.5 Experimentelles und quasi-experimentelles Vorgehen

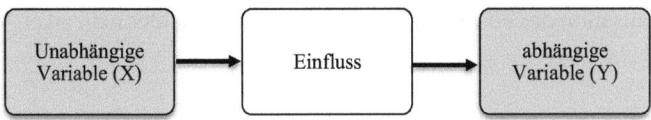

Abb. 10.10 Unabhängige und abhängige Variable

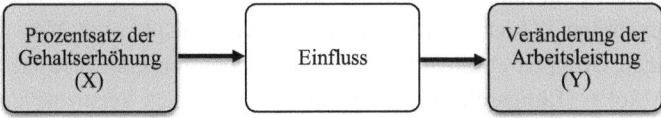

Abb. 10.11 Beispiel für eine unabhängige und eine abhängige Variable

bzw. manipuliert, und die **abhängige(n) Variable(n),** das sind die Reaktionen, die vom Untersucher gemessen werden, und zwar als Funktion der unabhängigen Variablen. Abb. 10.10 und 10.11 veranschaulichen den Unterschied.

> **Unabhängige und abhängige Variablen**
> Beim experimentellen und quasi-experimentellen Ansatz unterscheidet man zwischen *unabhängigen* und *abhängigen* Variablen.
>
> Die unabhängigen Variablen werden vom Forscher durch Manipulation oder Selektion festgelegt. Die abhängigen Variablen hingegen werden nicht durch den Forscher bestimmt. Ihre jeweiligen Ausprägungen ergeben sich in Abhängigkeit von einer bestimmten unabhängigen Variable.
>
> Beispielsweise könnte man das unterschiedliche Ausmaß der Veränderung der Arbeitsleistung (abhängige Variable) in Abhängigkeit vom Prozentsatz der Gehaltserhöhung (unabhängige Variable) untersuchen.

Ziel des experimentellen Vorgehens ist es, Faktoren zu identifizieren, die als Einflussgrößen oder „Antezedenzien" (vgl. Abschn. 8.3.2) für interessierende Zustände oder Verhaltensweisen, fungieren. Nur der experimentelle Ansatz kann den Anspruch erheben, auf empirischem Wege kausale Wirkungszusammenhänge zwischen den unabhängigen und den abhängigen Variablen aufzudecken.

Daher richtet sich das Augenmerk nicht nur auf die adäquate Messung der abhängigen Variablen, sondern darüber hinaus auf die adäquate Variation der vorausgehenden Bedingungen, also der unabhängigen Variablen. Hierbei werden sogenannte experimentelle Faktoren gebildet, deren einzelne Ausprägungen als **„Stufen"** bezeichnet werden. Ein solcher experimenteller Faktor könnte beispielsweise das Ausmaß der Gehaltserhöhung sein, drei unterschiedliche Stufen könnten durch die Ausprägungen 0 %, 10 % und 20 % gebildet werden.

Bei der Realisation der einzelnen Faktorstufen unterscheidet man zwei Arten von Versuchsplänen:

- Versuchsplan mit unabhängigen Gruppen
- Versuchsplan mit Messwiederholung bzw. Versuchsplan mit abhängigen Gruppen

Bei einem Versuchsplan mit unabhängigen Gruppen wird jeder Faktorstufe jeweils eine Stichprobe zugeordnet (**Querschnittsdesign**). Bei Versuchsplan mit Messwiederholung bzw. abhängigen Gruppen erfährt die Gesamtstichprobe die einzelnen Bedingungen in sukzessiver Abfolge (**Längsschnittdesign**). Der Vorteil eines Versuchsplans mit Messwiederholung besteht darin, dass die interindividuell unterschiedlichen Ausgangslagen statistisch eliminiert werden. Voraussetzung für die Anwendung dieser Vorgehensweise ist selbstverständlich, dass keine Lern- bzw. Transfereffekte auftreten bzw. dass diese kontrolliert werden können (z. B. durch Variation der Reihenfolge der einzelnen Stufen). Der folgende Kasten zeigt ein fiktives Beispiel für die unterschiedliche Realisation eines experimentellen Faktors aus der Marktforschung.

Fiktives Beispiel aus der Marktforschung für die unterschiedliche Realisation eines experimentellen Faktors

Fragestellung: „Verkaufen sich Produkte besser durch aufreizende Werbeanzeigen?"

Unabhängige Variable (experimenteller Faktor): Art der Werbeanzeige
Abhängige Variable: Einstellung zum Kauf des Produkts

Zwei Stufen der unabhängigen Variablen:

- Stufe 1: neutrale Werbeanzeigen
- Stufe 2: Werbeanzeigen mit aufreizendem Hingucker

Versuchsplan mit unabhängigen Gruppen:
Die Gesamtstichprobe wird nach dem Zufallsprinzip in zwei Gruppen aufgeteilt. Einer der beiden Gruppen (Kontrollgruppe) werden neutrale Werbeanzeigen dargeboten, die andere Gruppe (Experimentalgruppe) erhält aufreizende Werbeanzeigen. Allen Versuchsteilnehmern werden dieselben Produkte dargeboten; die Teilnehmer der Kontrollgruppe erhalten alle Produkte mit neutralen Werbeanzeigen, die Teilnehmer der Experimentalgruppe alle Produkte mit aufreizender Werbung (vgl. Tab. 10.5).

Versuchsplan mit Messwiederholung:
Alle Probanden erhalten sowohl neutrale als auch aufreizende Werbeanzeigen. Zur Vermeidung von Transfereffekten werden die dargebotenen Produkte über die einzelnen Bedingungen (Stufen der unabhängigen Variablen) ausbalanciert, sodass keiner der Versuchsteilnehmer dasselbe Produkt zweimal sieht (vgl. Tab. 10.6).

10.5 Experimentelles und quasi-experimentelles Vorgehen

Tab. 10.5 Versuchsplan mit unabhängigen Gruppen

	Versuchsteilnehmer	Dargebotene Produkte (P)
Kontrollgruppe (K): Neutrale Werbeanzeigen	$K_1, \ldots, K_n$	$P_1, \ldots, P_m$
Versuchsgruppe (E): Aufreizende Werbeanzeigen	$E_1, \ldots, E_n$	$P_1, \ldots, P_m$

Tab. 10.6 Versuchsplan mit Messwiederholung

Versuchsteilnehmer (T)	Neutrale Werbeanzeigen	Aufreizende Werbeanzeigen
T_1	$P_1, P_3, P_5, \ldots, P_{m-1}$	$P_2, P_4, P_6, \ldots, P_m$
T_2	$P_2, P_4, P_6, \ldots, P_m$	$P_1, P_3, P_5, \ldots, P_{m-1}$
T_3	$P_1, P_3, P_5, \ldots, P_{m-1}$	$P_2, P_4, P_6, \ldots, P_m$
T_4	$P_2, P_4, P_6, \ldots, P_m$	$P_1, P_3, P_5, \ldots, P_{m-1}$
…	…	…
…	…	…
T_n	$P_2, P_4, P_6, \ldots, P_m$	$P_1, P_3, P_5, \ldots, P_{m-1}$

Kommen zwei oder mehr experimentelle Faktoren zum Einsatz, kann auch ein **gemischter** Versuchsplan realisiert werden, der sowohl unabhängige als auch abhängige Gruppen enthält.

Die Elemente oder Einheiten, die die jeweilige Stichprobe bilden, können verschieden sein: Es kann sich beispielsweise um Personen („Versuchsteilnehmer" oder „Probanden"), Personengruppen, Abteilungen oder Betriebe handeln.

Ein klassisches Beispiel für Realisation eines Versuchsplans mit unabhängigen Gruppen ist die Bildung von einer **Experimentalgruppe** und einer **Kontrollgruppe**. Die beiden Gruppen können als Realisation des zweistufigen Faktors „Behandlung" *(treatment)* aufgefasst werden. In obigem Beispiel könnte die Experimentalgruppe eine 10 %ige Lohnerhöhung erhalten, während die Kontrollgruppe keine Lohnerhöhung erhielte. Um der unterschiedlichen Ausgangslage der untersuchten Einheiten (z. B. Probanden) Rechnung zu tragen, erfolgt die Zuordnung jeder einzelnen Einheit zu einer der Faktorstufen im Idealfall nach dem Zufallsprinzip.

Ein klassisches Beispiel für die Realisation eines Versuchsplans mit Messwiederholung ist ein sogenannter **Vorher-Nachher**-Versuchsplan, bei dem die Wirksamkeit einer betrieblichen Maßnahme überprüft bzw. evaluiert werden soll. Hier wird eine Messung der abhängigen Variable zu zwei Zeitpunkten vorgenommen: die erste Messung vor der Anwendung der Maßnahme, die zweite Messung nach Anwendung der Maßnahme.

Die interne Validität eines Experiments (vgl. Abschn. 9.4.2) bemisst sich danach, wie gut sich auftretende Unterschiede in der abhängigen Variablen kausal auf die Variation der unabhängigen Variable zurückführen lassen. Gefährdet wird die interne Validität vor allem durch den potenziellen Einfluss von Störfaktoren. Zwei solcher Störfaktoren sollen beispielhaft betrachtet werden. Die Betrachtung bezieht sich zum einen auf den Vorher-Nachher-Versuchsplan, zum anderen auf einen Versuchsplan mit einer Experimental- und einer Kontrollgruppe.

Die interne Validität eines Experiments mit einem Vorher-Nachher-Versuchsplan kann dadurch beeinträchtigt werden, dass außer der zu prüfenden Maßnahme auch externe Einflüsse zwischen den beiden Messzeitpunkten wirksam werden. Soll beispielsweise eine Trainingsmaßnahme im Hinblick auf eine Erhöhung der Arbeitsleistung evaluiert werden, ist nicht auszuschließen, dass sich die Arbeitsleistung durch die Veränderung externer Zustände – wie etwa die Einführung eines gesetzlichen Mindestlohns – erhöht hat. Kontrolliert werden kann dieser Störeinfluss entweder durch die Einbeziehung von mehr als zwei Messzeitpunkten oder durch die Einbeziehung einer Kontrollgruppe, die einer anderen als der zu prüfenden Maßnahme ausgesetzt wird.

Die interne Validität eines Experiments mit einer Experimentalgruppe und einer Kontrollgruppe kann durch den „Hawthorne"-Effekt, benannt nach einer Untersuchung in den 1920er-Jahren in den Hawthorne-Werken der Western Electric Company, beeinträchtigt werden (veranschaulicht im nachfolgenden Kasten). Der Hawthorne-Effekt tritt auf, wenn Versuchsteilnehmer allein durch die Tatsache, dass sie unter Beobachtung stehen, ihr natürliches Verhalten ändern. Kontrollieren lässt sich dieser Störeinfluss dadurch, dass die als „Kontrollgruppe" definierte Gruppe ebenfalls eine „Behandlung" erfährt. Sollte beispielsweise die Wirkung eines Sozialtrainings auf das betriebliche Sozialverhalten überprüft werden, könnte die Kontrollgruppe ein Computertraining erhalten.

Die Hawthorne-Experimente
Zwischen 1924 und 1932 wurde in der Hawthorne-Fabrik der Western Electric Company in Chicago (USA) im Auftrag des National Research Council und der amerikanischen Elektrizitätsindustrie eine Reihe von Experimenten durchgeführt, um die Auswirkungen unterschiedlicher Arbeitsbedingungen wie beispielsweise Beleuchtung, Arbeitsrhythmus und Arbeitsorganisation auf das Arbeitsergebnis bei der Relaisherstellung zu prüfen (vgl. Roethlisberger et al., 1966).

In einem Experiment zum Einfluss der Lichtverhältnisse wurde die Beleuchtungsintensität als unabhängige Variable systematisch variiert und die Veränderung der Arbeitsleistung als abhängige Variable gemessen. Das unerwartete Ergebnis war, dass sich die Arbeitsleistung bei allen Versuchsgruppen erhöht hatte – unabhängig von der Beleuchtungsintensität. Daraus wurde geschlossen, dass allein die Anwesenheit der Forscher und das Bewusstsein der Arbeiterinnen, Teil eines Versuchs zu sein und beobachtet zu werden, die Leistungssteigerung hervorrief. Nach eigenen Aussagen der Arbeiterinnen fühlten diese durch die erfahrene Beachtung der Forscher ihre Arbeit stärker gewürdigt und führte infolgedessen zur Steigerung ihrer Arbeitsleistung.

10.5 Experimentelles und quasi-experimentelles Vorgehen

Neben der unabhängigen und der abhängigen Variablen müssen in einem Experiment oft noch andere Variablen berücksichtigt werden, die für die Fragestellung selbst nicht bedeutsam sind, die aber einen störenden Einfluss auf die Ergebnisse haben können. Beispielsweise könnte in dem oben aufgeführten Experiment zur Wirkung von Werbeanzeigen das unterschiedliche Alter der Versuchspersonen die interne Validität des Experiments vermindern. Zur Neutralisierung ihres Einflusses können solche Variablen in Form von **Kontrollvariablen** in das experimentelle Design aufgenommen werden.

Die experimentelle Methode beschränkt sich nicht auf Laboruntersuchungen, sondern lässt sich in so genannten **Feldexperimenten** auch in natürlichen Umgebungen anwenden. Während in Laborexperimenten Störeinflüsse weitgehend ausgeschaltet werden können, sind sie in Feldexperimenten nur sehr eingeschränkt kontrollierbar, vor allem deshalb, weil man die möglichen Störeinflüsse gar nicht alle kennt.

Feldexperimentelle Untersuchungen haben jedoch gegenüber Laboruntersuchungen den Vorteil, dass sich die erhaltenen Ergebnisse leichter auf reale Lebenssituationen übertragen lassen, d. h. ihre Generalisierbarkeit bzw. externe Validität (vgl. Abschn. 9.4.2) ist höher.

Erfolgreich in der betriebswirtschaftlichen Forschung eingesetzt wird die experimentelle Vorgehensweise vor allem im Bereich der Entscheidungsforschung („Behavioral Finance"; vgl. Jungermann et al., 2005, S. 348 f.) sowie in abgeschwächter Form in der Marktforschung bei der Untersuchung von „Testdörfern" oder „Testhaushalten" (vgl. Maurer, 2004). Im Bereich des Behavioral Finance wird reales menschliches Entscheidungsverhalten untersucht. Als wesentliche Erkenntnis hat sich hierbei herausgestellt, dass Menschen bei ihren Entscheidungen nicht dem rationalen Prinzip des „homo oeconomicus" (vgl. Abschn. 2.1) folgen, sondern systematischen Denkfehlern, so genannten „cognitive biases", unterliegen. Die sogenannte **„prospect theory"** (Kahneman & Tverski, 1979) liefert kausale Erklärungen für Fehlentscheidungen.

Ein Beispiel für ein feldexperimentelles Vorgehen stellen Untersuchungen mit **Testdörfern** dar, die von großen Konsumforschungsinstituten ausgeführt werden. In den Testdörfern kommen experimentelle Faktoren zum Einsatz, indem beispielsweise Höhe der Preise, Beschaffenheit der Produkte und Art der Werbung (als unabhängige Variablen) experimentell variiert werden und die Auswirkungen auf das Konsumentenverhalten (abhängige Variable) geprüft werden.

Das feldexperimentelle Vorgehen kann auch zur **Evaluierung** von betrieblichen Maßnahmen (z. B. Trainingsprogrammen) genutzt werden. Ziel ist die Prüfung der Wirksamkeit der eingesetzten Maßnahmen. Die eingesetzten Maßnahmen bilden zusammen mit geeigneten Vergleichs- bzw. Kontrollmaßnahmen die unabhängige Variable. Häufig wird die Probandengruppe, die die Trainingsmaßnahmen durchläuft, als Experimentalgruppe, und die Probandengruppe, die die Vergleichs- bzw. Kontrollmaßnahmen durchläuft, als Kontrollgruppe bezeichnet. Als „experimentell" darf das Vorgehen nur dann gelten, wenn die Zuordnung der Probanden zur Experimental- bzw. zur Kontrollgruppe nach dem Zufallsprinzip vorgenommen wird, was in realen Evaluationsstudien aus pragmatischen Gründen allerdings selten der Fall ist.

Insgesamt ist der Einsatz der experimentellen Vorgehensweise in der Betriebswirtschaftslehre nur sehr eingeschränkt möglich. Im Wesentlichen sind es zwei Beschränkungen, denen das experimentelle Vorgehen in der betriebswirtschaftlichen Forschung ausgesetzt ist. Zum einen ist eine Zufallszuordnung von Untersuchungseinheiten zu den einzelnen Bedingungen oft aus praktischen, finanziellen oder ethischen Erwägungen nicht realisierbar. Zum anderen gibt es unabhängige Variablen, die grundsätzlich nicht manipuliert werden können. Solche Variablen können Personenmerkmale wie beispielsweise Alter, Geschlecht, Berufserfahrung oder Stellung in der Firmenhierarchie sein, oder es können Unternehmensmerkmale wie Größe, Rechtsform oder Branche sein. Es handelt sich um sogenannte **organismische Variablen**, deren Ausprägung vom Untersucher nicht planmäßig manipuliert werden kann (vgl. den folgenden Kasten). Die einzelnen Untersuchungseinheiten (Personen oder Betriebe) können lediglich nach ihrer – unabhängig von der Untersuchung bestehenden – Zugehörigkeit zu einer bestimmten Faktorstufe ausgewählt werden. Das Problem dieser „natürlichen" Zugehörigkeit ist, dass sie in aller Regel mit anderen Merkmalen bzw. Merkmalsausprägungen kovariiert. Beispielsweise sind Alter und Geschlecht untrennbar mit bestimmten Lebensläufen verknüpft, und bestimmte Unternehmenstypen können mit bestimmten Menschentypen verbunden sein. Der Versuchsplan erlaubt daher nicht, auftretende Unterschiede in der abhängigen Variablen kausal auf die Variation der untersuchten unabhängigen Variablen zurückzuführen. Eine kausale Interpretation lässt sich allenfalls durch theoretische Überlegungen rechtfertigen. Es handelt sich bei solchen Untersuchungen nicht um echte Experimente, sondern nur um **Quasi-Experimente.**

Organismische Variablen

In einem quasi-experimentellen Versuchsplan gibt es unabhängige Variablen, die grundsätzlich nicht manipuliert werden können. Hierzu gehören „natürliche" Merkmale von Personen oder Organisationen. Sie werden als „organismische Variablen" bezeichnet. Beispiele sind Alter, Geschlecht oder Ausbildungsstand von Personen und Größe, Rechtsform oder Branche von Unternehmen. Die Ausprägung dieser Merkmale kann vom Forscher nicht willkürlich zugeordnet werden, da unabhängig vom Experiment eine natürliche Zugehörigkeit des Organismus zu einer Ausprägungsstufe der unabhängigen Variable besteht. Die einzelnen Untersuchungseinheiten (z. B. Personen oder Unternehmen) können lediglich entsprechend ihrer natürlichen Zugehörigkeit ausgewählt werden.

Das Problem der natürlichen Zugehörigkeit ist, dass diese in aller Regel mit anderen Merkmalen bzw. Merkmalsausprägungen verknüpft ist. Beispielsweise sind Alter und Geschlecht untrennbar mit bestimmten Lebensläufen verbunden, und bestimmte Unternehmenstypen können bestimmte Menschentypen anziehen. Der Versuchsplan erlaubt daher nicht, auftretende Unterschiede in der abhängigen Variablen kausal auf die Variation der untersuchten unabhängigen Variablen zurückzuführen.

Modifiziert nach Helfrich, 2019, S. 31 f.

Zur Auswertung eines experimentellen Versuchsplanes wird häufig die **Varianzanalyse** herangezogen. Mit ihrer Hilfe wird die Wirkung von unabhängigen Variablen (Bedingungen oder Faktoren) auf die Ausprägung der abhängigen Variablen untersucht. Dies geschieht durch den Vergleich der Mittelwerte der abhängigen Variablen zwischen den verschiedenen Bedingungen. Die Bezeichnung „Varianzanalyse" ergibt sich dadurch, dass die einzelnen Varianzen der abhängigen Variablen zerlegt werden in die Varianz *zwischen* den einzelnen Bedingungen und die Varianz *innerhalb* der einzelnen Bedingungen. Die Varianz zwischen den Bedingungen (= erklärte Varianz) misst, wie stark sich die Mittelwerte der einzelnen Bedingungen voneinander unterscheiden, während die Varianz innerhalb der Bedingungen (= nicht erklärte Varianz) misst, wie stark sich die einzelnen Messwerte innerhalb jeder Bedingung voneinander unterscheiden. Die Prüfgröße F gibt dann das Verhältnis der erklärten Varianz zur nicht erklärten Varianz an (vgl. Backhaus et al., 2021, S. 91). Je höher der *F-Wert*, desto stärker ist die Wirkung der Bedingungen.

In Abhängigkeit von der Anzahl unabhängiger und abhängiger Variablen lassen sich verschiedene Typen der Varianzanalyse unterscheiden. Bei der *einfaktoriellen* Varianzanalyse (ANOVA) untersucht man den Einfluss einer einzigen unabhängigen Variablen mit verschieden Stufen auf die Ausprägung der abhängigen Variablen in den verschiedenen Stufen. Als Beispiel kann die Prüfung des Einflusses der Lohnerhöhung auf die Arbeitsleistung dienen. Bei einer *mehrfaktoriellen* (multiplen) Varianzanalyse gibt es mehr als eine unabhängige Variable. Beispielsweise können Lohnerhöhung und Organisationsklima in einer zweifaktoriellen Varianzanalyse als zwei verschiedene unabhängige Variablen dienen. In Abhängigkeit von der Anzahl der abhängigen Variablen unterscheidet man zwischen *univariaten* und *multivariaten* Varianzanalysen (MANOVA). Beispielsweise könnte man Arbeitsleistung und Arbeitszufriedenheit als zwei unterschiedliche abhängige Variablen einbringen.

10.6 Ex-Post-Facto-Versuchsanordnungen

Hinsichtlich der Zielsetzung verwandt mit dem quasi-experimentellen Vorgehen sind Ex-Post-Facto-Versuchsanordnungen. Auch hier wird ein kausaler Zusammenhang zwischen bestimmten vorausgehenden Bedingungen (unabhängigen Variablen) und bestimmten Merkmalsausprägungen (abhängigen Variablen) postuliert. Der Unterschied zum quasi-experimentellen Vorgehen besteht darin, dass keine reale Versuchssituation hergestellt wird, sondern auf der Basis bereits vorliegender Daten nachträglich *(ex-post-facto)* ein dem quasi-experimentellen Vorgehen ähnlicher Versuchsplan „konstruiert" wird. Es handelt sich also um Analysen von **Sekundärdaten,** d. h. von bereits vorliegendem Material (siehe Abschn. 11.2.4). Die Ex-Post-Facto-Analyse kann entweder in Form eines quasi-experimenteller Designs oder in Form von Korrelations- bzw. Regressionsanalysen vorgenommen werden.

10.7 Fallstudien

Fallstudien haben in der Betriebswirtschaftslehre eine lange Tradition. Meist werden sie zu didaktischen Zwecken als Lehrmethode eingesetzt (vgl. Kosiol, 1957) und weisen in dieser Hinsicht Ähnlichkeiten zu den im nächsten Abschnitt beschriebenen „Planspielen" auf, Sie können aber auch als eigenständige Forschungsstrategie genutzt werden und werden dann häufig als **„Feldstudien"** bezeichnet. Feldstudien können sowohl als **Einzelfallstudien** *(case study approach)* als auch an größeren Stichproben realisiert werden.

Ziel von Feldstudien ist es, Phänomene in ihrer natürlichen Umgebung zu erfassen und zu beschreiben. Die Untersuchung kann auch ohne Wissen der „Versuchsteilnehmer" stattfinden und vermeidet damit die Tendenz zur sogenannten Reaktivität, d. h. zu Verhaltensänderungen, die sich durch das Wissen, beobachtet zu werden, ergeben. Die Beschreibungen können auf Verhaltensbeobachtungen oder auf Gesprächsmitschnitten basieren. Die resultierenden Daten sind meist qualitativer Natur (vgl. Abschn. 10.1). Im Unterschied zum Feldexperiment wird bei Feldstudien bewusst auf die Manipulation einer unabhängigen Variablen verzichtet.

Feldstudien können in allen Phasen eines Forschungsprozesses eingesetzt werden. Als Ausgangspunkt eines Forschungsprozesses sind sie vor allem dann geeignet, wenn es sich um ein relativ unbekanntes Forschungsgebiet handelt, bei dem die relevanten Variablen nicht bekannt sind und der Kontext eine wichtige Rolle spielt. Sie dienen dann der Beschreibung der Situation und können darüber hinaus die Bildung von erklärenden Hypothesen anregen. Feldstudien lassen sich aber auch zur Validierung von Forschungsergebnissen nutzen, die auf andere Weise gewonnen wurden. Vor allem gilt dies für Ergebnisse experimenteller Forschung. Geprüft wird dabei, ob und inwieweit sich experimentell gewonnene Erkenntnisse auf natürliche Situationen übertragen lassen – sowohl im Sinne einer Generalisierung als auch im Sinne einer Individualisierung (vgl. Abschn. 3.4 und 9.4.2).

10.8 Simulationsforschung

Sowohl bei experimentellen als auch bei korrelations- bzw. regressionsanalytischen Versuchsanordnungen geht man von hypothetischen Zusammenhängen aus, die theoretisch spezifiziert und empirisch überprüft werden können. Besonders bei komplexen Zusammenhängen ist eine empirische Prüfung oft gar nicht möglich. Es sind nicht nur Zeit- und Kostengründe, die einer empirischen Prüfung entgegenstehen, sondern auch die Tatsache, dass manche der möglichen Ausprägungen von Variablen in der Realität bisher noch gar nicht aufgetreten sind. Eine Möglichkeit zur Lösung des Problems besteht darin, dass man komplexe Zusammenhänge mit unterschiedlichen Variablenausprägungskombinationen „durchspielt" oder „durchrechnet" (vgl. Ott, 1995, S. 255). Die

Leitfrage kann also lauten: „Was passiert, wenn ... eintritt?". In einfacher Form kann ein solches „Durchspielen" oder „Simulieren" als **Planspiel** realisiert werden, bei dem ein oder mehrere Mitspieler versuchen, gedanklich mögliche Konstellationen zu „simulieren". Bei einer Vielzahl von Variablen und einer Vielzahl möglicher Variablenausprägungskombinationen bedient man sich der Simulation mithilfe von **Computerprogrammen.** Die Simulationen bilden mögliche Szenarien als Wenn-Dann-Strukturen in einem **Modell** ab (vgl. Abschn. 7.1).

Entsprechend den Aufgaben einer Realwissenschaft kann das Ziel der Simulation in der Beschreibung, Erklärung und Prognose von Tatbeständen sowie in der Optimierung von Gestaltungsmaßnahmen bestehen.

Je nach Untersuchungsziel fällt die Überprüfung der Gültigkeit des Modells, also die **Validierung,** unterschiedlich aus. Wird die Simulation zur Beschreibung und Erklärung eingesetzt, muss überprüft werden, ob die Ergebnisse der Simulation mit der beobachtbaren Realität kompatibel sind, d. h. die Güte der Übereinstimmung zwischen Modelldaten und realen Daten muss bestimmt werden. Dient die Simulation Prognosezwecken, muss darüber hinaus die Wahrscheinlichkeit des Auftretens bestimmter Ausprägungskombinationen in der Zukunft berücksichtigt werden. Wird sie zur Optimierung von Handlungsabläufen eingesetzt, müssen die abgeleiteten Handlungsmöglichkeiten hinsichtlich ihrer Wirksamkeit und damit ihrer Tauglichkeit überprüft bzw. evaluiert werden. Hierzu müssen externe Kriterien der Wirksamkeit (vgl. Abschn. 9.4) herangezogen werden.

Verschiedene Arten der Simulation lassen sich unterscheiden. Zum einen lassen sich statische von dynamischen Modellen abgrenzen, und zum anderen unterscheidet man zwischen deterministischen und stochastischen Modellen. Tab. 10.7 zeigt die verschiedenen Formen.

Statische Modelle lassen den zeitlichen Verlauf von Ereignissen unberücksichtigt. Betrachtet werden nur Zustände zu einem bestimmten Zeitpunkt. Demgegenüber betrachten **dynamische** Modelle Abläufe bzw. Ereignisse in ihrer zeitlichen Aufeinanderfolge.

Bei **deterministischen** Modellen unterstellt man feste Wenn-Dann-Beziehungen. Dagegen erfolgt bei **stochastischen** (probabilistischen) Modellen die Auswahl der Variablenausprägungen über Zufallszahlen und unter Einbeziehung der Wahrscheinlichkeitsverteilungen der Variablen. Hierzu bedient man sich häufig der sogenannten **Monte-Carlo-Methode.** Die Monte-Carlo-Methode, auch als „Methode der statistischen Versuche" bezeichnet, ahmt Zufallsprozesse nach, indem aus den Verteilungen der Eingangsgrößen Zufallsstichproben gezogen werden, denen jeweils bestimmte Werte zugeordnet werden. Nach Einsatz dieser Werte in das Gesamtmodell ergeben sich bestimmte Werte der abhängigen Variablen. Wird die Zufallsziehung hinreichend oft wiederholt, ergibt sich eine Verteilung der abhängigen Variablen. Bei sehr selten auftretenden Ereignissen (z. B. Schäden durch Versagen eines Atomkraftwerks) wären allerdings sehr viele Zufallsziehungen notwendig, damit das seltene Ereignis überhaupt eintritt. In diesem Falle bietet es sich an, gemäß dem Bayes-Ansatz (vgl. Abschn. 4.4 und

Tab. 10.7 Arten von Simulationsmodellen

	Deterministisch	Stochastisch
Statisch	Betrachtung von festen Wenn-Dann-Beziehungen zu einem bestimmten Zeitpunkt; „Durchrechnen" alternativer Lösungen Beispiel: Deckungsbeitragsrechnung	Betrachtung von zufallsgesteuerten Wenn-Dann-Beziehungen zu einem bestimmten Zeitpunkt unter Einbeziehung der Wahrscheinlichkeit der jeweiligen Ausprägungen Beispiel: Risikoanalyse zu einem gegebenen Zeitpunkt
Dynamisch-diskret	Betrachtung von festen Wenn-Dann-Beziehungen zu unterschiedlichen Zeitpunkten Beispiel: Kapitalwertrechnung	Betrachtung von zufallsgesteuerten Wenn-Dann-Beziehungen zu unterschiedlichen Zeitpunkten unter Einbeziehung der Wahrscheinlichkeit der jeweiligen Ausprägungen Beispiel: Fertigungsabläufe
Dynamisch-kontinuierlich	Betrachtung von festen Wenn-Dann-Beziehungen in ihrem zeitlichen Ablauf mithilfe von Differentialgleichungen Beispiel: Zeitliche Entwicklung einer Wertschöpfungskette	Betrachtung von zufallsgesteuerten Wenn-Dann-Beziehungen in ihrem zeitlichen Ablauf mithilfe von Differentialgleichungen Beispiel: Zinsentwicklungen im längerfristigen Zeitrahmen

8.6) mit bedingten Wahrscheinlichkeiten (Wahrscheinlichkeiten unter der Bedingung des Auftretens des seltenen Ereignisses) zu arbeiten und die Schätzung der Wahrscheinlichkeit der abhängigen Variablen entsprechend zu „korrigieren".

In der aktuellen Forschung der Betriebswirtschaft finden vorwiegend stochastische Modelle mit dynamischem Charakter Anwendung. Beispiele sind Fertigungsabläufe (z. B. bei der Automobilherstellung), Logistikprozesse (z. B. bei Transport und Lagerung) und öffentliche Verkehrssysteme (z. B. Flughäfen). Die Dynamik wird hierbei durch die Aufeinanderfolge diskreter Zustände abgebildet.

Eine Sonderform der Simulation stellen die sogenannten **neuronalen Netze** dar. Ebenso wie Simulationen im Allgemeinen dienen sie der Vorhersage realer Tatbestände. Im Unterschied aber zu den Simulationen im Allgemeinen erheben sie nicht den Anspruch, funktionale Zusammenhänge der Realität nachzubilden (vgl. Abschn. 7.2). Für die Güte eines neuronalen Netzes ist es hinreichend, wenn resultierende Zustände vorhergesagt werden, ohne dass das reale Zustandekommen dieser Zustände abgebildet wird. Ein Beispiel kann die Vorhersage von Aktienkursen sein. Entscheidend ist hierbei, dass die realen Aktienkurse mit den vorhergesagten übereinstimmen, unberücksichtigt bleiben kann die Art des Zustandekommens.

10.9 Zeitreihen-Analysen

Zeitreihen bilden die Entwicklung wirtschaftlicher Merkmale im zeitlichen Verlauf durch Datenpunkte ab. Beispiele sind Aktienkurse, Stückkosten, Umsatzerlöse und Liquidität. Ziel von Zeitreihenanalysen kann die Beschreibung von **Trends,** die Bildung und Überprüfung von Theorien sowie vor allem die Prognose zukünftiger Entwicklungen sein. Erster Schritt einer Zeitreihenanalyse ist die Identifikation eines Verlaufsmusters. Als hilfreich erweist sich dabei die Verdichtung der einzelnen Datenpunkte durch Bildung eines gleitenden Durchschnitts. Der nächste Schritt besteht in der Ableitung geeigneter Kenngrößen. Diese dienen dazu, zufallsbedingte Schwankungen von systematischen Trends abzugrenzen. Bei den systematischen Trends lassen sich kurzfristige Zyklen wie beispielsweise saisonale Schwankungen von langfristigen Verläufen trennen. Zur Bestimmung der Kenngrößen kommen sowohl Methoden der Korrelationsrechnung als auch Methoden der Frequenzenzerlegung zum Einsatz.

Zur Ermittlung kurzfristiger **zyklisch wiederkehrender Verläufe** kann die Berechnung der **Autokorrelationsfunktion** dienen. Hierbei wird die Korrelation jedes Datenpunktes mit den nachfolgenden Datenpunkten mit unterschiedlicher Zeitverzögerung berechnet. Es resultiert jeweils ein Korrelationskoeffizient zwischen dem Wert einer Variablen x zu einem bestimmten Zeitpunkt und dem Wert derselben Variablen in Abhängigkeit von der Anzahl zeitversetzter Intervalle. Die erhaltenen Korrelationskoeffizienten beginnen also mit einem Korrelationskoeffizienten zwischen x_t und x_{t+1} und werden gefolgt einem Korrelationskoeffizienten zwischen x_t und x_{t+2} sowie einem zwischen x_t und x_{t+3} usw. Der Korrelationskoeffizient mit dem höchsten Wert liefert eine Schätzung für die Dauer der zyklisch wiederkehrenden Periode.

Zur Schätzung **langfristiger Trends** kann bei linearem Verlauf der Steigungsparameter der Regressionsgeraden des gleitenden Durchschnitts benutzt werden.

Zur Schätzung der Dauer zyklisch wiederkehrender **Perioden von unterschiedlicher Dauer** können Methoden der Frequenz- bzw. Spektralanalyse herangezogen werden. Die einzelnen Frequenzkomponenten werden hierbei mithilfe der **Fourier-Analyse** in Sinusfunktionen unterschiedlicher Frequenz zerlegt. Die Maxima des resultierenden Spektrums geben Aufschluss über die Dauer der relevanten Perioden.

Oft besteht ein Datenpunkt innerhalb einer Zeitreihe nicht in einem einzigen Zahlenwert, sondern beinhaltet zwei oder mehr Zahlenwerte. Ziel der Zeitreihenanalyse ist in diesen Fällen, den Zusammenhang zwischen zwei oder mehr Variablen in Abhängigkeit von der Zeit zu bestimmen. Ein Beispiel könnte die Untersuchung der **zeitlichen Stabilität** des Zusammenhangs zwischen Aktienkursen und Auftragseingängen ein. Ein anderes Beispiel wäre die Untersuchung der Senkung der Stückkostenhöhe von der Produktionsmengenerhöhung im Verlauf der Zeit. Zur Untersuchung solcher Fragen dienen vor allem multiple Regressionsanalysen.

Sollen die in Zeitreihenanalysen ermittelten Kennwerte zur **Prognose** zukünftiger Entwicklungen eingesetzt werden, umfasst die Prüfung der Gültigkeit (Validität) zwei

Schritte. Der erste Schritt besteht in der Prüfung der Güte der Anpassung der geschätzten Parameter an die vorhandenen Daten (interne Validität des Modells). Hierbei wird geprüft, wie gut die ermittelten Kennwerte die vorhandenen Daten reproduzieren können. Erst bei hinreichender Güte der Anpassung wird im zweiten Schritt geprüft, inwieweit sich mit den ermittelten Kennwerten zukünftige Entwicklungen vorhersagen lassen.

10.10 Panel-Forschung

Eine besondere Form der Zeitreihenanalyse stellt die Panel-Forschung dar. Als „Panel" bezeichnet man eine Stichprobe, die wiederholt zu einer bestimmten Thematik (z. B. Konsumgewohnheiten) untersucht wird. Meist handelt es sich dabei um eine Befragung (vgl. Bortz & Döring, 2006, S. 447). Der Vorteil einer Panel-Untersuchung ist, dass wiederholt auf eine bereits eingerichtete repräsentative Stichprobe zurückgegriffen werden kann. Das Untersuchungsziel kann sowohl im Aufzeigen von Veränderungen als auch in der Prüfung der zeitlichen Stabilität von Kennwerten liegen.

Ein klassisches Beispiel für eine Panel-Forschung ist die Untersuchung von Grunfeld (vgl. Baltagi, 2011) zum Zusammenhang zwischen der Höhe von Bruttoinvestitionen einerseits und dem Börsenwert und dem betrieblichen Kapital einer Firma andererseits im Zeitraum zwischen 1935 und 1954. Grunwald untersuchte 10 Firmen in 20 Zeitperioden und stellte folgende Regressionsgleichung auf:

$$I_{it} = a + b_1 F_{it} + b_2 C_{it} + U_{it,}$$

mit

I_{it} = Höhe der Bruttoinvestition der Firma i zum Zeitpunkt t,
F_{it} = Börsenwert der Firma i zum Zeitpunkt t,
C_{it} = betriebliches Kapital der Firma i zum Zeitpunkt t,
a = Achsenabschnitt auf der Ordinate
b_1 = Regressionskoeffizient für F,
b_2 = Regressionskoeffizient für C und
U_{it} = Fehler.

In der Untersuchung wurde gezeigt, dass die Regressionsgleichung über die Zeit hinweg stabil bleibt.

10.11 Meta-Analysen

Meta-Analysen dienen dem Ziel, mehrere publizierte empirische Einzelstudien statistisch zusammenzufassen. Während ein sogenannter **Review** eine qualitative Würdigung aller Studien zu einer Forschungsfrage beinhaltet, versucht die **Meta-Analyse** auf der Basis der betrachteten Studien eine quantitative Bewertung zu erstellen. Die Ergebnisse der einbezogenen Studien werden zu einem Gesamtbefund integriert und im Hinblick auf die Untersuchungshypothese bewertet. Hierbei wird das Prinzip der Abduktion aufgegriffen und entsprechend dem Grundgedanken von Bayes (vgl. Abschn. 4.4) vorausgegangenes Wissen als Basis für eine nachfolgende Erkenntnis benutzt. Das Hintergrundwissen besteht in den Einzelstudien (Prior-Information), die resultierende Erkenntnis in einer zusammenfassenden Würdigung (Posterior-Information) der Geltung der in Frage stehenden Hypothese. Damit erlaubt die Meta-Analyse eine Aussage über die externe Validität (vgl. Abschn. 9.4.2) der Gesamtheit der einbezogenen Studien.

Ausgangspunkt ist die Überlegung, dass die verschiedenen Einzelstudien häufig ein verwirrendes Bild hinsichtlich einer Forschungsfrage liefern. Viele Ergebnisse von Einzeltests basieren lediglich auf Signifikanztests. Ist das Ergebnis signifikant, wird die Nullhypothese zugunsten der Alternativhypothese verworfen, ist es nicht signifikant, wird die Nullhypothese beibehalten (vgl. Abschn. 6.5.3). Dieses Vorgehen weist jedoch zwei gravierende Schwächen auf.

Die erste Schwäche besteht darin, dass die Signifikanz eines statistischen Tests kein verlässlicher Nachweis für die Geltung der Alternativhypothese ist. Ein signifikantes Ergebnis kann auch durch Zufall zustande kommen, bedingt vor allem durch Zufallseinflüsse bei der Stichprobenauswahl. Es handelt sich hierbei um den sogenannten **Fehler erster Art** (α-Fehler). Umgekehrt ist es – vor allem bei geringem Stichprobenumfang – möglich, dass ein Ergebnis nicht signifikant wird und die Nullhypothese beibehalten wird, obwohl die Alternativhypothese zutreffender wäre. Hierbei handelt es sich dann um den sogenannten **Fehler zweiter Art** (β-Fehler).

Die zweite Schwäche konventioneller Signifikanztests besteht darin, dass ein signifikantes Ergebnis lediglich besagt, dass wahrscheinlich – entsprechend der Alternativhypothese – ein Unterschied bzw. ein Zusammenhang besteht, jedoch wird keine Aussage über die Höhe des Unterschieds bzw. des Zusammenhangs gemacht. Für praktische Zwecke ist aber gerade die Höhe des Unterschieds bzw. Zusammenhangs wichtig: ein sehr kleiner Unterschied mag zwar bei genügend großem Stichprobenumfang signifikant sein, ist aber für die Praxis meistens nutzlos.

Die Meta-Analyse begegnet diesen Schwächen auf zweierlei Weise. Zum einen wird durch die Zusammenfassung von Einzelstichproben ein höherer Gesamtstichprobenumfang gewonnen, und zum anderen dient als Grundlage der Bewertung einer Hypothese nicht die Häufigkeit signifikanter Ergebnisse, sondern das Ausmaß, in dem die Untersuchungshypothese gestützt wurde, die so genannte **Effektstärke**. Die Effektstärke, auch als „Wirkungsausmaß" bezeichnet, ist ein standardisiertes Maß für die Größe des Mittelwertunterschieds zwischen zwei (oder mehr) Stichproben bzw. der Höhe des Zusammenhangs zwischen zwei (oder mehr) Variablen. Durch die Standardisierung lassen sich die in unterschiedlichen Studien ermittelten Ergebnisse auf einen einheitlichen „Nenner" bringen und damit unmittelbar vergleichen. Der folgende Kasten zeigt verschiedene Maße der Effektstärke.

Effektstärke
Die *Effektstärke*, auch als „Wirkungsausmaß" bezeichnet, ist ein standardisiertes Maß für die Größe des Mittelwertsunterschieds zwischen zwei oder mehr Stichproben bzw. für die Stärke des Zusammenhangs zwischen zwei oder mehr Variablen. Die Standardisierung erlaubt, verschiedenartige Untersuchungsergebnisse auf einen einheitlichen „Nenner" zu bringen. Es existieren verschiedene Maße der Effektstärke, hier werden nur zwei der wichtigsten aufgeführt. Sie beziehen sich auf normalverteilte Variablen[1].

Standardisierter Mittelwertsunterschied D nach Cohen (1988):

$D = \frac{M_1 - M_2}{s}$ mit M_1 und M_2 = Mittelwerte und s = Standardabweichung

Bei unterschiedlichen Stichprobengrößen sowie unterschiedlichen Standardabweichungen kann eine gewichtete Standardabweichung berechnet werden.

Das Maß D gibt den Mittelwertsunterschied in Einheiten der Standardabweichung an, es kann zwischen $-\infty$ und $+\infty$ variieren.

Determinationskoeffizient R^2:

Das Maß R^2 wird aus Regressionsanalysen gewonnen. Es gibt das Ausmaß an, in dem die abhängige Variable y durch die unabhängige Variable x erklärt wird (vgl. Abschn. 9.3.3.3). Der Determinationskoeffizient kann zwischen 0 und 1 variieren.

Umrechnen von D in R^2:

Da R^2 sich auf einen Anteilswert bezieht (Anteil der erklärten Variation an der Gesamtvariation) und nur Werte zwischen 0 und 1 annehmen kann, ist es oft sinnvoll, D in R^2 umzurechnen. Bei gleich großen Stichprobenumfängen kann die folgende Formel benutzt werden (vgl. Sedlmeier & Renkewitz, 2013, S. 289):

$$R^2 = \frac{D^2}{D^2 + 4}$$

In der Meta-Analyse werden die in den einzelnen Studien ermittelten Effektstärken mit dem jeweiligen Stichprobenumfang gewichtet. Daraus wird ein gewichteter Mittelwert aller Effektstärken berechnet. Er liefert eine Gesamtschätzung des Effektes, in die sowohl die Stichprobengrößen der Einzelstichproben als auch die Größe der Gesamtstichprobe eingehen. Diese Gesamtschätzung dient als Prüfgröße zur Schätzung der Größe des Unterschieds bzw. der Höhe des Zusammenhanges unter Geltung der Alternativhypothese. Durch dieses Vorgehen bietet eine Meta-Analyse zwei Vorteile gegenüber den Ergebnissen von Einzeluntersuchungen. Erstens liefert sie durch die gewichtete Zusammenfassung aller Effekte ein Gesamtbild über das Ausmaß des postulierten Effektes.

---

[1] Hier werden die aus den Stichproben ermittelten Maße aufgeführt, sie können aber mithilfe der Inferenzstatistik als Schätzungen der entsprechenden Populationsmaße dienen.

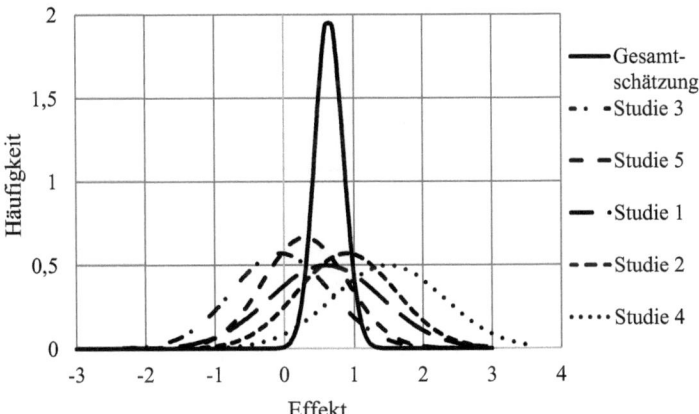

Abb. 10.12 Verteilung der Effekte in 5 Einzelstudien und in der Gesamtschätzung (fiktive Daten). Modifiziert nach Brannick (2001)

Zweitens erhöht sie durch die Betrachtung des Gesamtstichprobenumfangs die Präzision der Schätzung, da sich die Varianz der Werte innerhalb der Einzelstudien (die als Fehlervarianz betrachtet wird) und damit das Vertrauensintervall (siehe Abschn. 12.2) mit der Erhöhung des Stichprobenumfanges verringert (vgl. Brannick, 2001). Abb. 10.12 illustriert dies an einem fiktiven Beispiel.

Im einfachsten Fall wird die Nullhypothese (kein Unterschied bzw. kein Zusammenhang)[2] beibehalten, wenn die Prüfgröße einen kritischen Wert unterschreitet, und wird abgelehnt (d. h. es besteht ein Unterschied bzw. ein Zusammenhang), wenn der kritische Wert überschritten wird. Entscheidungsgrundlage ist also der Vergleich der aus der Analyse erhaltenen Effektstärke mit einer vorher vom Forscher festzulegenden Mindesteffektstärke. Explizit soll noch einmal auf den Unterschied zur konventionellen Signifikanzprüfung hingewiesen werden. Dort bezieht sich der kritische Wert auf die sogenannte Irrtumswahrscheinlichkeit, d. h. die Wahrscheinlichkeit, dass die Nullhypothese zutrifft. Ist diese hinreichend gering, wird die Nullhypothese abgelehnt (vgl. Abschn. 6.5.3). Dagegen bezieht sich beim meta-analytischen Vorgehen der kritische Wert auf die Stärke des Effekts. Nur wenn der berechnete Effekt größer ist als der kritische Mindesteffekt, wird die Nullhypothese abgelehnt.

Bei der Angabe der mittleren Effektstärke als Gesamtergebnis geht man in der Regel davon aus, dass alle Einzeleffekte auf ähnliche Weise zustande gekommen sind. Diese Annahme ist dann plausibel, wenn die aus den Einzeluntersuchungen ermittelten

---

[2] Bei der Meta-Analyse wird allerdings nicht von Null- und Alternativhypothesen gesprochen, sondern alle Hypothesen werden als voneinander unterscheidbare Alternativhypothesen betrachtet. Aus didaktischen Gründen wird hier jedoch die Bezeichnung „Nullhypothese" beibehalten.

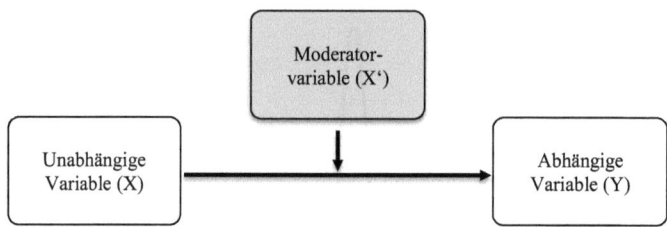

Abb. 10.13 Moderatorvariable

Effektstärken eine nur geringe Variation aufweisen und diese Variation als zufallsbedingte Fehlervarianz betrachtet werden kann. Die Überprüfung kann mittels eines Homogenitätstests (Homogenität ist die Nullhypothese) vorgenommen werden (vgl. Hunter & Schmidt, 1990, S. 483–485). Erweisen sich die einzelnen Effekte als inhomogen (belegt durch Signifikanz des Homogenitätstests), besteht die Möglichkeit, dass unterschiedliche Kontextbedingungen – so genannte **Moderatorvariablen** – zur Entstehung der Effekte beigetragen haben (vgl. Abb. 10.13). Beispielsweise könnte der Effekt der Marktorientierung auf den Unternehmenserfolg in Abhängigkeit von der Kundenstruktur unterschiedlich ausfallen. Zur statistischen Analyse der Effekte von Moderatorvariablen können auf der Basis der Moderatorvariable Subgruppen gebildet werden, für die jeweils getrennte Meta-Analysen durchgeführt werden.

> **Moderatorvariable**
> Eine *Moderatorvariable* X' *verändert* den Einfluss einer unabhängigen Variablen X auf die abhängige Variable Y.
> Beispiel:
> Der Einfluss der Marktorientierung (X) auf den Unternehmenserfolg (Y) verändert sich in Abhängigkeit von der Kundenstruktur (X').

Beispiele für in der betriebswirtschaftlichen Forschung durchgeführte Meta-Analysen sind Studien über die Erfolgswirkung von Produktdiversifikation (Bausch & Pils, 2009) und Marktorientierung (Ellis, 2006; Kirca et al., 2005; Rust et al., 2004). Sie belegen den positiven Zusammenhang zwischen Produktdiversifikation bzw. Marktorientierung einerseits und Unternehmenserfolg andererseits. Als Moderatorvariablen konnten in Meta-Analysen Marktkontext (Fan et al., 2012), Unternehmensbereich und Führungsebene (Kraus et al., 2010) identifiziert werden.

Obwohl sich Meta-Analysen gut eignen, um generalisierbare Aussagen über eine Forschungsfrage zu treffen, lassen sich auch kritische Fragen in Bezug auf ihre Anwendung aufwerfen. Das größte Problem – das allerdings in ähnlicher Weise bei einem Review auftritt – ist die Verzerrung bei der Auswahl der Primärstudien. Diese Verzerrung wird als sogenannter **Publication Bias** dadurch hervorgerufen, dass im Allgemeinen nur solche Studien publiziert werden, die signifikante Ergebnisse hervorgebracht haben. Dagegen werden Studien, bei denen zwar ein Effekt aufgetreten ist, der aber – vielleicht wegen zu geringem Stichprobenumfang – nicht signifikant wurde, in der Regel nicht veröffentlicht. Dadurch ist der Fehler zweiter Art – also dass ein Effekt übersehen wird, schwer kontrollierbar. Um diese Verzerrung zu vermeiden, sollte sich die Auswahl der Primärstudien möglichst nicht auf in wissenschaftlichen Zeitschriften publizierte Studien beschränken, sondern auch beispielsweise Dissertationen und Arbeitsberichte einbeziehen.

10.12 Theoretische Analyse

Während Meta-Analysen eine Beurteilung vorliegender empirischer Studien vornehmen, kann eine andere Forschungsstrategie darin bestehen, existierende Theorien und Modelle einer theoretischen Analyse zu unterziehen und eventuell sogar neue Erklärungsansätze vorzuschlagen. Eine solche Forschungsstrategie besteht im Wesentlichen aus der kritischen Würdigung der bestehenden Forschungsliteratur zu einer Forschungsfrage und weiteren theoretischen Überlegungen. Ergebnisse der Überlegungen können sein:

- Modifikation bestehender Axiome bzw. Ersatz durch neue Axiome,
- Vorschlag neuer Konstrukte oder Neudefinition bestehender Konstrukte,
- Vorschlag neuer Messkonzepte zur Operationalisierung von Konstrukten,
- Veränderte oder neue Ableitung von Hypothesen aus einer bestehenden Theorie,
- Vorschlag neuer Erklärungsansätze (Theorien oder Modelle),
- Ableitung von Gestaltungsmaßnahmen.

Die theoretische Analyse sollte sich der in Kap. 4 beschriebenen Herangehensweisen zur Gewinnung wissenschaftlicher Erkenntnisse bedienen, diese können jedoch auch als Ergebnis der Analyse kritisch infrage gestellt werden. Ziel ist die Aufstellung, Präzisierung oder Veränderung analytischer und/oder synthetischen Aussagen (vgl. Kap. 5).

10.13 Gestaltung von Handlungsmaßnahmen

Bezogen auf die mit einer Realwissenschaft verbundene Aufgabe der Gestaltung von Handlungsmaßnahmen (vgl. Kap. 3) kann eine handlungsorientierte Forschungsstrategie darin bestehen, ein System technologischer Ziel-Mittel-Aussagen in Form eines Modells (vgl. Kap. 7) zu entwickeln und dieses System in Form von Instrumenten wie beispielsweise Computer-Programmen für den praktischen Gebrauch zu implementieren. Ein Beispiel wäre ein Programm zur Optimierung der Prozesskostenrechnung für ein Industrieunternehmen.

Erhebt die Anwendung einer solchen Forschungsstrategie den Anspruch der Wissenschaftlichkeit, erfordert dies die **Validierung** des Modells. Wie in Kap. 7 und 9 ausgeführt, lässt sich eine interne von einer externen Validierung unterscheiden. Eine interne Validierung kann durch die Prüfung der „Robustheit" des Modells (vgl. Abschn. 7.3) vorgenommen werden. Eine Möglichkeit der externen Validierung („Evaluation") kann in einem Vergleich der bei Anwendung des Modells erzielten Ergebnisse mit den in der bisherigen Praxis erzielten Ergebnissen bestehen.

10.14 Fazit

Forschungsstrategien beziehen sich auf die Gesamtplanung einer Untersuchung und bestimmen, welche Art von Aussagen als Ergebnis der Untersuchung zu erwarten ist. Bei der Darstellung der Forschungsstrategien lag der Fokus auf der empirischen Sozialforschung – was im Wesentlichen damit zu begründen ist, dass auf diesem Gebiet die meisten wissenschaftlichen Veröffentlichungen zu verzeichnen sind.

Verständnisfragen

1. In den Realwissenschaften lassen sich zwei methodologische Sichtweisen unterscheiden: die nomothetische und die idiographische Sicht. Bitte kreuzen Sie *alle* der folgenden Antwortalternativen an, deren Aussage Sie für zutreffend halten.
   (a) Das Begriffspaar „nomothetisch" vs. „idiographisch" beschreibt den Unterschied zwischen Deduktion und Induktion.
   (b) Das Begriffspaar „nomothetisch" vs. „idiographisch" soll den Unterschied zwischen dem erklärenden Vorgehen der Naturwissenschaften und dem verstehenden Vorgehen der Geisteswissenschaften charakterisieren.
   (c) In der Betriebswirtschaftslehre versucht man aus nomothetischer Sicht wirtschaftliche Phänomene als verallgemeinerte Zusammenhänge zwischen Ursache und Wirkung zu erklären, während aus idiographischer Sicht der zu untersuchende Sachverhalt eingehend beschrieben wird.
   (d) Aus idiographischer Sicht versucht man die Bedeutung wirtschaftlicher Phänomene für den jeweiligen Handlungskontext zu erfassen.
   (e) Im Mittelpunkt des idiographischen Vorgehens steht der Einzelfall, während man beim nomothetischen Vorgehen allgemeine Gesetzmäßigkeiten aufdecken will.
2. Auf der Suche nach einer Erklärung für vorliegende Sachverhalte besteht der erste Schritt häufig darin, dass man nach einem Zusammenhang zwischen unterschiedlichen Gegebenheiten oder Merkmalen sucht. Welches der folgenden Vorgehensweisen ist **nicht** einer Zusammenhangsanalyse zuzurechnen? Bitte entscheiden Sie sich für *eine* der folgenden Antwortmöglichkeiten.

(a) Regressionsanalyse
(b) Diskriminanzanalyse
(c) Clusteranalyse
(d) Merkmalsanalyse
(e) Faktorenanalyse

3. Aus einer Korrelation zwischen zwei Variablen lassen sich verschiedene Schlussfolgerungen ableiten. Die folgenden Sätze machen Aussagen über Befunde und Schlussfolgerungen. Bitte kreuzen Sie *alle* Antwortalternativen an, die zutreffend sind.
   (a) Die Korrelation zwischen der Ausschussrate und der Höhe der Ersatzinvestitionen in einem Betrieb ergibt einen Korrelationskoeffizienten von $r = -0{,}91$. Man kann daraus schließen, dass man die Zahl der Ersatzinvestitionen erhöhen muss, um die Ausschussrate zu verringern.
   (b) Eine lineare Nullkorrelation zwischen zwei Variablen bedeutet, dass kein linearer Zusammenhang zwischen den beiden Variablen besteht.
   (c) Eine Zusammenhangsanalyse zwischen Arbeitsleistung (produzierte Stückzahl pro Zeiteinheit) und der Höhe der Ersatzinvestitionen erbringt einen Korrelationskoeffizienten von $r = 0{,}85$. Man kann daraus schließen, dass die Arbeitsleistung umso höher ist, je mehr Ersatzinvestitionen vorgenommen werden.
   (d) Eine partielle Korrelation zwischen Arbeitsleistung und Modernisierungsgrad in einem Betrieb unter Ausschaltung des Alters der Mitarbeiter erweist sich als signifikant und in ihrem Ausmaß bedeutsam. Man kann daraus schließen, dass der positive Zusammenhang zwischen Arbeitsleistung und Modernisierungsgrad auch dann noch erhalten bleibt, wenn man das Alter kontrolliert.

4. Stellen Sie sich vor, man habe den Effekt eines Trainingsprogramms zur Motivationserhöhung in einem Vorher-Nachher-Versuchsplan untersucht. Tatsächlich hat sich die Arbeitsleistung der Mitarbeiter nach dem Training signifikant erhöht. Welche Schlussfolgerungen lassen sich daraus ziehen? Bitte kreuzen Sie *alle* der folgenden Antwortalternativen an, deren Aussage Sie für zutreffend halten.
   (a) Das Trainingsprogramm ist der kausale Faktor für die Erhöhung der Arbeitsleistung,
   (b) Die Validität der Untersuchung wird dadurch infrage gestellt, dass die Vorher-Werte der Trainingsteilnehmer nicht homogen waren.
   (c) Es besteht die Möglichkeit, dass sich die Arbeitsleistung durch die Einwirkung externer Faktoren erhöht hat.
   (d) Der Versuchsplan ist ungeeignet, da es sich um einen Versuchsplan mit abhängigen Stichproben handelt.

5. Was versteht man unter einer „Meta-Analyse"? Bitte entscheiden Sie sich für *eine* der folgenden Antwortmöglichkeiten.
   (a) Bei der Meta-Analyse werden die Meta-Daten einer Untersuchung unter die Lupe genommen.

(b) Eine Meta-Analyse beinhaltet eine qualitative Würdigung aller Studien zu einer bestimmten Forschungsfrage.

(c) Eine Meta-Analyse hat das Ziel, mehrere publizierte empirische Einzelstudien statistisch zusammenzufassen und auf der Basis der betrachteten Studien eine quantitative Bewertung zu erstellen.

(d) Eine Meta-Analyse hat das Ziel, existierende Theorien und Modelle einer theoretischen Analyse zu unterziehen und eventuell sogar neue Erklärungsansätze vorzuschlagen.

(e) Eine Meta-Analyse besteht im Wesentlichen aus der kritischen Würdigung der bestehenden Forschungsliteratur zu einer Forschungsfrage.

6. Was versteht man unter einer „organismischen Variablen"? Bitte entscheiden Sie sich für *eine* der folgenden Antwortmöglichkeiten.

   (a) Bei organismischen Variablen handelt es sich um Störfaktoren, die grundsätzlich nicht untersucht werden können.

   (b) Bei organismischen Variablen handelt es sich um Moderatorvariablen, die den Einfluss einer unabhängigen Variablen auf die abhängige Variable verändern.

   (c) Bei organismischen Variablen handelt es sich um „natürliche" Merkmale einer Person oder Organisation, die grundsätzlich nicht manipuliert werden können.

   (d) Bei organismischen Variablen handelt es sich um Mediatorvariablen, die einen vermittelnden Einfluss zwischen einer unabhängigen und einer abhängigen Variable ausüben.

7. In einer Untersuchung über den Zusammenhang zwischen Marktorientierung des Betriebs und der Kundenzufriedenheit wurde festgestellt, dass die Kundenzufriedenheit umso höher ist, je stärker die Marktorientierung des Betriebs ist. Die Nullhypothese wurde daher verworfen. Es ist jedoch nicht auszuschließen, dass das Ergebnis durch Zufallseinflüsse bei der Stichprobenauswahl zustande gekommen ist. Um welche Art von statistischem Fehler handelt es sich hierbei? Bitte entscheiden Sie sich für *eine* der folgenden Antwortmöglichkeiten.

   (a) Fehler erster Art

   (b) Fehler zweiter Art

   (c) publication bias

   (d) cognitive bias

   (e) Wahl eines zu niedrigen Signifikanzniveaus

8. Was kennzeichnet eine Faktorenanalyse? Bitte kreuzen Sie *alle* der folgenden Antwortalternativen an, deren Aussage Sie für zutreffend halten.

   (a) Eine Faktorenanalyse dient der Zusammenfassung von einzelnen Variablen zu Variablen höherer Ordnung.

   (b) Eine Faktorenanalyse dient Ermittlung von Faktoren als Einflussgrößen für die Ausprägung bestimmter Merkmale.

   (c) Eine Faktorenanalyse beinhaltet die Reduktion einer größeren Anzahl von Variablen auf wenige Variablengruppen.

(d) Mithilfe der Faktorenanalyse werden Produktionsfaktoren spezifiziert.
(e) Eine Faktorenanalyse stellt eine Weiterführung der multiplen Korrelationsrechnung dar.
(f) Mithilfe der Faktorenanalyse können kausale Beziehungen zwischen einzelnen Variablen ermittelt werden.
9. Angenommen, Sie die reduzieren die 50 Fragen eines Fragebogens zur Einstellung zum Kauf von Bio-Lebensmitteln mithilfe einer Faktorenanalyse zu drei orthogonalen Faktoren, die Sie als „Gesundheit und Fitness", „Verantwortungsbewusstsein" und „Zahlungsbereitschaft" bezeichnen. Welche Schlüsse können Sie aus dieser Untersuchung ziehen? Bitte kreuzen Sie *alle* der folgenden Antwortalternativen an, deren Aussage Sie für zutreffend halten.
    (a) Die ermittelten Faktoren zeigen, welche Produktmerkmale die Kaufentscheidung der Kunden bestimmen.
    (b) Die ermittelten Faktoren spiegeln die Einstellung der Probanden zum Kauf von Bio-Lebensmitteln wider.
    (c) Die ermittelten Faktoren hängen miteinander zusammen.
    (d) Die ermittelten Faktoren sind als Dimensionen der Einstellung der Probanden zum Kauf von Bio-Lebensmitteln zu betrachten.

Literatur

Zitierte Literatur

Baltagi, B. H. (2011). *Econometrics*. Springer.
Bausch, A., & Pils, F. (2009). Product diversification strategy and financial performance: Meta-analytic evidence on causality and construct multidimensionality. *Review of Managerial Science, 3*, 157–190.
Bleymüller, J. (2012). *Statistik für Wirtschaftswissenschaftler* (16. Aufl.). Vahlen.
Bortz, J., & Döring, N. (2006). *Forschungsmethoden und Evaluation für Human- und Sozialwissenschaftler* (4. Aufl.). Springer.
Brannick, M. T. (2001). Implications of empirical Bayes meta-analysis for test validation. *Journal of Applied Psychology, 86*, 468–480.
Cohen, J. (1988). *Statistical power analysis for the behavioral sciences* (2. Auflage). Lawrence Erlbaum.
Ellis, P. D. (2006). Market orientation and performance: A meta-analysis and cross national comparisons. *Journal of Management Studies, 43*, 1089–1107.
Fan, X., Qian, Y., & Huang, P. (2012). Factors influencing consumer behaviour towards store brand. *International Journal of Market Research, 54*, 407–430.
Helfrich, H. (2019). *Kulturvergleichende Psychologie* (2. Aufl.). Springer.
Hunter, J. E., & Schmidt, F. L. (1990). *Methods of meta-analysis*. Sage.
Jungermann, H., Pfister, H.-R., & Fischer, K. (2005). *Die Psychologie der Entscheidung*. Elsevier.
Kahneman, D., & Tversky, A. (1979). Prospect theory: An analysis of decision making under risk. *Econometrica, 47*, 263–291.

Kirca, A. H., Jayachandran, S., & Bearden, W. O. (2005). Market orientation: A meta-analytic review and assessment of its antecedents and impact on performance. *Journal of Marketing, 69*(2), 24–41.

Kosiol, E. (1957). *Die Behandlung praktischer Fälle im betriebswirtschaftlichen Hochschulunterricht (Case Method): Ein Berliner Versuch.* Duncker & Humblot.

Kraus, F., Lingenfelder, M., & Wieseke, J. (2010). Ist Marktorientierung ansteckend? Der Transfer der Marktorientierung über Hierarchieebenen – Eine empirische Mehrebenenuntersuchung. *Zeitschrift für Betriebswirtschaft, 80*, 383–416.

Lechler, T., & Gemünden, H. G. (1998). Kausalanalyse der Wirkungsstruktur der Erfolgsfaktoren des Projektmanagements. *Die Betriebswirtschaft, 58*, 435–450.

Maurer, R. W. (2004). *Zwischen Erkenntnisinteresse und Handlungsbedarf. Eine Einführung in die methodologischen Probleme der Wirtschaftswissenschaft.* Metropolis.

Ott, B. (1995). *Ganzheitliche Berufsbildung – Theorie und Praxis handlungsorientierter Techniklehre in Schule und Betrieb.* Schäffer-Poeschel.

Roethlisberger, F. J., Dickson, W.-J. & Wright, H. A. (1966). *Management and the worker. An account of a research program conducted by the Western Electric Company. Hawthorne Works.* Chicago (1939) (14. Aufl.). Harvard University Press.

Rust, R. T., Ambler, T., Carpenter, G. S., Kumar, V., & Srivastava, R. K. (2004). Measuring marketing productivity: Current knowledge and future directions. *Journal of Marketing, 68*, 76–89.

Sedlmeier, P., & Renkewitz, F. (2013). *Forschungsmethoden und Statistik* (2. Aufl.). Pearson.

Witt, H. (2001). Forschungsstrategien bei quantitativer und qualitativer Sozialforschung. *Forum Qualitative Sozialforschung / Forum Qualitative Social Research, 2*(1), Art. 8.

Weiterführende Literatur

Backhaus, K., Erichson, B., Plinke, W., Weiber, R., & Weiber, T. (2021). *Multivariate Analysemethoden* (16. Aufl.). Springer Gabler.

Bleymüller, J., Weißbach, R., & Dörre, A. (2020). *Statistik für Wirtschaftswissenschaftler* (18. Aufl.). Vahlen.

11 Datengewinnung und -messung

> **Übersicht**
>
> Nahezu alle der in Kap. 10 beschriebenen Forschungsstrategien benötigen Daten als Untersuchungsbasis. Die Daten können empirisch gewonnen oder auch fiktiv erzeugt werden. Damit sie für eine wissenschaftliche Analyse nutzbar sind, müssen sie in bestimmter Weise gehandhabt werden. In diesem Kapitel wird ausgeführt, auf welche Weise Daten gewonnen und wie sie zur weiteren Analyse aufbereitet werden können.

11.1 Daten als Grundlage empirischer Forschung

Eine empirische Wissenschaft benötigt Daten als Untersuchungsbasis. Die Daten dienen der Überprüfung wissenschaftlicher Aussagen an der Realität. Sie sind nicht unmittelbar gegeben, sondern müssen erst konstruiert werden. Die Konstruktion besteht in der Erhebung von Merkmalen und der Darstellung der Merkmale auf einer Skala. Die Skala ist ein Maßstab zur Einordnung der unterschiedlichen Grade oder Arten der Ausprägung eines Merkmals. Ausgangspunkt sind reale Tatbestände oder Phänomene. Diese umfassen einen auf den Untersuchungsgegenstand bezogenen Realitätsausschnitt, der nur vage umrissen ist. Damit dieser Realitätsausschnitt zur Überprüfung wissenschaftlicher Aussagen herangezogen werden kann, müssen inhaltliche Eingrenzungen („Definitionen") vorgenommen werden. Diese sind begriffliche Konstrukte. Damit sie einer Messung zugänglich werden, müssen sie als Merkmale spezifiziert und operationalisiert (vgl. Abschn. 6.3) werden. Die Merkmale bzw. Kombinationen von Merkmalen sind als Indikatoren für die zugrunde liegenden begrifflichen Konstrukte zu betrachten. Durch Operationalisierung. werden sie der Messung zugänglich gemacht. Da die Merkmale in ihrer Ausprägung variieren können, werden sie als „Variablen" bezeichnet (vgl.

Abschn. 5.2). Der Grad der Ausprägung der Variablen lässt sich auf einer Skala darstellen, die verschiedene Formen (siehe Abschn. 11.4) annehmen kann. Somit lässt sich eine Unterscheidung zwischen **Datenerhebung** und **Datenaufbereitung** treffen. Die Datenerhebung bezieht sich auf die Art, wie die Daten gewonnen werden, die Datenaufbereitung bezieht sich auf die Art der aus den Daten gewonnenen Skala. Datenerhebung und Datenaufbereitung können, aber müssen nicht notwendigerweise in zeitlich sukzessiv aufeinanderfolgenden Schritten bestehen. Ein Beispiel für gleichzeitige Erhebung und Aufbereitung wäre die sogenannte „Sonntagsfrage", bei der künftige Wähler nach ihrer Bevorzugung einer bestimmten Partei befragt werden. Ein Beispiel für ein sukzessives Vorgehen wäre die Erfassung der Arbeitsleistung mit den Komponenten „Stückzahl" und „Zeit".

11.2 Arten der Datenerhebung

11.2.1 Beobachtung

Die **Beobachtung** kann als gezielte Wahrnehmung eines Realitätsausschnittes aufgefasst werden. Als wissenschaftliche Erhebungsmethode wird sie zur Erfassung konkreten Verhaltens oder konkreter Zustände eingesetzt. Sie kann sowohl Ausgangspunkt für eine Forschungsfrage sein als auch dazu dienen, zu überprüfen, ob sich experimentell oder durch Simulation gewonnene Erkenntnisse auf natürliche Situationen übertragen lassen. Beobachtungsgegenstände können Personen, aber auch Objekte wie beispielsweise Lagerbestände oder Produktionsmaschinen sein.

Die Durchführung von Beobachtungen erfolgt an repräsentativen Ausschnitten des zu beobachtenden Geschehens. So können beispielsweise Zeitstichproben gezogen werden. Hierbei wird die Beobachtung auf definierte Termine von bestimmter Dauer beschränkt, z. B. zweimal am Tag für eine Dauer von jeweils 30 min, die genauen Termine können zufallsgesteuert oder auch systematisch ermittelt werden.

Der Vorteil von Beobachtungen von Personen in natürlichen Situationen ist darin zu sehen, dass das Resultat unabhängig von der Auskunftswilligkeit der beobachteten Personen ist. Zumindest gilt dies für verdeckte Beobachtungen, bei denen die beobachteten Personen nicht wissen, dass sie beobachtet werden. Ein Nachteil ist darin zu sehen, dass sich äußerlich nicht erkennbare Sachverhalte (z. B. vergangene Ereignisse oder anonymes Verhalten) nicht erfassen lassen. Ein weiterer Nachteil ist darin zu sehen, dass sich bei der Beobachtung häufig Wahrnehmung und Beurteilung nicht voneinander trennen lassen. Dies gilt nicht nur für die freie, sondern auch für die systematische Beobachtung, bei der die Einordnung in Kategorien stets mit einem Urteil verbunden und damit für Verzerrungen anfällig ist. Zur Gewährleistung der methodischen Güte ist daher meist eine Schulung der Beobachter unerlässlich.

Zwei Arten der Beobachtung lassen sich unterscheiden:

- freie Beobachtung
- systematische Beobachtung.

Bei der **freien Beobachtung** werden sämtliche potenziell relevante Verhaltensweisen und Situationsbedingungen möglichst umfassend erkundet. Der Beobachtungsplan beinhaltet kaum Vorgaben und verlangt eine stichwortartige Dokumentation des Gesamtgeschehens. Beispielsweise wird das Verhalten von Arbeitnehmern bei der Verrichtung einer Arbeitstätigkeit beobachtet. Ausgangspunkt und Ergebnis von freien Beobachtungen sind häufig Auffälligkeiten. Beispielsweise könnte einem Vorgesetzten auffallen, dass in seiner Abteilung in letzter Zeit die Arbeit nicht mehr „vorangeht" und viele Fehler auftreten; daraufhin entschließt er sich, den Arbeitsablauf und das Verhalten der Mitarbeiter genauer „unter die Lupe zu nehmen". Als Ergebnis stellt er vielleicht fest, dass der Arbeitsablauf durch häufigen Werkzeugwechsel beeinträchtigt wird.

Bei der **systematischen Beobachtung** versucht man, die Wahrnehmung durch die Vorgabe gezielter Instruktionen zu kanalisieren und zu ordnen. Oft beschränkt man sich auf bestimmte Verhaltensweisen oder Situationsmerkmale und gibt Kategorien vor, in die die Ausprägung der jeweiligen Verhaltensweisen oder Merkmale eingeordnet werden. Ein Beispiel für eine systematische Beobachtung wäre die Verhaltensbeobachtung von Kunden in einem Supermarkt im Hinblick auf ein bestimmtes Produkt (z. B. Kauf, interessiertes Betrachten, Nichtbeachten) sein.

11.2.2 Befragung

Bei einer Befragung werden Personen dazu gebracht, Auskunft über Verhaltensweisen, Ereignisse, Einstellungen, Motive oder Meinungen zu geben. Man kann beispielsweise Personen befragen, welche Produkte sie bevorzugen, welche kritischen Vorkommnisse sich in letzter Zeit an ihrem Arbeitsplatz ereignet haben, oder welche Einstellung sie zur Mülltrennung haben. Ebenso wie die Beobachtung kann die Befragung sowohl Ausgangspunkt einer Forschungsfrage sein als auch zur Überprüfung durch auf andere Weise gewonnener Erkenntnisse dienen. In der betriebswirtschaftlichen Forschung wird die Befragung hauptsächlich im Bereich der Marktforschung, aber auch im Bereich der Organisations- und Personalwirtschaft eingesetzt.

Der Vorteil der Befragung gegenüber der Beobachtung ist darin zu sehen, dass eine Vielzahl von Tatbeständen ermittelt werden kann, die nicht oder nur sehr schwer beobachtbar sind. Ein Nachteil besteht darin, dass Befragungen für Verzerrungen noch weitaus anfälliger sind als Beobachtungen. Es gibt eine Reihe von Gründen, warum Befragte falsche oder irreführende Antworten geben (vgl. Zimbardo & Gerrig, 2008, S. 40): Sie verstehen die Fragen nicht richtig, sie finden es peinlich, wahrheitsgemäß zu antworten, oder sie erinnern sich nicht mehr genau, was sie in der Vergangenheit getan haben. Zur Vermeidung solcher Verzerrungen werden manchmal Kontrollfragen, so genannte

Lügenfragen, gestellt, aus deren Beantwortung man schließt, inwieweit die Antworten auf die eigentlichen Fragen vertrauenswürdig sind.

Eine wichtige Quelle von Verzerrungen ist die Art der Frageformulierung. Bereits ob eine Frage in positiver oder negativer Form gestellt wird, wirkt sich auf das Antwortverhalten aus. So hat man beispielsweise festgestellt, dass die Entscheidungen von Kapitalanlegern unterschiedlich ausfallen, wenn ihnen die Verlustwahrscheinlichkeit anstatt der Gewinnwahrscheinlichkeit vorgegeben wird, obwohl die dargebotene Information in beiden Fällen gleich ist (vgl. Kahneman, 2012). Dieser sogenannte Rahmungseffekt trat gleichermaßen bei Laien und Experten auf.

Die Befragung kann in sehr unterschiedlichen Formen erfolgen. Sie kann mündlich oder schriftlich vorgenommen werden, und bei den gestellten Fragen kann es sich um solche handeln, die frei beantwortet werden können, oder auch um solche, bei denen die möglichen Antworten als Alternativen vorgegeben werden (die einfachste Form wären Ja-Nein-Fragen).

Man unterscheidet im Allgemeinen drei Arten von Befragungen:

- Interview
- Fragebogen
- Umfrage.

Bei einem **Interview** handelt es sich um eine mündliche (oder fernmündliche) Befragung. Es kann frei und unstrukturiert vorgenommen werden, wobei der Verlauf sowohl durch die Untersuchungsfrage als auch durch die Antworten, die der Interviewte gibt, bestimmt wird. Ein solches Interview kann dann sinnvoll sein, wenn noch wenig über den zu untersuchenden Tatbestand bekannt ist oder wenn es im Rahmen einer Einzelfallstudie durchgeführt wird. Interviews können aber auch strukturiert vorgenommen werden. Beispielsweise können sie – ähnlich einem Fragebogen oder einem psychologischen Test – aus einer Reihe fest vorgegebener Fragen bestehen, zu denen sich der Interviewte äußern soll. Strukturierte Interviews werden z. B. verwendet, um Daten über eine Gruppe von Menschen zu sammeln, die zu allgemeinen Schlussfolgerungen über diese Population (siehe Abschn. 11.5) führen sollen.

Bei einem **Fragebogen** handelt es sich um einen Katalog von standardisierten Fragen, bei denen die Formulierung der Fragen, die möglichen Antworten und die Reihenfolge der Fragen vorab festgelegt worden sind. Fragebögen sind so konstruiert, dass die Antworten zu den einzelnen Fragen nicht isoliert betrachtet werden, sondern zusammengefasst über einen bestimmten Bereich Auskunft geben. So werden beispielsweise in einem Fragebogen zum Organisationsklima unterschiedliche Fragen gestellt, deren Beantwortung dann in ihrer Gesamtheit Auskunft über den Grad der Zufriedenheit mit dem Organisationsklima gibt.

Bei einer **Umfrage** handelt es sich um mündliche, fernmündliche oder schriftliche Kurzbefragung einer großen Personengruppe. Häufig wird sie auch internetbasiert vorgenommen. Zweck von Umfragen ist es, bei einer großen Personengruppe allgemeine

Meinungen oder Stellungnahmen zu einem spezifischen Thema oder Sachverhalt zu ergründen. Ein Unternehmen mit einer neuen Geschäftsidee möchte beispielsweise herausfinden, welche Absatzchancen das von ihr entwickelte Produkt hat.

11.2.3 Verhaltensmessung

Verhaltensmessungen lassen sich als eine Sonderform der systematischen Beobachtung auffassen. Bei der Verhaltensmessung werden körperliche Reaktionen mithilfe technischer Instrumente aufgezeichnet. Beispiele sind die Erfassung von Reaktionszeiten, Augenbewegungen, Blutdruck, Schweißabsonderung, Muskelspannung sowie der der Aktivität bestimmter Hirnregionen. Zum Einsatz kommen Verhaltensmessungen im Bereich des Marketing sowie bei Arbeitszeitstudien (REFA-Studien).

Oft werden Verhaltensmessungen im Rahmen von Experimenten eingesetzt, um Reaktionen auf bestimmte Umweltreize oder -bedingungen zu prüfen. Ein Beispiel wäre etwa die Messung der Augenbewegungen bei der Betrachtung von sexuell aufreizenden Werbeanzeigen. Beim Einsatz solcher Messungen ist festzuhalten, dass die Interpretation der erhaltenen Daten fast ausschließlich auf der Basis von Veränderungen vorgenommen werden kann. Das bedeutet, dass nur Differenzen in den Messwerten zwischen verschiedenen Bedingungen, also beispielsweise zwischen einer neutralen und einer aufreizenden Werbeanzeige interpretiert werden können.

11.2.4 Nutzung von Sekundärdaten

Eine wichtige Informationsquelle für betriebswirtschaftswissenschaftliche Untersuchungen bilden Daten, die nicht eigens erhoben werden, sondern bereits vorliegen. Es handelt sich hierbei um sogenannte Sekundärdaten. In der Regel wurden diese Daten zu Zwecken erstellt, die nicht mit der vorliegenden Untersuchungsfrage in Zusammenhang stehen. Sekundärdaten können in fast allen Bereichen der Betriebswirtschaftswissenschaft zum Einsatz kommen. Beispiele für Sekundärdaten sind Umsätze, Investitionen, Preise, Marktstellung und Aktienkurse. Die Sekundärdaten können unterschiedlichen Quellen entstammen, man unterscheidet zwischen unternehmensexternen und unternehmensinternen Quellen (vgl. Berndt, 1992, S. 118).

Unternehmens**externe** Quellen sind öffentlich zugänglich, während die Verfügbarkeit unternehmens**interner** Quellen im Ermessen der Organisation, die die Daten erstellt hat, liegt.

Beispiele für unternehmensexterne Quellen sind:

- Amtliche Statistiken des Statistischen Bundesamts, der Statistischen Landesämter, der Statistischen Ämter der Gemeinden
- Informationen der Ministerien

- Informationen von wirtschaftswissenschaftlichen Institutionen (z. B. ifo-Institut, München)
- Informationen von Banken
- Informationen aus Zeitschriften, Zeitungen, Büchern, Firmenveröffentlichungen
- Informationen von internationalen Organisationen (z. B. EU, OECD, IWF, Weltbank)

Beispiele für unternehmensinterne Quellen sind:

- Jahresabschlüsse
- Erfolgsanalysen oder Umsatzberichte
- Kundendateien und Kundenmerkmale
- Lieferstatistiken des Warenwirtschaftssystems
- Produktionsstatistiken
- Versandstatistiken

Der Vorteil der Nutzung von Sekundärdaten besteht vor allem in der Ersparnis von Zeitaufwand und Kosten im Vergleich zu einer eigenen Datenerhebung. Ein Nachteil kann darin bestehen, dass die Daten nicht auf dem neuesten Stand sind. Weiterhin besteht die Gefahr, dass nicht ohne weiteres nachprüfbar ist, ob bei der Datengewinnung den methodischen Gütekriterien (vgl. Kap. 9) Rechnung getragen wurde. Werden Daten aus mehreren Quellen aggregiert, besteht zudem das Problem der Vergleichbarkeit.

11.2.5 Generierung fiktiver Daten

Es kann vorkommen, dass bestimmte Merkmalsausprägungen in der Realität bisher nicht aufgetreten sind, ihr Auftreten aber grundsätzlich möglich und oft gar nicht zu vernachlässigen ist. Besonders bei Simulationen (vgl. Abschn. 10.8) ist es häufig nützlich und manchmal sogar unumgänglich, solche potenziellen Merkmalsausprägungen als fiktive Daten in die Untersuchung einzubeziehen. Oft werden zusätzliche Angaben über die Wahrscheinlichkeit des Auftretens gemacht.

Der Vorteil der Generierung fiktiver Daten ist vor allem im Hinblick auf die Prognose zukünftiger Tatbestände sowie im Hinblick auf die Optimierung unternehmerischer Gestaltungsmöglichkeiten zu sehen. Ein Nachteil kann in der möglichen Realitätsferne bestehen, die dann gegeben ist, wenn ein reales Auftreten extrem unwahrscheinlich ist.

Ein Anwendungsbeispiel für die Nutzung fiktiver Daten wären sogenannte Stress-Tests bei Banken (vgl. BaFin, 2023), um mögliche, aber nicht sichere Kapitalmarktentwicklungen und deren Auswirkungen zu erkunden.

11.3 Verdichtung von Daten

Bei den gewonnenen Daten handelt es sich um Merkmale, die entweder selbst oder in Form von Merkmalskombinationen als Indikatoren für zugrunde liegende betriebswirtschaftliche Konstrukte dienen. Die Indikatoren können einen unterschiedlichen Grad und eine unterschiedliche Art von Verdichtung aufweisen. Wird eine Verdichtung vorgenommen, so ist dies zwar mit einem Verlust von Einzelinformation verbunden, hat aber den Vorteil der besseren Überschaubarkeit der relevanten Information. Die resultierenden Größen bezeichnet man als „Kennzahlen". Hierbei lassen sich absolute von relativen Kennzahlen unterscheiden. Absolute Kennzahlen entstehen durch Zusammenfassung von Einzelmerkmalen, relative Kennzahlen entstehen durch Verhältnisbildung.

Erhobene Merkmale, die keinerlei Verdichtung erfahren, sondern selbst den Indikator für das zugrunde liegende Konstrukt bilden, gelten als **Rohwerte.** Rohwerte, die gleiche oder ähnliche Merkmale anzeigen, können durch die Bildung von Summen, Differenzen oder Mittelwerten zu einer einzigen Variablen höherer Ordnung, d. h. zu einem **Gesamtmerkmal,** verdichtet werden. Die Einzelmerkmale können hierbei entweder gleichberechtigt oder nach ihrer Bedeutung gewichtet in das Gesamtmerkmal eingehen. Beispiele für eine gleichberechtigte Zusammenfassung von Einzelmerkmale wären der Umsatz als Produkt von Verkaufsmenge und Einzelpreis oder der Gewinn als Differenz zwischen Ertrag und Aufwand. Ein Beispiel für eine gewichtete Zusammenfassung wäre ein aus einer Faktorenanalyse eines Fragebogens gewonnener Faktor „Einstellung zu Neuheiten", der sich aus der gewichteten Kombination unterschiedlicher, jedoch inhaltlich ähnlicher Fragen zusammensetzt. Sowohl Rohwerte als auch durch Zusammenfassung gebildete Gesamtmerkmale werden als **„absolute Kennzahlen"** bezeichnet.

Erfolgt die Verdichtung von Einzelmerkmalen durch die Berechnung eines Verhältnisses, entstehen **relative Kennzahlen.** Man unterscheidet zwischen Gliederungskennzahlen, Beziehungskennzahlen und Indexkennzahlen. **Gliederungskennzahlen** bilden das Verhältnis von zwei gleichartigen, aber ungleichrangigen Größen ab. Ein Beispiel ist die Eigenkapital**quote**. **Beziehungskennzahlen** bilden das Verhältnis von zwei ungleichartigen, aber gleichrangigen Größen ab. Ein Beispiel ist die Eigenkapital**rentabilität**. **Indexkennzahlen** werden durch den Vergleich von gleichartigen und gleichrangigen Größen mit unterschiedlichem Zeitbezug gebildet. Eine Indexkennzahl bildet also die Veränderung der Ausprägung einer Variablen ab. Ein Beispiel ist die Preisentwicklung eines Warenkorbs innerhalb eines bestimmten Zeitraums mit festen Zeitpunkten.

Abb. 11.1 veranschaulicht die unterschiedlichen Arten von Kennzahlen.

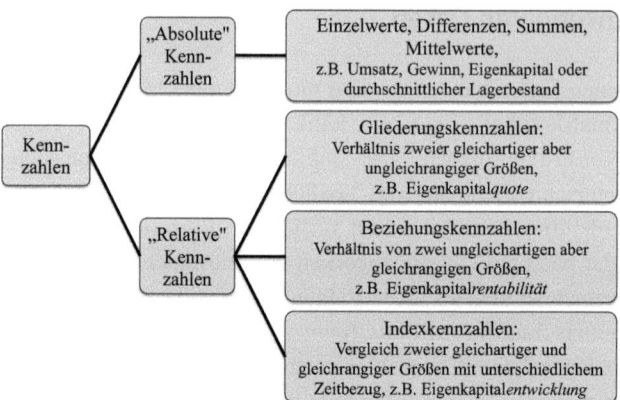

Abb. 11.1 Arten von Kennzahlen. Modifiziert nach Staehle (1969)

11.4 Skalenbildung

Die Ausprägungen der identifizierten Indikatoren müssen sich auf einer Skala darstellen lassen. Eine Skala ist ein **Maßstab,** der es erlaubt, die Unterschiede zwischen den einzelnen Ausprägungen angemessen zu repräsentieren. Die einzelnen Stufen der Skala sind den Stufen der Merkmalsausprägungen zugeordnet. In Abhängigkeit davon, in welcher Beziehung die einzelnen Stufen zueinander stehen, werden unterschiedliche Typen von Skalen (vgl. Tab. 11.1) unterschieden. Die Skalen unterscheiden sich hinsichtlich des Niveaus der Messgenauigkeit und bilden eine Hierarchie vom niedrigsten zum höchsten Niveau. Dabei gilt, dass sich eine Skala auf höherem Niveau in eine Skala auf niedrigerem Niveau überführen lässt, jedoch nicht umgekehrt. Beispielsweise können Einkommenswerte, die auf einer metrischen Skala in Euro angegeben werden, als unterschiedliche Einkommensklassen auf einer Ordinalskala von „weniger" zu „mehr" ausgedrückt werden.

Die Unterscheidung der einzelnen Skalentypen ist insofern wichtig, weil die Höhe des Skalenniveaus die Auswahl der anwendbaren statistischen Auswertungsverfahren bestimmt (vgl. Tab. 11.1).

Vier Typen von Skalen werden unterschieden:

- Nominalskala
- Ordinalskala
- Intervallskala
- Verhältnisskala

11.4 Skalenbildung

Tab. 11.1 Skalentypen. Modifiziert nach Berndt (1992, S. 116)

	Zulässige Operation	Empirische Aussage	Zulässige Maßzahlen und Verfahren	Beispiel
Nominalskala	Jede eindeutige Operation	Feststellung von Identitäten	Häufigkeit, Modus, Kontingenzmaße	Geschlecht (männlich/weiblich)
Ordinalskala	Jede monotone (rangerhaltende) Operation	Feststellung von größeren und kleineren Werten	Median, Centile, Rangkorrelation, Rangunterschiedstests	Rangreihe der Qualität von Lebensmitteln (z. B.: hochwertig = Rang 1, weniger gut = Rang 2, schlecht = Rang 3)
Intervallskala	Lineare Transformation	Feststellung der Gleichheit von Intervallen oder Differenzen	Arithmetisches Mittel, Varianz bzw. Standardabweichung, Produkt-Moment Korrelation, t-Test, F-Test	Kalenderzeiten
Verhältnisskala	Ähnlichkeitstransformation	Feststellung eines Verhältnisses zweier Werte	Geometrisches Mittel, harmonisches Mittel	Kosten (€)

Das niedrigste Messniveau wird durch die **Nominalskala** gebildet. Die Skala bildet die Art, aber nicht den Grad der Ausprägung ab. Sie besteht aus Kategorien, die sich **qualitativ,** aber nicht quantitativ unterscheiden. Beispiele sind:

- Antworten in einem Fragebogen (ja/nein)
- Geschlecht (männlich/weiblich)
- Farben (rot/grün/gelb/blau)
- Bilanzierungswahlrecht (ja/nein)

Werden die einzelnen Ausprägungsstufen in eine größenmäßige **Rangreihe** gebracht, der Zahlen zugeordnet werden, bilden sie eine **Ordinalskala.** Im Vergleich zur Nominalskala erweitert sich der Bereich möglicher Aussagen dadurch, dass „mehr – weniger" bzw. „größer – kleiner"-Feststellungen getroffen werden können. Die Abstände zwischen den einzelnen Stufen sind jedoch unbekannt. Beispiele für Ordinalskalen sind:

- Rangreihe von Produkten nach ihrem Beliebtheitsgrad bei einem Kunden
- Güteklassen bei Lebensmitteln
- Klausur- oder Examensnoten

Sind über die Rangfolge hinaus auch die **Abstände** zwischen den einzelnen Stufen gleich groß, handelt es sich um eine **Intervallskala**. Gefordert ist also, dass die Differenz zwischen Stufe 3 und 4 genau so groß ist wie die zwischen 5 und 6. Nicht möglich sind zahlenmäßige Absolutaussagen, da der Nullpunkt der Skala willkürlich festgelegt ist. Da die Zuordnung der Zahlen lediglich die Ausprägungsabstände widerspiegelt, ist die Skala linear transformierbar, d. h. die Addition einer Konstanten ändert zwar den Nullpunkt und die Multiplikation mit einer Konstanten ändert die Einheit, es ändert sich aber nicht die Gleichheit der Differenzen. Beispielsweise transformieren die Addition der Konstanten 32 und die Multiplikation mit der Konstanten 0,4 die Celsius-Temperatur-Skala in die Fahrenheit-Temperatur-Skala, ohne dass sich die Präzision der Skala ändert.

Beispiele für Intervallskalen sind:

- Kalenderzeiten
- Antworten in einem Fragebogen auf einer 5-stufigen Skala (1 = stimme gar nicht zu, 5 = stimme völlig zu), sofern die Bedeutungsunterschiede zwischen den einzelnen Skalenwerten als gleichwertig eingeschätzt werden können

Während der Nullpunkt in einer Intervallskala willkürlich festgelegt ist, hat eine **Verhältnisskala** einen absoluten **Nullpunkt** (z. B. Zeitmessung in Sekunden, Gewichtsmessung in Gramm, Wertmessung in Währungseinheiten). Die Addition einer Konstanten ist hier nicht zulässig, da sie den Nullpunkt verschieben würde. Der festliegende Nullpunkt erlaubt sowohl zahlenmäßige Absolutaussagenals auch eine Quotientenbildung (z. B. Produkt B ist doppelt so teuer wie Produkt A).

Beispiele für Verhältnisskalen sind:

- Kosten (in Geld- oder Währungseinheiten)
- Zeitdauer (in Sekunden, Minuten oder Stunden)
- Füllgewicht (in Gramm oder Kilogramm)
- Anzahl fehlerhafter Produkte (in Stück)

Intervall- und Verhältnisskalen werden häufig auch als **metrische Skalen** oder **Kardinalskalen** bezeichnet, da ihnen ein metrisches System zugrunde liegt. Bei den metrisch skalierten Merkmalen lassen sich **diskrete** von **stetigen** Merkmalen unterscheiden. Diskrete Merkmale können nur bestimmte Werte annehmen (z. B. kann die Stückzahl nur ganzzahlige Werte annehmen), stetige Merkmale können kontinuierlich abgestufte Werte annehmen (z. B. kann die Zeit in Bruchteilen von Minuten oder Sekunden angegeben werden).

11.5 Stichprobenauswahl

Bei jeder empirischen Forschung stellt sich das Problem, dass man nur bestimmte Ausschnitte aus dem interessierenden Erfahrungsbereich untersuchen kann, die gewonnenen Aussagen aber dennoch auf einen größeren Geltungsbereich beziehen möchte. Der Geltungsbereich bezieht sich auf die Gesamtheit der Elemente, Umwelten und Zeiten, für den die gewonnenen Aussagen zutreffen sollen. Die Gesamtheit wird als **„Population"** oder **„Grundgesamtheit"** bezeichnet, während der tatsächlich in die Untersuchung einbezogene Realitätsausschnitt die **„Stichprobe"** bildet. Die Elemente oder Einheiten, die die jeweilige Stichprobe bilden, können verschieden sein: es kann sich beispielsweise um Personen („Probanden"), Personengruppen, Abteilungen oder Betriebe handeln.

Inwieweit sich die an der Stichprobe ermittelten Ergebnisse auf die Population übertragen lassen, hängt in entscheidendem Maße von der **Repräsentativität** der Stichprobe ab. „Repräsentativität" bedeutet das Ausmaß, in dem die Stichprobe die Merkmale der Population abbildet. Je nach Art der Ziehung der Stichprobe ist die Repräsentativität in unterschiedlichem Maße gewährleistet. Man unterscheidet folgende Stichprobenarten:

- Zufallsstichprobe
- Klumpenstichprobe
- geschichtete (stratifizierte) Stichprobe
- Quotenstichprobe
- Ad-hoc-Stichprobe

Bei einer **Zufallsstichprobe** wird die Auswahl der Untersuchungseinheiten nach dem Zufallsprinzip vorgenommen. Dadurch ist gewährleistet, dass jedes Element der Population dieselbe Chance hat, in die Untersuchung einbezogen zu werden – eine Bedingung, die bei betriebswirtschaftlichen Untersuchungen allerdings nur selten erfüllt ist. Wenn die Stichprobe durch eine Zufallsauswahl aus der in Frage stehenden Population gewonnen wurde, lässt sich die Repräsentativität quantitativ mithilfe der Berechnung des sogenannten Stichprobenfehlers (siehe Abschn. 12.2) bestimmen.

Die Ziehung einer **Klumpenstichprobe** *(cluster sample)* erlaubt eine eingeschränkte Zufallsauswahl durch die zufallsgemäße Auswahl von Teilpopulationen. Die Gesamtpopulation wird zunächst in inhaltlich angemessene („natürliche") Teilpopulationen **(Klumpen)** unterteilt, anschließend wird eine zufallsgemäße Auswahl einiger Teilpopulationen vorgenommen und in diesen dann eine Vollerhebung durchgeführt (vgl. Rustenbach, 2006, S. 21). Ein Beispiel für die Erhebung von Personmerkmalen wäre die Aufteilung der Gesamtpopulation in relevante Betriebe, nachfolgend eine Zufallsauswahl von Betrieben und dann eine Vollerhebung aller Personen in diesen Betrieben.

Die Ziehung einer **geschichteten (stratifizierten) Stichprobe** erlaubt ebenso wie die Ziehung einer Klumpenstichprobe eine eingeschränkte Zufallsauswahl in umgrenzten

Teilpopulationen. Bei der Auswahl von geschichteten (stratifizierten) Stichproben wird die Aufteilung der Gesamtpopulation auf der Basis bestimmter **sachrelevanter Merkmale** – beispielsweise Alter oder Dienststellung – vorgenommen, und aus diesen Teilpopulationen (Schichten) werden anschließend Zufallsstichproben gezogen.

Das Zufallsprinzip ist nicht gewährleistet bei einer bewussten Auswahl nach bestimmten sachrelevanten Merkmalen, wie sie bei der sogenannten **Quotenstichprobe** vorgenommen wird. Hier orientiert sich die Ziehung der Stichproben nach der **Auftretenshäufigkeit** sachrelevanter Merkmale in der Gesamtpopulation wie beispielsweise der prozentualen Geschlechter- oder Altersverteilung. Basierend auf dieser Auftretenshäufigkeit werden Quoten gebildet und anschließend Untersuchungseinheiten entsprechend diesen Quoten ausgewählt. Beispielsweise werden Versuchsteilnehmer so ausgewählt, dass Alter und Geschlecht der prozentualen Auftretenshäufigkeit in der Population entsprechen. Die Repräsentativität der Stichprobe für die Population ist hierbei nicht gewährleistet.

Die Auswahl von Klumpenstichproben, geschichteten Stichproben und Quotenstichproben kommt häufig in der Marktforschung zur Anwendung, aber auch in anderen Bereichen betriebswirtschaftlicher Forschung.

Nicht selten wird in betriebswirtschaftlichen Untersuchungen auf **„anfallende"** Stichproben (vgl. Kellerer, 1952, S. 13) oder **„Ad-hoc-Stichproben"** (vgl. Rustenbach, 2006, S. 22) zurückgegriffen. Die Untersuchungseinheiten werden in diesem Fall nach dem Kriterium der Zugänglichkeit ausgewählt. Implizit geht man dabei häufig von der Annahme aus, dass es sich bei der untersuchten Stichprobe um eine **„typische"** handelt, d. h. es wird unterstellt, dass die untersuchte Stichprobe ein gutes oder sogar ideales Beispiel für die in Frage stehende Population darstellt.

Auch **Einzelfälle** können – beispielsweise in **Fallstudien** – als Stichproben herangezogen werden. Ebenso wie Ad-hoc-Stichproben werden die Einzelfälle in der Regel nicht nach dem Zufallsprinzip, sondern eher nach der Zugänglichkeit und eventuell nach dem Kriterium der Angemessenheit in Bezug auf die Fragestellung ausgewählt. Einzelfallstudien können entweder explorativen oder validierenden Charakter haben. Einzelfallstudien mit explorativem Charakter werden sowohl zur Bildung als auch zur versuchsweisen Prüfung von Hypothesen herangezogen. Beispielsweise kann in einem spezifischen Betrieb erkundet werden, inwieweit die buchhalterische Umstellung von einer bisher praktizierten Bilanzierungsmethode auf eine neue Methode die Transparenz wichtiger Informationen erhöht und damit zu einer Optimierung von Handlungsmöglichkeiten führt. Einzelfallstudien mit validierendem Charakter dienen dazu, zu prüfen, inwieweit Erkenntnisse oder Methoden, die in vorausgehenden Studien gewonnen bzw. entwickelt wurden, sich auf einen spezifischen Einzelfall übertragen lassen.

Die Stichprobenauswahl beschränkt sich nicht auf die Auswahl der zu untersuchenden Einheiten wie Personen oder Betriebe, sondern umfasst auch die Auswahl von geeigneten **Situationen**, **Zeiten** und **Erhebungsmethoden**. Auch hier ist zu fragen, inwieweit die vorgenommene Auswahl die Gesamtheit der möglichen Situationen, Zeiten und Erhebungsmethoden repräsentiert. Der Grad der Repräsentativität ist hier allerdings schwer zu bestimmen, da die Grundgesamtheit meistens nicht bekannt ist. In jedem Fall müssen die in Kap. 9 besprochenen Gütekriterien herangezogen werden. So muss bei der Auswahl der Erhebungsmethode gefragt werden, inwieweit andere Methoden zur selben Fragestellung zu ähnlichen Ergebnissen führen würden. Beispielsweise wäre bei einer Befragung zu prüfen, inwieweit andere Fragen zum selben Thema ähnliche Ergebnisse erbringen würden. Die tatsächlich gestellten Fragen müssten im Idealfall eine Zufallsauswahl aus dem Universum möglicher Fragen darstellen (vgl. Cronbach, 1984).

11.6 Fazit

Empirische Forschung benötigt Daten als Untersuchungsbasis. Daten sind nicht unmittelbar gegeben, sondern müssen erst „konstruiert" werden. Die Konstruktion besteht in der Datenerhebung und der Datenaufbereitung. Es wurden Verfahren der Datenerhebung wie beispielsweise Beobachtung, Arten der Stichprobenauswahl und Verfahren der Datenaufbereitung wie beispielsweise die Bildung von Kennzahlen dargestellt.

Verständnisfragen

1. Wodurch können Verfälschungen bei der Beantwortung von Fragen in einem Interview, einer Umfrage oder in einem Fragebogen entstehen? Bitte kreuzen Sie *alle* der folgenden Antwortalternativen an, deren Aussage Sie für zutreffend halten.
   (a) Die Fragen werden falsch oder ungenau verstanden.
   (b) Die Fragen werden nicht wahrheitsgemäß beantwortet, weil es der befragten Person peinlich ist bzw. sie in einem günstigeren Licht erscheinen will.
   (c) Die Art der Frageformulierung kann zu Verzerrungen führen.
   (d) Die Antworten in einem Fragebogen sind nicht quantifizierbar.
   (e) Die Fragen werden falsch oder ungenau beantwortet, weil sich die befragte Person nicht mehr oder ungenau daran erinnert, was sie in der Vergangenheit getan hat.
2. Was charakterisiert eine „Zufallsstichprobe"? Bitte kreuzen Sie *alle* der folgenden Antwortalternativen an, die eine Zufallsstichprobe charakterisieren.
   (a) Eine Zufallsstichprobe ist eine gerade verfügbare Stichprobe.
   (b) Bei einer Zufallsstichprobe wird die Auswahl der Untersuchungseinheiten nach dem Zufallsprinzip vorgenommen.
   (c) Wenn die Stichprobe nach dem Zufallsprinzip aus der in Frage stehenden Population gewonnen wurde, lässt sich die Repräsentativität quantitativ mithilfe der Berechnung des Stichprobenfehlers bestimmen.
   (d) Eine Zufallsstichprobe spiegelt die Auftretenshäufigkeit sachrelevanter Merkmale in der Gesamtpopulation wider.

3. Unterschiede in einer Variablen lassen sich auf einer Skala darstellen. Die Skala bildet die Ausprägungen einer Variablen ab. Bitte kreuzen Sie *alle* der folgenden Antwortalternativen an, die richtige Aussagen beinhalten.
   (a) Ordinalskalierte Daten lassen die Bildung des arithmetischen Mittels zu.
   (b) Eine Ordinalskala bildet Größer-Kleiner-Relationen ab.
   (c) Eine Intervallskala lässt sich in eine Ordinalskala überführen.
   (d) Eine Intervallskala lässt die Bildung von Verhältnissen zu.
4. Quantitative Informationen zur Charakterisierung von Merkmalen werden oft zu Kennzahlen verdichtet. Was versteht man unter einer „Indexkennzahl"? Bitte entscheiden Sie sich für *eine* der folgenden Antwortmöglichkeiten.
   (a) Eine Indexkennzahl ist eine absolute Kennzahl.
   (b) Eine Indexkennzahl wird durch den Vergleich gleichartiger und gleichrangiger Größen mit unterschiedlichem Zeitbezug gebildet.
   (c) Eine Indexkennzahl besteht aus Summen oder Differenzen von Einzelmerkmalen.
   (d) Eine Indexkennzahl bildet das Verhältnis zweier Größen ab.

Literatur

Zitierte Literatur

BaFin. (2023). *Risiken im Fokus der BaFin*. BaFin.
Berndt, R. (1992). *Marketing 1: Käuferverhalten, Marktforschung und Marketing-Prognosen* (2. Aufl.). Springer.
Bleymüller, J. (2012). *Statistik für Wirtschaftswissenschaftler* (16. Aufl.). Vahlen.
Cronbach, L. J. (1984). *Essentials of psychological testing* (4. Aufl.). Harper & Row.
Kahnemann, D. (2012). *Schnelles Denken, langsames Denken*. Siedler.
Kellerer, H. (1952). Theorie und Technik des Stichprobenverfahrens. *Einzelschriften der Deutschen Statistischen Gesellschaft (Bd. 5)*. Physica.
Rustenbach, S. J. (2006). Psychologische Forschungsmethoden. In K. Pawlik (Hrsg.), *Handbuch Psychologie* (S. 17–36). Springer.
Staehle, W. H. (1969). *Kennzahlen und Kennzahlensysteme als Mittel der Organisation und Führung von Unternehmen*. Gabler.
Zimbardo, P. G., & Gerrig, R. J. (2008). *Psychologie* (18. Aufl.). Pearson Studium.

Weiterführende Literatur

Bleymüller, J., Weißbach, R., & Dörre, A. (2020). *Statistik für Wirtschaftswissenschaftler* (18. Aufl.). Vahlen.

Datenauswertung 12

> **Übersicht**
>
> In Kap. 11 ging es um die Erhebung und Aufbereitung von Daten. Damit aus den gewonnenen Daten und Kennzahlen Schlüsse gezogen werden können, müssen sie zusammengefasst und im Hinblick auf ihren Geltungsbereich beurteilt werden. Dies geschieht zumeist mithilfe statistischer Auswertungsverfahren. Eine wichtige Frage ist, inwieweit die aus einer Stichprobe gewonnenen Befunde auf die Grundgesamtheit übertragbar sind. Man unterscheidet daher zwischen einer deskriptiven und einer induktiven Statistik. Mithilfe der deskriptiven Statistik lassen sich nur Aussagen über die tatsächlich untersuchte Stichprobe gewinnen. Dagegen dient die induktive Statistik, die sogenannte Inferenzstatistik, der Verallgemeinerung der Befunde. Mit ihrer Hilfe versucht man, die aus der Stichprobe gewonnenen Erkenntnisse auf einen größeren Bereich, die sogenannte Grundgesamtheit oder Population, zu generalisieren.

12.1 Deskriptive Statistik

Die deskriptive Statistik dient der Beschreibung (Deskription) der vorhandenen Daten. Das Ergebnis ist eine summarische Darstellung der Ergebnisse durch Grafiken und statistische Kennwerte.

Der erste Schritt sollte in der Erstellung eines Häufigkeitsdiagramms, eines sogenannten **Histogramms**, bestehen, das die Häufigkeiten der erhaltenen Skalenwerte entweder einzeln oder zu Klassen gruppiert wiedergibt (vgl. Rustenbach, 2006, S. 29). Beispiele für Histogramme mit Klassen gleicher Breite sind in Abb. 12.1, 12.2 und 12.3 aufgeführt. Das Histogramm kann zur Beurteilung der Verteilungsform herangezogen werden. Bei metrisch (kardinal) skalierten Daten findet man oft eine sogenannte Normal-

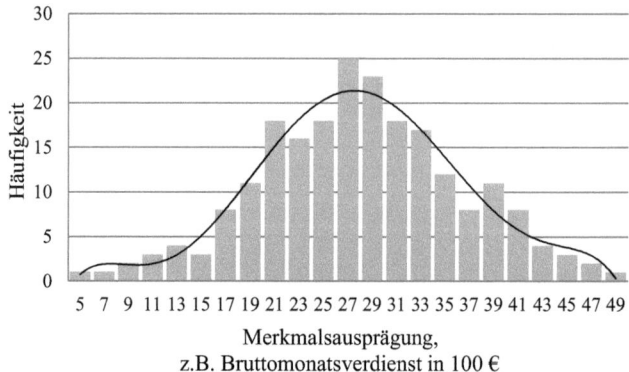

Abb. 12.1 Häufigkeitsdiagramme und Verteilungsformen – angenäherte Normalverteilung

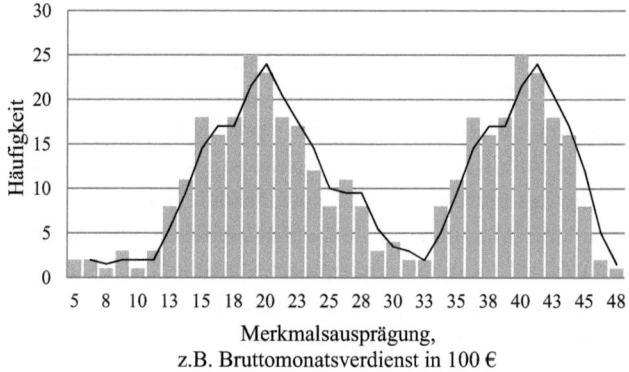

Abb. 12.2 Häufigkeitsdiagramme und Verteilungsformen – zweigipflige (bimodale Verteilung)

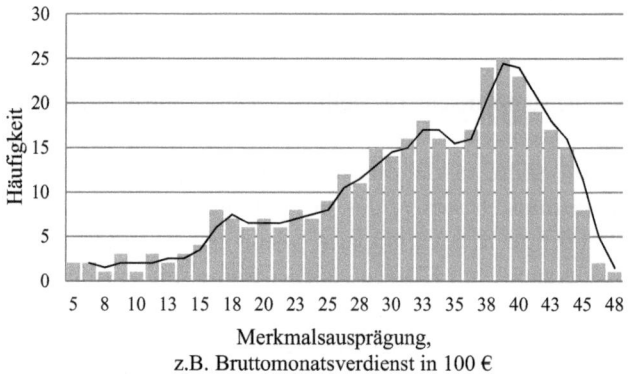

Abb. 12.3 Häufigkeitsdiagramme und Verteilungsformen – linksschiefe Verteilung

12.1 Deskriptive Statistik

verteilung, deren Form einer Glocke ähnelt und die symmetrisch ist (vgl. Abb. 12.1). Aber auch andere Verteilungsformen können auftreten, z. B. zweigipflige („bimodale", vgl. Abb. 12.2) und rechts- oder linksschiefe (vgl. Abb. 12.3).

Häufigkeitsdiagramme erlauben nur einen groben Überblick, eine präzisere Beschreibung liefern sogenannte statistische Kennwerte oder statistische Parameter. Sie geben eine verdichtende und zusammenfassende Auskunft über die Werte. Die wichtigsten statistischen Parameter kennzeichnen den Wertebereich auf drei Arten:

- Lage der Werte
- Streuung der Werte
- Zusammenhang zwischen unterschiedlichen Wertearten

Hierfür kommen unterschiedliche Maße zum Tragen. Welches Maß jeweils angemessen ist, ist abhängig vom Skalenniveau der Werte (vgl. Abschn. 11.4).

Lageparameter kennzeichnen den für die Gesamtheit der erhaltenen Werte typischen Wert, die sogenannte zentrale Tendenz. Auf Nominalskalenniveau ist dies derjenige Wert, der am häufigsten auftritt, der sogenannte **Modus** oder **Modalwert**. Haben die Werte Ordinalskalenniveau, ist der sogenannte **Median** aufschlussreicher: Es ist derjenige Wert, der die Stichprobe in zwei Hälften unterteilt, d. h. 50 % der Werte befinden sich unterhalb und 50 % oberhalb des Medians. Bei metrischen Daten (Intervallskalen- oder Verhältnisskalenniveau) bestimmt man den **arithmetischen Mittelwert** M, definiert als die Summe der Einzelwerte (x_i) dividiert durch die Anzahl der Werte (n):

$$M = \frac{\sum_{i=1}^{n} x_i}{n}, \text{ wobei } x_i = x_1, \ldots, x_n \text{ mit } n = \text{Anzahl der Werte.}$$

Liegt eine Normalverteilung metrischer Werte vor, führt die Berechnung von Modus, Median und arithmetischem Mittelwert zum selben Ergebnis.

Darauf hinzuweisen ist, dass Absolutaussagen über die Höhe eines Lageparameters nur dann gemacht werden können, wenn die Daten Verhältnisskalenqualität haben. Bei Daten von Intervallskalenqualität sind Absolutaussagen nicht möglich, da der Nullpunkt willkürlich ist (vgl. Abschn. 11.4).

Zur Beschreibung einer Werteverteilung ist die Angabe der zentralen Tendenz nicht hinreichend, wichtig ist auch die Abweichung der Einzelwerte vom Wert der zentralen Tendenz. Die statistischen Kennwerte für diese Abweichung liefern **Streuungs-** oder **Dispersionsparameter.** Für metrische und normalverteilte Daten wird in der Regel die **Standardabweichung** s berechnet. Sie ist definiert als die Wurzel aus der mittleren quadrierten Abweichung der Einzelwerte (x_i) vom Mittelwert (M):

$$s = \sqrt{\frac{\sum_{i=1}^{n} (x_i - M)^2}{n}}, \text{ wobei } x_i = x_1, \ldots, x_n \text{ mit } n = \text{Anzahl der Werte.}$$

Auch der Zusammenhang zwischen zwei oder mehr Merkmalen lässt sich mithilfe der deskriptiven Statistik darstellen. Als Resultat ergeben sich **Zusammenhangsparameter**. Graphisch kann der Zusammenhang in einem Streuungsdiagramm abgebildet werden, bei dem die x-Achse den Wertebereich des einen Merkmals und die y-Achse den Wertebereich des anderen Merkmals wiedergibt (vgl. Abb. 10.2). Im Diagramm ist jedem Merkmalsträger ein Punkt zugeordnet, dessen x-Wert die Ausprägung des einen Merkmals und dessen y-Wert die Ausprägung des anderen Merkmals anzeigt. Statistisch lässt sich der Zusammenhang durch den Korrelationskoeffizienten (vgl. Abschn. 10.4.1) ausdrücken. Für metrische und normalverteilte Werte wird der sogenannte **Produkt-Moment-Korrelationskoeffizient** r verwendet. Er kann zwischen -1 (negativer Zusammenhang) und $+1$ (positiver Zusammenhang) variieren und bewegt sich nahe 0, wenn kein linearer Zusammenhang zwischen den beiden Merkmalen besteht. Äquivalente für ordinal- bzw. nominalskalierte Daten sind der **Rangkorrelationskoeffizient** *(rho)* und der **Kontingenzkoeffizient** (K^p).

12.2 Inferenzstatistik

Mithilfe der Inferenzstatistik, auch „induktive Statistik" genannt, werden Rückschlüsse abgeleitet, die über die reine Beschreibung der vorhandenen Daten hinausgehen. Die resultierenden Aussagen können sowohl der Erweiterung der Beschreibung als auch der Prüfung von Hypothesen (vgl. Abschn. 6.3) dienen.

Eine Beschreibung mithilfe der Inferenzstatistik zielt auf den Rückschluss von den in der Stichprobe gewonnenen Kennwerten auf dieselben Kennwerte in der zugrundeliegenden **Grundgesamtheit** oder **Population** (vgl. Abschn. 10.5), man versucht also, aus den Stichprobenparametern eine Schätzung der Populationsparameter abzuleiten. Beispielsweise prüft man, ob ein in der erhobenen Stichprobe ermittelter Korrelationskoeffizient sich als brauchbare Schätzung desselben Zusammenhangs in der zugrundeliegenden Population eignet.

Bei Zufallsstichproben werden die ermittelten Kennwerte als Schätzungen aufgefasst, die einen zufallsbedingten Fehler, den sogenannten **Stichprobenfehler** oder **Standardfehler**, aufweisen. Dieser ist ein Maß dafür, wie repräsentativ die erhobene Stichprobe für die gesamte Population ist. Mithilfe des Stichprobenfehlers lässt sich das sogenannte **Vertrauensintervall** oder **Konfidenzintervall** bestimmen, innerhalb dessen der Populationsparameter mit wählbarer Wahrscheinlichkeit liegt. Bei konstanter Wahrscheinlichkeit (z. B. 95 %) wird das Konfidenzintervall umso kleiner (und damit die Messung umso präziser), je größer die Stichprobe und je geringer die Streuung der Werte ist.

Wird die Inferenzstatistik zur Prüfung von Hypothesen eingesetzt, muss zunächst die inhaltliche Hypothese in eine statistische Hypothese überführt werden (vgl. Abschn. 6.3). Hierzu müssen die inhaltlichen Konstrukte als messbare Variablen operationalisiert werden. Die statistische Hypothese ist als Populationshypothese zu verstehen, deren Prüfung an der Stichprobe vorgenommen wird. Man unterscheidet im Allgemeinen zwischen der Nullhypothese und der Alternativhypothese. Die **Nullhypothese** (H_0) bildet die Basisannahme. Sie besagt, dass kein Unterschied zwischen zwei oder mehreren Teilstichproben vorliegt oder dass kein Zusammenhang zwischen zwei oder mehreren Merkmalen besteht. Die **Alternativhypothese** (H_1) beinhaltet eine Annahme, die der Nullhypothese entgegensteht. Gemäß der Alternativhypothese existiert ein Unterschied zwischen zwei oder mehr Teilstichproben oder es gibt einen Zusammenhang zwischen zwei oder mehreren Merkmalen. Unterscheiden lässt sich noch zwischen ungerichteten und gerichteten Alternativhypothesen. Bei **ungerichteten** Alternativhypothesen wird ein Unterschied bzw. ein Zusammenhang unterstellt, ohne dass die Richtung des Unterschieds bzw. des Zusammenhangs spezifiziert wird, während bei eine **gerichteten** Alternativhypothese die Richtung des Unterschieds bzw. des Zusammenhangs angegeben wird. In Abschn. 6.5.3 wurden Null- und Alternativhypothese an einem Beispiel veranschaulicht.

Zur statistischen Prüfung der aufgestellten Hypothese dient ein sogenannter **Signifikanztest.** Der Signifikanztest gibt darüber Auskunft, inwieweit die Kennwerte der Stichprobe noch mit der Nullhypothese vereinbar sind. Im Falle des Unterschieds zwischen zwei oder mehreren Teilstichroben bedeutet dies die Wahrscheinlichkeit dafür, dass die einzelnen Teilstichproben ein und derselben Population entstammen. Im Falle des korrelativen Zusammenhangs bedeutet es die Wahrscheinlichkeit dafür, dass kein Zusammenhang zwischen den einzelnen Merkmalen besteht. Die entsprechende Wahrscheinlichkeit ist ein Maß für die Wahrscheinlichkeit der Abweichung der erhaltenen Kennwerte von den unter der Nullhypothese zu erwartenden Kennwerten und wird als „**Irrtumswahrscheinlichkeit**" bezeichnet. Der Untersucher wählt eine kritische Irrtumswahrscheinlichkeit, das sogenannte **Signifikanzniveau,** das in der Regel auf 5 % (bzw. $\alpha = 0{,}05$) oder 1 % (bzw. $\alpha = 0{,}01$) festgelegt wird. Ist die ermittelte Wahrscheinlichkeit gleich wie oder geringer als die gewählte kritische Irrtumswahrscheinlichkeit, wird die Nullhypothese zugunsten der Alternativhypothese verworfen bzw. falsifiziert (vgl. Abschn. 6.4). Ist sie höher als die gewählte Irrtumswahrscheinlichkeit, wird die Nullhypothese beibehalten. Ein Beibehalten der Nullhypothese bedeutet jedoch keine Bestätigung oder gar Verifizierung der Nullhypothese, sondern besagt nur, dass sie nicht verworfen werden kann.

Bei den Signifikanztests für zwei Teilstichproben unterscheidet man zweiseitige von einseitigen Tests. Ein **einseitiger** Test wird dann durchgeführt, wenn es sich bei der Alternativhypothese um eine gerichtete Hypothese handelt. Ein **zweiseitiger** Test wird durchgeführt, wenn es sich bei der Alternativhypothese um eine ungerichtete Hypothese handelt. Das gewählte Signifikanzniveau halbiert sich in diesem Fall.

Ob ein in einer Untersuchung ermitteltes Ergebnis statistisch signifikant wird, hängt von folgenden Faktoren ab:

- vom ermittelten Abstand der Kennwerte
- von der Streuung der Kennwerte

- vom gewählten statistischen Prüfverfahren (z. B. Mittelwertsvergleich oder Korrelation)
- vom gewählten Signifikanzniveau
- von der Größe der Stichprobe

Die Festlegung auf ein bestimmtes Signifikanzniveau birgt immer die Gefahr einer Fehlentscheidung in sich. Hierbei ist ein Abwägen zwischen zwei Fehlerarten erforderlich: dem **Fehler erster Art** (α-Fehler) und dem **Fehler zweiter Art** (β-Fehler). Der Fehler erster Art liegt vor, wenn die Nullhypothese verworfen wird, obwohl die Abweichung der Kennwerte zufällig ist. Der Fehler zweiter Art liegt vor, wenn die Nullhypothese beibehalten wird, obwohl die Populationskennwerte mehr als zufällig voneinander abweichen (vgl. Abschn. 10.11).

Ein signifikantes Untersuchungsergebnis lässt noch keine Aussage über die praktische Bedeutsamkeit des ermittelten Unterschieds bzw. des ermittelten Zusammenhangs zu. Ist die Stichprobe hinreichend groß, kann selbst ein sehr kleiner Unterschied zwischen zwei oder mehreren Teilstichproben bzw. ein sehr geringer Zusammenhang zwischen zwei der mehreren Merkmalen zu einem signifikanten Untersuchungsergebnis führen (vgl. Abschn. 10.11).

Um der Größe des Unterschieds bzw. der Stärke des Zusammenhangs Rechnung zu tragen, wird eine weitere statistische Kenngröße, die sogenannte **Effektstärke**, herangezogen (vgl. Abschn. 10.11). Die Effektstärke ist eine standardisierte (d. h. von der Maßeinheit der Ursprungsdaten unabhängige) Maßzahl, die unabhängig von der Stichprobengröße ist. Wird sie als Anteilswert angegeben, gibt sie das Verhältnis zwischen aufgeklärter Varianz und Gesamtvarianz der Messwerte an. Die Effektstärke kann als Maßzahl für die praktische Bedeutsamkeit des Unterschieds bzw. des Zusammenhangs betrachtet werden. Liegt die ermittelte Maßzahl nahe null, ist der ermittelte Unterschied bzw. der ermittelte Zusammenhang praktisch bedeutungslos, obwohl möglicherweise der eingesetzte Signifikanztest zu einer Ablehnung der Nullhypothese geführt hat. Zur Ermittlung der Effektstärke werden unterschiedliche Maßzahlen verwendet, deren Anwendung im Wesentlichen von der Art des gewählten statistischen Prüfverfahrens abhängt. Einen Überblick geben beispielsweise Bortz (2005, S. 167 f.) sowie Bortz und Döring (2006).

12.3 Fazit

Damit aus erhobenen Daten Schlüsse gezogen werden können, bedient man sich statistischer Auswertungsverfahren. Man unterscheidet zwischen der Beschreibung der in der untersuchten Stichprobe gewonnenen Daten und der Verallgemeinerung von Befunden auf die Grundgesamtheit (Population). Die Prüfung von Hypothesen wird immer mit Bezug auf die Population vorgenommen. Die Beschreibung der Stichprobendaten ist das Feld der deskriptiven Statistik, der Verallgemeinerung dient die Inferenzstatistik.

Verständnisfragen

1. Welche der folgenden statistischen Kennwerte sind den Lageparametern zugeordnet? Bitte kreuzen Sie *alle* zutreffenden Antwortalternativen an.
   (a) Modus
   (b) Modalwert
   (c) Median
   (d) Korrelationskoeffizient
   (e) arithmetisches Mittel
   (f) Standardabweichung
2. Was versteht man unter „Irrtumswahrscheinlichkeit"? Bitte entscheiden Sie sich für *eine* der folgenden Antwortalternativen.
   (a) eine fälschliche Entscheidung zugunsten der Alternativhypothese
   (b) den Stichprobenfehler
   (c) die Wahrscheinlichkeit, dass die Nullhypothese zutrifft
   (d) die Wahrscheinlichkeit dafür, dass das gefundene Ergebnis mit der Alternativhypothese vereinbar ist
   (e) die Wahrscheinlichkeit dafür, dass man einen Fehler begangen hat
3. Was sind die Unterschiede zwischen „deskriptiver" und „induktiver" Statistik? Bitte kreuzen Sie *alle* zutreffenden Antwortalternativen an.
   (a) Die deskriptive Statistik beschreibt die in der untersuchten Stichprobe gewonnenen Daten, während die induktive Statistik sich statistischer Auswertungsmethoden bedient.
   (b) Mithilfe der deskriptiven Statistik lassen sich nur Aussagen über die tatsächlich untersuchte Stichprobe gewinnen, während die induktive Statistik der Verallgemeinerung der Befunde auf die Grundgesamtheit dient.
   (c) Mithilfe der deskriptiven Statistik lassen sich Einzelmerkmale beschreiben, während die induktive Statistik auch den Zusammenhang zwischen zwei oder mehr Merkmalen darstellen kann.
   (d) Die deskriptive Statistik bedient sich qualitativer Auswertungsmethoden, während die induktive Statistik nur quantitative Auswertungsmethoden zulässt.

Literatur

Zitierte Literatur

Bortz, J. (2005). *Statistik für Human- und Sozialwissenschaftler* (6. Aufl.). Springer.
Bortz, J., & Döring, N. (2006). *Forschungsmethoden und Evaluation für Human- und Sozialwissenschaftler* (4. Aufl.). Springer.
Rustenbach, S. J. (2006). Psychologische Forschungsmethoden. In K. Pawlik (Hrsg.), *Handbuch Psychologie* (S. 17–36). Springer.

Weiterführende Literatur

Akkerboom, H. (2008). *Wirtschaftsstatistik im Bachelor*. Gabler.
Bleymüller, J., Weißbach, R., & Dörre, A. (2020). *Statistik für Wirtschaftswissenschaftler* (18. Aufl.). Vahlen.
Sedlmeier, P., & Renkewitz, F. (2013). *Forschungsmethoden und Statistik* (2. Aufl.). Pearson.
Stiefl, J. (2006). *Wirtschaftsstatistik*. Oldenbourg.
Toutenburg, H., & Heumann, C. (2006). *Deskriptive Statistik* (5. Aufl.). Springer.

Aufbau einer wissenschaftlichen Arbeit 13

> **Übersicht**
>
> In diesem Kapitel wird der idealtypische Aufbau einer wissenschaftlichen Arbeit beschrieben. Der Fokus liegt auf Arbeiten zur Erlangung eines akademischen Grades, also Bachelor- und Master-Arbeiten sowie Dissertationen. Die Prinzipien lassen sich auch auf andere wissenschaftlichen Abhandlungen wie beispielsweise Zeitschriftenaufsätze oder Projektbeschreibungen übertragen, wenngleich hier die speziellen Richtlinien der jeweiligen Publikationsorgane zu berücksichtigen sind.
>
> Nicht eingegangen wird auf Techniken zur Literatur- und Materialrecherche, formale Textgestaltung, Präsentationstechniken und Software-Pakete zur statistischen Auswertung. Hier sei auf spezielle Werke wie z. B. Gleitsmann und Suthaus (2013), Goldenstein et al. (2018), Sesink (2013) hingewiesen.

13.1 Generelle Überlegungen

Eine wissenschaftliche Arbeit (Bachelor-Thesis, Master-Thesis oder Dissertation) soll sowohl in ihren fachlichen Einzelteilen als auch in den fachübergreifenden Zusammenhängen zeigen, dass der Verfasser in der Lage ist, ein Problem aus seinem Fachgebiet mit wissenschaftlichen Methoden selbstständig zu bearbeiten. Die Arbeit sollte argumentativ gut nachvollziehbar und verständlich geschrieben sein.

Bei der Erstellung der Arbeit sollte der Verfasser in allen Phasen eine so genannte Plausibilitätskontrolle vornehmen. Darunter versteht man Daumenregeln, die es erlauben, mit wenig Aufwand offensichtliche Unrichtigkeiten zu erkennen. Im theoretischen Teil könnte beispielsweise darauf geachtet werden, ob die einzelnen Behauptungen stimmig sind oder ob sie Widersprüchlichkeiten aufweisen. Werden in einer empirischen

© Der/die Autor(en), exklusiv lizenziert an Springer Fachmedien Wiesbaden GmbH, ein Teil von Springer Nature 2024
H. Helfrich, *Wissenschaftstheorie für Betriebswirtschaftler*,
https://doi.org/10.1007/978-3-658-45240-7_13

Arbeit statistische Berechnungen vorgenommen, sollten die Werte der ermittelten Kenngrößen prinzipiell vorkommen können, beispielsweise kann eine Wahrscheinlichkeit oder ein Korrelationskoeffizient (vgl. Abschn. 10.4.1) nie größer als 1 (bzw. kleiner als -1) sein oder ein F-Wert (vgl. Abschn. 10.5) kann nie ein negatives Vorzeichen haben.

Obwohl es maßgeblich der Inhalt ist, der die Qualität einer wissenschaftlichen Arbeit bestimmt, müssen auch formale Standards eingehalten werden. Dazu gehören Orthographie, Grammatik und Zeichensetzung. Werden diese Standards ungenügend beachtet, wird dem Leser die inhaltliche Würdigung erschwert. Es empfiehlt sich daher, bei der Texterstellung eine Rechtschreib- und Grammatikprüfung beispielsweise mit *Word* zu Hilfe zu nehmen, um Tippfehler zu vermeiden.

Bei einer empirischen Arbeit ist es ratsam, Ziel und Umfang der Untersuchung mit dem Betreuer genau abzusprechen und entsprechend der zur Verfügung stehenden Zeit einzugrenzen. Vorstellungen über empirische Untersuchungen, wie sie von Seiten der Praxis oft an Studierende herangetragen werden, übersteigen häufig die Machbarkeit im Rahmen einer Bachelor- bzw. Master-Thesis oder einer Dissertation und sind eher als Auftragsarbeiten geeignet.

Werden Fallbeispiele herangezogen, ist darauf zu achten, dass die theoretische Basis und das Fallbeispiel zueinander in Bezug gesetzt werden. Das Fallbeispiel kann zur Bestätigung oder als Falsifizierungsversuch der theoretischen Ausführungen dienen.

Derzeit wird der Einsatz künstlicher Intelligenz (**KI**) beim Verfassen einer wissenschaftlichen Arbeit intensiv diskutiert. Textroboterprogramme wie beispielsweise **ChatGPT, DALL-E** oder **BARD** erlauben, einen Text automatisiert zu erstellen. Der Benutzer stellt dem Programm Fragen oder gibt Schlagwörter ein, ausgehend von diesen Informationen erzeugt das Programm den Output. Zuvor wurde das Programm mit einem Datenmaterial trainiert, das den Äußerungen menschlicher Verfasser entstammt. Dieses Trainingsmaterial bildet das Ausgangsmaterial, aus dem das Programm mithilfe von Wahrscheinlichkeitsrechnungen den neuen Text erstellt.

Zunächst ist festzuhalten, dass Textroboter keine **Urheber** wissenschaftlicher Texte sein können, es muss immer einen menschlichen Verfasser geben (vgl. Schwartmann, 2023, S. 415). Weiterhin muss sichergestellt sein, dass die Abhandlung etablierten **wissenschaftlichen Normen** wie intersubjektive Überprüfbarkeit (siehe Abschn. 1.6.2) und Verbot des Plagiats (siehe Abschn. 1.6.4) standhält.

Werden die genannten Richtlinien eingehalten, kann der Einsatz von KI durchaus nützlich sein. Beispielsweise kann er die Eingrenzung des Themas erleichtern oder eine Hilfe bei der Verbesserung der generellen Struktur der Arbeit sein (vgl. Klöckner & Falenczyk, 2023). Gleichzeitig ist der Autor der Arbeit hier nicht vor **Irrtümern** geschützt. Die Irrtümer können dadurch zustande kommen, dass der Textroboter den Text auf der Basis vorhandener Texte (die als Trainingsmaterial dienen) nach den Regeln der **Wahrscheinlichkeit** erstellt und damit sowohl auf Falschaussagen (z. B. Lügen) als auch auf richtige Aussagen zugreift (vgl. Schwartmann, 2023, S. 414). Auch können wichtige Informationen ausgeblendet werden (z. B. weil sie im Trainingsmaterial nicht vorkommen). Demgegenüber muss der menschliche Autor die Regeln **wissenschaftlicher Argumentation** (vgl. Kap. 4 und 5) einhalten. Wahrscheinlichkeitsregeln und Argumentationsregeln können zwar manchmal zu ähnlichen Ergebnissen führen, aber dies ist nicht zwangsläufig der Fall. Für den Verfasser der Arbeit ergibt sich somit die Konsequenz, dass er den automatisch generierten Text sowohl auf Vollständigkeit als auch auf Richtigkeit der Aussagen überprüfen muss. Sollte das KI-Programm Quellen angeben, sind diese natürlich ebenfalls zu überprüfen.

13.2 Formale Bestandteile einer wissenschaftlichen Arbeit

Eine wissenschaftliche Arbeit (Bachelor-Thesis, Master-Thesis oder Dissertation) weist mehrere formale Bestandteile auf. Ein paar dieser Bestandteile sind unabdingbar, andere sind – oftmals in Abhängigkeit von den Regelungen der jeweiligen Hochschule – fakultativ. Verbindlich sind die Regelungen in der jeweiligen Prüfungsordnung Abb. 13.1 gibt eine Übersicht über die formalen Bestandteile; fakultative Teile sind in Klammern gesetzt. Unabdingbare Bestandteile einer wissenschaftlichen Arbeit sind Titel, Inhaltsverzeichnis, Text und Literaturverzeichnis.

Der **Titel** der Arbeit wird auf einem gesonderten Blatt zusammen mit dem Verfasser der Arbeit aufgeführt. Das Titelblatt enthält in der Regel auch die Angabe der Art der Arbeit (Bachelor-Thesis, Master-Thesis oder Dissertation) und des Fachgebiets, die Namen der Betreuer der Arbeit und die Abteilung der Hochschule, bei der die Arbeit eingereicht wird. Einzelheiten werden in den Regelungen der einzelnen Hochschulen spezifiziert.

Abb. 13.1 Formale Bestandteile einer wissenschaftlichen Arbeit

Der Arbeit kann ein **Vorwort** mit persönlichen Gedanken des Verfassers vorangestellt werden. Es gibt beispielsweise Auskunft über Anlass und Anregungen zur Arbeit und kann Danksagungen für Unterstützung durch andere Personen enthalten.

Das **Inhaltsverzeichnis** zeigt die Gliederung des Textes der Arbeit sowie alle übrigen Bestandteile mit Angabe der Seitenzahl, mit der der jeweilige Teil beginnt. Für die formale Gestaltung wird die Dezimalgliederung empfohlen, sie ist aber nicht zwingend. Zu beachten ist dabei, dass auf einen Unterpunkt ein weiterer derselben Hierarchiestufe folgen muss, bevor zum nächsten Punkt übergegangen werden kann (z. B. auf 1.1.1 zumindest 1.1.2). Zu vermeiden sind zu stark untergliederte Unterpunkte. Ab der fünften Gliederungsstufe wird es in der Regel unübersichtlich. Zu beachten ist auch, dass Überschriften nicht identisch mit dem Titel der Arbeit sein dürfen. Im Folgenden wird ein Beispiel für ein Inhaltsverzeichnis gezeigt.

Beispiel für ein Inhaltsverzeichnis

Inhaltsverzeichnis	
Verzeichnis der Abbildungen	5
Verzeichnis der Tabellen	7
Vorwort	9
1 Einleitung	11
2 Überschrift	19
2.1 Überschrift	19
2.1.1 Überschrift	19
2.1.2 Überschrift	20
2.1.3 Überschrift	21
2.2 Überschrift	23
2.2.1 Überschrift	23
2.2.2 Überschrift	25
2.2.3 Überschrift	26
2.3 Überschrift	28
2.3.1 Überschrift	28
2.3.2 Überschrift	30
2.4 Überschrift	32
2.4.1 Überschrift	32
2.4.2 Überschrift	34
2.4.3 Überschrift	35
3 Überschrift	38
3.1 Überschrift	38

3.2 Überschrift	40
3.3 Überschrift	42
4 Überschrift	44
4.1 Überschrift	44
4.2 Überschrift	45
4.3 Überschrift	47
5 Fazit	50
6 Zusammenfassung	53
Literaturverzeichnis	54
Anhang	58
Anhang 1	58
Anhang 2	61

Es hat sich eingebürgert, wissenschaftliche Arbeiten durch ein **Abbildungs-** und ein **Tabellenverzeichnis** zu ergänzen, obwohl die Arbeit auch ohne diese beiden Verzeichnisse verständlich sein muss.

Ein **Abkürzungsverzeichnis** (mit allen nicht im Duden aufgeführten Abkürzungen) erleichtert die Lesbarkeit der Arbeit. Wird kein Abkürzungsverzeichnis erstellt, müssen ungebräuchliche Abkürzungen zumindest bei ihrem ersten Auftreten im Text erklärt werden.

Ein **Fremdwörterverzeichnis** ist besonders dann sinnvoll, wenn englische Fachausdrücke verwendet werden, deren Übersetzung nicht unmittelbar ihre Bedeutung im wirtschaftswissenschaftlichen Kontext widerspiegelt. Wird kein solches Verzeichnis erstellt, müssen diese Ausdrücke zumindest bei ihrem ersten Auftreten im Text erklärt werden.

Der **Text** der Arbeit besteht – vereinfachend gesprochen – aus einer Einleitung, einem Hauptteil und einem Schlussteil. Er enthält alle Informationen, die für das Verständnis der Arbeit wichtig sind. Eingeschlossen sind Abbildungen und Tabellen, die den Gang der Argumentation belegen. Unabdingbar sind auch Kurzbelege der verwendeten Literaturquellen. Die Kurzbelege sind – in Abhängigkeit von den Regelungen der jeweiligen Hochschule – entweder in Klammern oder in einer Fußnote aufzuführen (siehe Abschn. 13.8.1).

Fußnoten sind nur dann unbedingt notwendig, wenn nur sie den Kurzbeleg der zitierten Literaturquelle enthalten (siehe Abschn. 13.8.1). Sie können entfallen, wenn die Kurzbelege im Text in Klammern aufgeführt werden. Fußnoten, die Nebentexte enthalten, sind äußerst sparsam zu verwenden. In manchen wissenschaftlichen Zeitschriften gibt es sogar die Vorgabe, dass auf Fußnoten völlig zu verzichten ist.

Im **Literaturverzeichnis** (siehe Abschn. 13.8.2) werden die bibliographischen Angaben der zitierten Literaturquellen aufgeführt. Jede zitierte Literaturquelle muss eindeutig einer im Literaturverzeichnis angeführten bibliographischen Angabe zuordenbar sein.

Im **Anhang** einer Arbeit werden Belege (z. B. Protokolle, umfangreiche statistische Auswertungen oder zusätzliche Abbildungen) aufgeführt, die die Nachprüfbarkeit der getroffenen Aussagen erhöhen. Als allgemeines Prinzip gilt aber, dass die Arbeit auch ohne Lesen des Anhangs verständlich sein muss. Es empfiehlt sich, mit dem Betreuer abzusprechen, welche Belege unabdingbar sind und welche entfallen können.

Bei Bachelor- und Masterarbeiten wird von der Hochschule meist zusätzlich eine eidesstattliche Erklärung verlangt. Diese ist aber nicht Bestandteil der wissenschaftlichen Arbeit.

13.3 Formulierung des Themas

Eine wissenschaftliche Arbeit beginnt mit der Wahl des Themas, das zugleich den Titel der Arbeit bildet. Zunächst ist ein Themengebiet festzulegen. Oft korrespondiert das Themengebiet mit einer spezifischen Fachrichtung, also beispielsweise „Internes Rechnungswesen", „Marketing" oder „Personalwirtschaft". Es gibt auch Themengebiete, die fachrichtungsübergreifend sind. In jedem Falle sollte das gewählte Themengebiet einen Interessensschwerpunkt des Verfassers widerspiegeln. Leitfragen zur Entscheidung können sein:

- Welche Veranstaltungen haben mich im Studium besonders interessiert?
- Mit welchen Themengebieten beschäftige ich mich gerne?
- Bin ich in der Praxis (z. B. während eines Praktikums) auf ein besonderes Problem gestoßen?
- Habe ich etwas gelesen, was ich gerne intensiver bearbeiten möchte?
- Bin ich auf widersprüchliche Aussagen zu einem Thema gestoßen, die ich gerne klären möchte?

Der nächste Schritt ist die Eingrenzung des Themengebietes oder Oberthemas auf die eigene Themenstellung. Diese Einschränkung muss mit dem Betreuer der Arbeit abgesprochen werden. In manchen Fällen gibt der Betreuer ein Thema vor oder macht Themenvorschläge, in anderen Fällen kann ein Thema vom Verfasser der Arbeit vorgeschlagen werden. Der Titel der Arbeit soll das gewählte Thema möglichst präzise umreißen. Oft ist es sinnvoll, den Titel der Arbeit durch einen Untertitel zu ergänzen. Der Untertitel spezifiziert häufig den Typ der Arbeit. Ein Beispiel wäre etwa: „Eine empirische Analyse". Abb. 13.2 zeigt verschiedene Typen von Arbeiten, Tab. 13.1 gibt Beispiele.

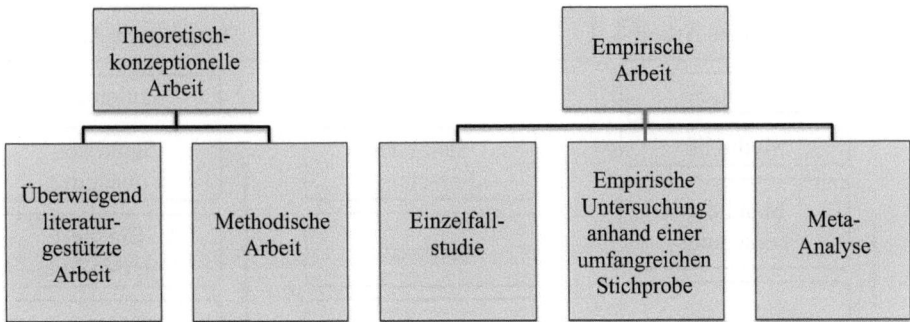

Abb. 13.2 Typen von wissenschaftlichen Arbeiten

Tab. 13.1 Beispiele für unterschiedliche Typen wissenschaftlicher Arbeiten

	Typ	Beispiel
Theoretisch-konzeptionelle Arbeit	Überwiegend literaturgestützte Arbeit	Branchenbezogene Konjunkturprognosen
	Konzeptionell-methodische Arbeit	Gesamtunternehmungsmodelle als Entscheidungshilfe bei der Unternehmensplanung
	Programmier-Arbeit	Computergestütztes Modell zur Ertragssteueroptimierung
Empirische Arbeit	Einzelfall-Analyse	Marktpenetrationsstrategien am Beispiel eines koreanischen Automobilherstellers
	Empirische Untersuchung anhand einer umfangreichen Stichprobe	Marktpenetrationsstrategien in deutschen Automobilunternehmen
	Meta-Analyse	Wie Werbung das Verkaufsverhalten beeinflusst: Eine Metaanalyse ökonometrischer Ergebnisse

13.4 Gliederung der Arbeit

Aus der Gliederung der Arbeit sollten Gedankengang („roter Faden") und Ablauf der Argumentation klar erkennbar sein. Es empfiehlt sich, bereits unmittelbar nach Anmeldung der Arbeit eine Arbeitsgliederung zu erstellen. Diese Arbeitsgliederung kann, nachdem sie mit dem Betreuer abgesprochen wurde, je nach den Erfordernissen umgestellt, erweitert oder gestrafft werden. Es ist aber darauf zu achten, dass bei großen Umstellungen

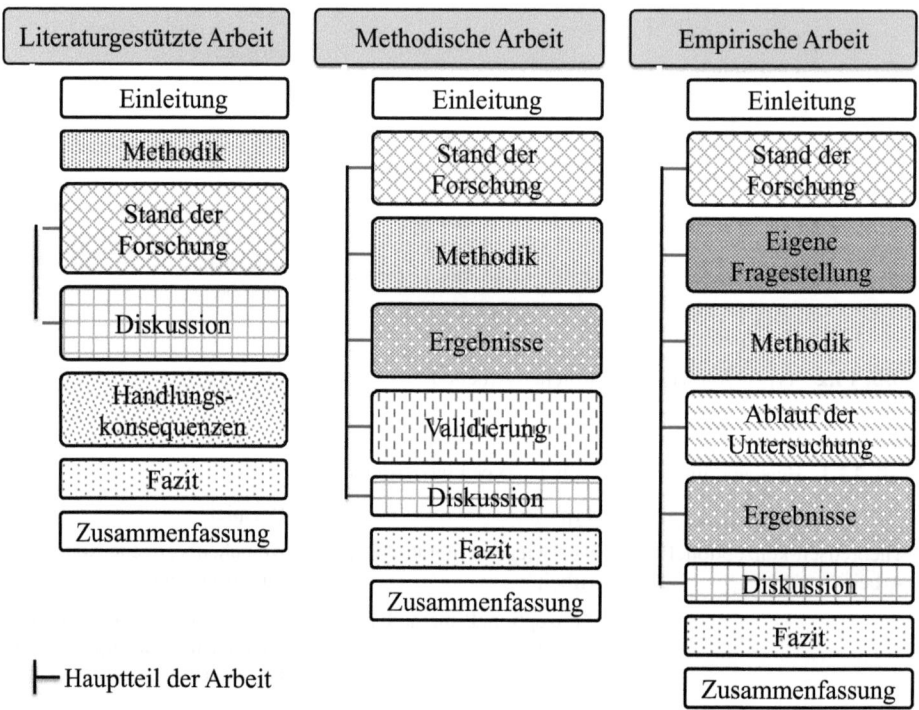

Abb. 13.3 Textteil der Arbeit in Abhängigkeit vom Typ der Arbeit

die neue Gliederung noch dem Thema der Arbeit entspricht. Eine erneute Rücksprache mit dem Betreuer ist anzuraten.

Wie Abb. 13.3 zeigt, fällt die Gliederung des Hauptteils der Arbeit in Abhängigkeit vom Typ der Arbeit unterschiedlich aus.

13.5 Einleitung

Die Einleitung dient der Hinführung zum Thema. Sie sollte die Aufmerksamkeit und das Interesse des Lesers wecken, beispielsweise durch die Gegenüberstellung einander widersprechender Thesen oder durch einen aktuellen Bezug. Die Relevanz des Themas und das Anliegen der eigenen Arbeit sollen deutlich werden. Leitfragen sind:

- Was will ich wissen?
- Warum will ich es wissen?
- Warum ist es wichtig, das Thema zu untersuchen?
- Welchen Erkenntnisgewinn kann meine Arbeit bringen?

Tab. 13.2 Beispiele für unterschiedliche Schwerpunkte der Problemstellung

Schwerpunkt	Beispiel
Beschreibung	Welcher Zusammenhang besteht zwischen Gehaltshöhe und Arbeitsleistung in deutschen Industriebetrieben?
Erklärung	Welche Faktoren bewirken eine Steigerung der Arbeitsleistung?
Vorhersage	Lässt sich aus der Lohnentwicklung die Produktivität von Unternehmen vorhersagen?
Gestaltung von Handlungsmaßnahmen	Welche praktischen Maßnahmen sind geeignet, um die Arbeitsleistung von Beschäftigten in Industrieunternehmen zu steigern?

Die Einleitung mündet in das Aufzeigen der Problemstellung, die in der Arbeit untersucht werden soll.

Entsprechend den Aufgaben einer Realwissenschaft (vgl. Kap. 3) kann die Problemstellung unterschiedliche Schwerpunkte haben: Beschreibung, Erklärung, Vorhersage oder Ableitung von Konsequenzen zur Verbesserung des unternehmerischen Handelns. Beispiele sind in Tab. 13.2 aufgeführt.

13.6 Hauptteil

13.6.1 Generelle inhaltliche Bestandteile

Der Hauptteil enthält die systematische Behandlung des Themas. Unabhängig vom Typ der Arbeit umfasst er die Darstellung der eigenen Vorgehensweise, die Darstellung, Analyse und Bewertung des bisherigen Forschungsstandes sowie die daraus abgeleiteten theoretischen und ggf. praktischen Folgerungen. Umfang und Gewichtung der einzelnen Teile variieren in Abhängigkeit vom Typ der Arbeit (vgl. Abb. 13.2). Das Gesamtkapitel sollte in Einzelkapitel mit inhaltsbezogenen Überschriften untergliedert werden. Die Einzelkapitel sollten durch geeignete Übergänge verbunden werden, sodass der logische Zusammenhang erkennbar ist.

Die Darstellung der **eigenen Vorgehensweise** soll den Gang der Arbeit erläutern und die gewählte Methodik begründen. Bei überwiegend literaturgestützten Arbeiten steht diese Darstellung am Beginn des Hauptteils, bei methodischen und empirischen Arbeiten schließt sie sich an die Darstellung des Forschungsstandes an.

Die Darstellung des bisherigen **Forschungsstands** soll einen Überblick über die einschlägige Literatur zum gewählten Forschungsthema geben. Der Überblick soll sich nach Art eines Reviews (vgl. Abschn. 10.11) auf die theoretischen Grundlagen, die methodischen Vorgehensweisen und auf empirische Untersuchungen beziehen. Die Gewichtung der jeweiligen Teile richtet sich nach dem Typ der Arbeit. Die Darstellung soll kurz und präzise sein. Sie muss auch ohne Hinzuziehen der referierten Literatur verständlich sein.

Hingewiesen werden soll auf „weiße Flecken", d. h. auf nicht erforschte Themen bzw. Forschungslücken. Leitfragen für die Darstellung des Forschungsstandes sind:

- Was wurde bisher untersucht?
- Welche Methoden wurden bisher eingesetzt?
- Welche Ergebnisse lassen sich festhalten?
- Welche Widersprüche treten auf?
- Welche wichtigen Aspekte wurden bisher ausgeblendet?

Der Darstellung des Forschungsstandes folgt eine kritische Bewertung, deren Umfang in Abhängigkeit vom Typ der Arbeit unterschiedlich ausfallen kann. Bei einer vorwiegend literaturgestützten Arbeit sollte er umfangreicher sein als bei einer methodischen oder empirischen Arbeit.

13.6.2 Besonderheiten einer überwiegend literaturgestützten Arbeit

Eine Form einer theoretisch-konzeptionellen Arbeit kann in einer überwiegend literaturgestützten Untersuchung bestehen. Hierbei genügt es nicht, einen Katalog von ungeprüften Lehrmeinungen darzustellen, sondern es muss eine Gewichtung vorgenommen werden, die einen eigenständigen Beitrag und eine kritische Auseinandersetzung des Verfassers mit dem Thema erkennen lässt. Die Darstellung muss in jedem Falle eine Würdigung der einschlägigen Studien zu dem untersuchten Thema nach Art eines Reviews (vgl. Abschn. 10.11) beinhalten.

Der Hauptteil sollte mit einer Erläuterung der eigenen Vorgehensweise (vgl. Abb. 13.3) beginnen. Der folgenden Darstellung des Forschungsstandes schließt sich eine umfangreiche kritische Würdigung („Diskussion") an. Diese sollte die wesentlichen Erkenntnisse systematisieren und im Hinblick auf die eigene Problemstellung bewerten. Wünschenswert ist die anschließende Ableitung praktischer Gestaltungsmaßnahmen („Handlungskonsequenzen").

Leitfragen für die Diskussion und die Ableitung von Handlungskonsequenzen können sein:

- Welche zentralen Erkenntnisse haben sich im Hinblick auf die eigene Problemstellung ergeben?
- Wie lassen sich die Erkenntnisse in den theoretischen Horizont der Arbeit einbetten?
- Welche praktischen Gestaltungsmaßnahmen lassen sich ableiten?
- Welche Fragen bleiben weiterhin ungelöst?
- Welche Beschränkungen weist die Arbeit auf?

Es folgt ein Beispiel für die Gliederung einer literaturgestützten Arbeit:

> **Beispielgliederung einer literaturgestützten Arbeit**
> 1. Einleitung
> 2. Gang der Untersuchung
> 3. Investitionsrechnungsverfahren
>   3.1 Bedeutung und Verbreitung in der Praxis
>   3.2 Statische Investitionsrechnungen
>   3.3 Dynamische Investitionsrechnungen
>   3.4 Einordnung von Simultanplanungsmodellen in die Investitionsrechnung
> 4. Dynamische Investitionsrechnungen
>   4.1 Kapitalwertmethode
>   4.2 Annuitätenmethode
>   4.3 Interne Zinsfußmethode
> 5. Programmentscheidungsprobleme
>   5.1 Dean-Modell
>   5.2 Budgetierungsmodelle
> 6. Ansätze der linearen Programmierung
>   6.1 Endvermögensmaximierung
>   6.2 Entnahmemaximierung
> 7. Bewertung der Modelle
> 8. Konsequenzen für die Praxis
> 9. Fazit

13.6.3 Besonderheiten einer methodischen Arbeit

Eine methodische Arbeit kann sowohl methodisch-konzeptionell als auch programmiertechnisch orientiert sein. Sie kann beispielsweise die Entwicklung einer neuen Analysemethode, die Entwicklung eines Lösungsvorschlags für die unternehmerische Praxis oder die Entwicklung eines Computerprogramms beinhalten. Einen breiten Raum nimmt daher die Begründung und Darstellung der entwickelten Methodik bzw. des entwickelten Programms ein. Wünschenswert ist auch die Darstellung tatsächlich erfolgter oder zumindest möglicher Validierungsmaßnahmen. Die Validierung kann beispielsweise in der Anwendung der Methode auf eine neue Stichprobe, in einer Simulation oder in der Prognose wirtschaftlicher Kennzahlen bestehen. Als Prüfstein kann die Güte der Anpassung an das Modell (vgl. Abschn. 7.3) oder die Prognosegüte dienen. Gefragt werden kann auch, welche Vorteile die entwickelte Methode bzw. das entwickelte Programm gegenüber bisherigen Verfahren bringt und welche Nachteile in Kauf genommen werden müssen.

13.6.4 Besonderheiten einer empirischen Arbeit

Bei einer empirischen Arbeit sollte die Darstellung des Forschungsstands in ein Fazit münden, das die in der Einleitung aufgezeigte allgemeine Problemstellung in eine empirisch zu untersuchende Fragestellung konkretisiert. Damit verbunden ist sowohl eine Einengung als auch eine Präzisierung der allgemeinen Problemstellung. Die Fragestellung, der sodann ein eigenes Kapitel gewidmet werden sollte, muss so umrissen werden, dass sie in der vorliegenden Arbeit untersucht werden kann. Sie endet in einer Formulierung konkreter Hypothesen.

In dem sich anschließenden Kapitel „Methodik" sollen alle zur Anwendung kommenden Methoden beschrieben und begründet werden. Sie umfassen das Forschungsdesign, die Operationalisierung der unabhängigen und abhängigen Variablen, die Erhebungsmethoden, die Stichprobenauswahl, die Aufbereitung der Daten und die geplante statistische Auswertung. Hierbei sollten die in Fragestellungen aufgeführten allgemeinen Hypothesen in statistisch überprüfbare Hypothesen umformuliert werden.

Wie Abb. 13.3 zeigt, schließt sich an das Methodenkapitel ein Kapitel über die Beschreibung des Ablaufs der empirischen Untersuchung an. Die Beschreibung umfasst Ort und Zeit der Durchführung, Art und Umfang der Stichprobe, die verwendeten Materialien sowie die Aufbereitung der Daten.

Ergeben sich Abweichungen zwischen den geplanten Vorgehensweisen und dem tatsächlichen Ablauf, muss dies beschrieben und begründet werden.

Es folgt die Darstellung der Ergebnisse. Hier werden die Ergebnisse der statistischen Analyse(n) mit Angabe der relevanten Kenngrößen (Signifikanz und Effektstärke) und deren Bewertung in Bezug auf die aufgestellten Hypothesen aufgeführt. Die Darstellung sollte durch aussagekräftige Grafiken und/oder Tabellen unterstützt werden. Die Untergliederung des Gesamtkapitels sollte sich an den Hypothesen orientieren.

An den Ergebnisteil schließt sich eine Diskussion der Ergebnisse an. Ziel der Diskussion ist die Bewertung der erzielten Ergebnisse im Hinblick auf die Fragestellung und die Einordnung der Befunde in den theoretischen Horizont der Arbeit. Sie beinhaltet auch die kritische Auseinandersetzung mit der eigenen Vorgehensweise sowie das Aufzeigen möglicher Verbesserungen.

Mögliche Leitfragen für die Diskussion sind:

- Was war die Forschungsfrage und was hat meine Arbeit zu ihrer Lösung beigetragen?
- Welche Abweichungen bzw. Widersprüche zu meinen Erwartungen haben sich in den Ergebnissen gezeigt?
- Welche möglichen Erklärungen gibt es für die Abweichungen?
- Wie sind meine Ergebnisse in Bezug auf den theoretischen Hintergrund und die Ergebnisse früherer Untersuchungen einzuordnen?
- Welche Kritikpunkte können in Bezug auf Methodik und Durchführung meiner Untersuchung angeführt werden?

- Welche Verbesserungsmöglichkeiten meiner Vorgehensweise ergeben sich?
- Welche weiterführenden Forschungsperspektiven können aus meiner Arbeit abgeleitet werden?

Bei der Strukturierung des Diskussionsteils empfiehlt es sich, in drei Schritten vorzugehen. Der erste Schritt ist eine generelle Bewertung in Bezug auf die Lösung der Forschungsfrage. Als Ausgangspunkt sollte die Forschungsfrage und ihre Einbettung in den theoretischen Kontext noch einmal ganz kurz umrissen werden. Der zweite Schritt besteht in einer kritischen Auseinandersetzung mit Detailaspekten der durchgeführten Untersuchung. Im dritten Schritt sollten weiterführende Überlegungen und Vorschläge für weitere Untersuchungen angeführt werden.

Beinhaltet eine Arbeit mehrere empirische Studien, empfiehlt es sich, für jede Studie ein eigenes Kapitel über Hypothesen, Methoden, Ergebnisse und Diskussion zu schreiben. Abschließend sollte dann eine Gesamtdiskussion erfolgen.

13.7 Schlussteil

Der Schlussteil der Arbeit sollte aus einem Fazit und einer Zusammenfassung bestehen.

Im **Fazit** sollten die wichtigsten aus der Arbeit ableitbaren Schlussfolgerungen kurz in allgemein verständlicher Form zusammengefasst werden. Auch kann ein Ausblick auf zukünftige Forschungen gegeben werden.

Die **Zusammenfassung** besteht in einer kurzen Darstellung dessen, **was** tatsächlich in der Arbeit untersucht wurde, **wie** es untersucht wurde und was als **Ergebnis** festzuhalten ist.

13.8 Literaturquellen

Alle benutzten Literaturquellen müssen dokumentiert werden. Wörtliche Zitate, Tabellen, Bilder, Grafiken und inhaltliche Übernahmen von Textteilen, deren Quelle nicht gekennzeichnet ist, müssen als Täuschungsversuch betrachtet werden (vgl. Deutsche Forschungsgemeinschaft, 2013).

Beim Anführen der Literaturquellen ist zu unterscheiden zwischen den Literaturangaben im Text und dem Literaturverzeichnis am Ende der Arbeit. Zu beachten ist, dass es hier unterschiedliche Konventionen gibt, die in der Regel in den Bestimmungen der einzelnen Hochschulen spezifiziert sind. In den hier angegebenen Empfehlungen wird eine allgemeine Form aufgeführt, die aber entsprechend den Bestimmungen der jeweiligen Hochschule ggf. modifiziert werden muss. Tab. 13.3 zeigt Beispiele für das Zitieren von Literaturquellen.

Tab. 13.3 Beispiele für das Zitieren von Literaturquellen

Art der Quelle	Kurzbeleg	Angabe im Literaturverzeichnis
Monografien (Bücher)	(Theisen, 2010, S. 133)	Theisen, M. R (2010). *Wissenschaftliches Arbeiten* (10. Aufl.). München: Vahlen
	…Theisen (2010, S. 133)	Theisen, M. R. (2010). *Wissenschaftliches Arbeiten* (10. Aufl.) München: Vahlen
	(vgl. Theisen, 2010, S. 133)	Theisen, M. R. (2010). *Wissenschaftliches Arbeiten* (10. Aufl.). München: Vahlen
	(Rüth, 2006, S. 128)	Rüth, D. (2006). Kostenrechnung, Band 2, München: Oldenbourg
	(Mayer et al., 2006, S. 43)	Mayer, E., Liessmann, K., Mertens, H. W. (2006). *Kostenrechnung – Grundwissen für den Controllerdienst* (7. Aufl.). Stuttgart: Schaeffer-Poeschel
	(Mayer & Liessmann, 2010a, S. 15)	Mayer, E., Liessmann, K. (2010a). *Grundlagen der Betriebswirtschaft* (7. Aufl.). München: Oldenbourg
	(Mayer & Liessmann, 2010b, S. 145)	Mayer, E. & Liessmann, K. (2010b). *Einführung in die Kostenrechnung*. München: Vahlen
	(Fandel et al., 2010, S. 186)	Fandel, G., Fey, A., Heuft, B. & Pitz, T. (2010). *Kostenrechnung* (3. Aufl.). Berlin: Springer
	(Fandel et al., 2010, S. 186; Theissen, 2010, S. 135)	Fandel, G., Fey, A., Heuft, B., Pitz, T.: Kostenrechnung (3. Aufl.). Berlin: Springer Theisen, M. R. (2010). Wissenschaftliches Arbeiten (10. Aufl.). München: Vahlen
Beiträge in Sammelwerken	(Becker & Vogt, 1990, S. 86)	Becker, A.B., Vogt, W.H. (1990). Quantitative und qualitative Methoden zur Messung der Marketing-Effizienz. In: K. Scheid (Hrsg.), *Strategien des Marketing* (S. 75–96). Nürnberg: Grunwald & Meiner
	(Malzahn, U., 2003, S. 49)	Malzahn, U. (2003). A general principle for estimating heterogeneity variance. In: R. Sommer & B. Holling (Eds.). *Quantitative methodology* (pp. 48–52). Chicago: University of Chicago Press
Zeitschriftenartikel	(vgl. Nötting & Eicher, 1990, S. 1148)	Nötting, A., Eicher, D.W. (1990). Why does stock market volatility change over time? *Journal of Finance, 44,* 1115–1153
Tabellen und Grafiken	(Quelle: Theisen, 2010, S. 133, Tabelle 2)	Theisen, M. R. (2010). *Wissenschaftliches Arbeiten* (10. Aufl.). München: Vahlen
	(Modifiziert nach: Theisen, 2010, S. 133, Tabelle 2)	Theisen, M. R. (2010). *Wissenschaftliches Arbeiten* (10. Aufl.). München: Vahlen

(Fortsetzung)

Tab. 13.3 (Fortsetzung)

Art der Quelle	Kurzbeleg	Angabe im Literaturverzeichnis
Dissertationen	(vgl. Broy, 2005, S. 148–150)	Broy, W. (2005).*Missbildungen bei Regenwürmern im Nahbereich deutscher Atomkraftwerke*. Dissertation: Universität Frankfurt a. M
Unveröffentlichte Manuskripte	(vgl. Kaufmann, 2010, S. 51)	Kaufmann, B(2010). *Neue Strategien des Marketing – Diskussionspapier*. Unveröffentlichtes Manuskript: Universität Regensburg
Internetquellen	Großmann-Krieger (2024)	Großmann-Krieger, J. (2024). Autoritäre Führung ist die falsche Pille. <https://www.manager-magazin.de/hbm/fuehrung/unternehmen-in-der-krise-autoritaere-fuehrung-ist-die-falsche-pille-a-90bd6804-3261-4bb0-83ac-7ee92cd99a23>> [21.09.2024]
Gesetze, Verordnungen, amtliche Bekanntmachungen	(§ 433, Abs. 1, Satz 2, BGB, 2001)	BGB (Bürgerliches Gesetzbuch), in der Fassung vom 2.1.2001 (BGBl. I., S. 42)
Veröffentlichtes Urteil	(OLG Hamm, 2006, Az. 5 UF 104/05)	OLG (Oberlandesgericht) Hamm, Urteil vom 10.2.2006, Az. 5 UF 104/05
Unveröffentichtes Urteil	(LG Magdeburg, Urteil vom 15.10.2005, Az. 6 O 1517/05)	LG (Landgericht) Magdeburg, Urteil vom 15.10.2005, Az. 6 O 1517/05
Kommentar	(Palandt Putzo, Kommentar zu § 433, Rdnr. 2)	Palandt Putzo (2014). BGB Ergänzungsband, (73. Aufl.). München: Beck

13.8.1 Literaturangaben im Text

Im Text empfiehlt sich der **Kurzbeleg** in Klammern mit Angabe des Autors bzw. der Autoren, des Erscheinungsjahrs und der Seitenzahl des Beitrags. Wörtlich übernommene Textpassagen müssen zusätzlich im Text durch Anführungszeichen kenntlich gemacht werden. Das Zitat sollte möglichst aus der Primärquelle und nicht aus einer Sekundärquelle übernommen werden.

Bei einer sinngemäß übernommenen Textpassage beginnt der Kurzbeleg mit „vgl." (vergleiche) oder „siehe".

- Beispiele:
  (Theisen, 2010, S. 133)
  bzw.
  (vgl. Theisen, 2010, S. 133–135)

Wird auf mehrere im selben Jahr erschienene Beiträge desselben Autors bzw. derselben Autoren Bezug genommen, wird die Jahreszahl durch Kleinbuchstaben in alphabetischer Reihenfolge ergänzt.

- Beispiele:
  (Mayer & Liessmann, 2010a, S. 15)
  (Mayer & Liessmann, 2010b, S. 145)

Bei mehr als drei Autoren wird nur der Erstautor namentlich genannt. Es folgt der Zusatz „et al.".

- Beispiel:
  (Fandel et al., 2010, S. 186)

Werden **Gesetze**, **Verordnungen**, amtliche **Bekanntmachungen** etc. zitiert, müssen Paragraphen, Artikel, Sätze und Erscheinungsjahr aufgeführt werden.

- Beispiel:
  (BGB, 2005, § 433, Abs. 1, Satz 1)

Internetquellen sollten mit äußerster Zurückhaltung verwendet werden. In der Klammer werden der Name des Autors bzw. der Autoren, die Internetadresse und das Zugriffsdatum angegeben.

- Beispiel:
  Großmann-Krieger, J. (2024). Autoritäre Führung ist die falsche Pille. https://www.manager-magazin.de/hbm/fuehrung/unternehmen-in-der-krise-autoritaere-fuehrung-ist-die-falsche-pille-a-90bd6804-3261-4bb0-83ac-7ee92cd99a23 [21.09.2024]

Übernommene **Tabellen** und **Diagramme** sind ebenfalls mit einer Quellenangabe zu versehen. Werden Teile aus verschiedenen Quellen verarbeitet, sind alle Quellen anzugeben, wobei in der Klammer das Wort „Quelle:" (oder „Quellen:") voranzustellen ist und im Anschluss an die Seitenzahl die Nummer der Tabelle bzw. der Abbildung folgen muss. Werden übernommene Tabellen oder Diagramme in abgewandelter Form verwendet, wird dies durch den Zusatz „Modifiziert nach" oder „in Anlehnung an" gekennzeichnet.

- Beispiel:
  Tabelle 8: Modelle der Kostenrechnung (Modifiziert nach Theisen, 2010, S. 133, Tabelle 2)

13.8.2 Literaturverzeichnis

Im Literaturverzeichnis werden alle verwendeten Quellen in alphabetischer Reihenfolge (geordnet nach Autoren) aufgeführt. Als Grundprinzip gilt, dass allen im Text aufgeführten Quellen im Literaturverzeichnis eindeutig eine bibliographische Angabe zuordenbar sein muss.

Bei **Monografien** (Büchern) werden Name des Autors bzw. Namen der Autoren, Initialen der Vornamen, Buchtitel, Band (falls es sich um ein mehrbändiges Werk handelt), Auflage (die 1. Auflage wird nicht genannt), Erscheinungsort, Verlag und Erscheinungsjahr aufgeführt. Der Buchtitel wird kursiv gesetzt. Ist der Name des Autors nicht bekannt, wird der Name mit „o. V." angegeben. Ist das Erscheinungsjahr nicht bekannt, wird „o. J." angeführt. Untertitel von Büchern werden in der Regel nicht aufgeführt.

Bei einem **Beitrag in einem Sammelband** müssen außer Autor und Beitragstitel auch Herausgeber (Initialen der Vornamen und Name), Titel, Band, Auflage, Erscheinungsort, Verlag und Erscheinungsjahr des Sammelbandes sowie die Seitenzahlen (S. bzw. pp.) des Beitrags angegeben werden. Der Titel des Sammelbandes wird kursiv gesetzt. „Herausgeber" wird in deutschsprachigen Werken mit „Hrsg." abgekürzt, in englischsprachigen Werken mit „Ed." bzw. „Eds." (bei mehr als einem Herausgeber).

Bei **Zeitschriftenartikeln** werden Name und Initialen der Vorname(n) des Autors bzw. der Autoren, Titel des Aufsatzes, Name der Zeitschrift, Bandnummer, Jahrgang sowie erste und letzte Seite angegeben. Der Name der Zeitschrift wird kursiv gesetzt.

Bei **Dissertationen** werden Name und Vornameninitialen des Autors, Titel der Dissertation, der Zusatz „Dissertation" sowie Universität und Erscheinungsjahr angegeben.

Bei **unveröffentlichten Manuskripten** werden Name(n) und Vornameninitialen des Autors bzw. der Autoren, Titel des Manuskripts, der Zusatz „Unveröffentlichtes Manuskript", Erscheinungsort und ggf. Institution sowie Erscheinungsjahr angegeben.

Bei **Internetquellen** werden Namen und Vornameninititialen der Autoren, Titel des Beitrags, Erscheinungsjahr, Internetadresse (URL) und Zugriffsdatum angegeben.

Um dem Betreuer bzw. den Gutachtern der Arbeit die Nachprüfbarkeit der Internetquellen zu erleichtern, empfiehlt es sich, alle Internet-Quellen als Kopien zu speichern, um sie bei Bedarf den Gutachtern vorlegen zu können. Alternativ können die Kopien in den Anhang der Arbeit aufgenommen werden.

Werden im Text zahlreiche **Gesetze, Gerichtsentscheidungen, Verordnungen** etc. verwendet, sollten diese Quellen gesondert zusammengefasst werden. Die Quellen sind unter Angabe des Bekanntmachungsdatums und ggf. der aktuellsten Änderung und der Nummer in dem betreffenden Bekanntmachungsblatt aufzuführen.

13.9 Anhang

Umfangreiche Tabellen und Abbildungen sowie ausführliche mathematische Ableitungen und Dokumentationen (wie beispielsweise Interview-Mitschriften) können in einem Anhang zur Arbeit gesondert aufgeführt werden. Als Grundprinzip gilt aber, dass die Arbeit auch ohne den Anhang verständlich sein muss.

13.10 Fazit

Für den idealtypischen Aufbau einer wissenschaftlichen Arbeit muss berücksichtigt werden, dass es unterschiedliche Typen von Arbeiten gibt. Daher wurden Besonderheiten von überwiegend literaturgestützten theoretischen Arbeiten, methodisch orientierten Arbeiten und empirischen Arbeiten aufgeführt. Für die Erlangung eines akademischen Grades sind zusätzlich immer die in den jeweiligen Prüfungsordnungen spezifizierten Anforderungen zu beachten.

Literatur

Zitierte Literatur

Deutsche Forschungsgemeinschaft (2013). *Sicherung guter wissenschaftlicher Praxis*. Wiley-VCH.
Gleitsmann, B., & Suthaus, C. (2013). *Wissenschaftliches Arbeiten im Wirtschaftsstudium: Ein Leitfaden*. UTB.
Goldenstein, J., Walgenbach, P., & Hunold, M. (2018). *Wissenschaftliche(s) Arbeiten in den Wirtschaftswissenschaften*. Springer Gabler.
Klöckner, L., & Falenczyk, T. (2023). So kann KI das wissenschaftliche Arbeiten erleichtern. *Spiegel+*, 18.08.2023.
Schwartmann, R. (2023). Dialektik versus Stochastik. *Forschung und Lehre, 30*, 414–415.
Sesink, W. (2012). *Einführung in das wissenschaftliche Arbeiten: Mit Internet – Textverarbeitung – Präsentation* (9. Aufl.). Oldenbourg.
Theisen, M. R. (2013). *Wissenschaftliches Arbeiten: Erfolgreich bei Bachelor- und Masterarbeit* (16. Aufl.). Vahlen.

Weiterführende Literatur

Corsten, H., & Deppe, J. (2008). *Technik des wissenschaftlichen Arbeitens* (3. Aufl.). Oldenbourg.
Jäger, C., & Florenz, A. (2023). Wissenschaftliches Arbeiten. In M. Buntrock & K. Peinemann (Hrsg.), *Grundwissen Soziale Arbeit* (S. 392–409). Springer Gabler.
Kornmeier, M. (2024). *Wissenschaftstheorie und wissenschaftliches Arbeiten* (2. Aufl.). Springer Gabler.
Töpfer, A. (2010). *Erfolgreich forschen* (2. Aufl.). Springer.

Lösungen zu den Verständnisfragen

Die richtigen Lösungen sind jeweils fett gedruckt.

Verständnisfragen Kap. 1

1. Was gehört zu den Aufgaben der Wissenschaftstheorie? Zutreffende Aussagen:
   (a) **Die Wissenschaftstheorie beinhaltet eine Reflexion über Wissenschaft und ist daher den fachspezifischen Aussagen einer einzelnen Wissenschaftsdisziplin übergeordnet.**
   (b) **Die Wissenschaftstheorie liefert einen Orientierungsrahmen für wissenschaftliche Erkenntnisse.**
   (c) Die Wissenschaftstheorie zeigt einen direkten Weg auf, wie sich theoretische Erkenntnisse in praktisches Handeln umsetzen lassen.
   (d) **Die Wissenschaftstheorie zeigt Probleme und Grenzen wissenschaftlicher Erkenntnis auf.**
2. Was sind die wichtigsten Unterschiede zwischen Alltagserkenntnis und wissenschaftlicher Erkenntnis in den Realwissenschaften? Zutreffende Aussagen:
   (a) **Wissenschaftliche Aussagen in den Realwissenschaften sind unter Anwendung systematischer, objektiv nachvollziehbarer und wiederholbarer Methoden an der Realität überprüfbar, während Alltagserkenntnisse sich auf den gesunden Menschenverstand, einzelne Beobachtungen und daraus abgeleitete Verallgemeinerungen stützen.**
   (b) Im Alltag werden grundsätzlich andere Fragen als in der Wissenschaft gestellt.
   (c) **Im Alltag werden einmalige und zufällige Ereignisse auf „immer" verallgemeinert, während bei den Erkenntnissen der Realwissenschaften nur Wahrscheinlichkeitsaussagen getroffen werden.**
   (d) **Alltagsaussagen sind schwer widerlegbar, während realwissenschaftliche Aussagen prinzipiell widerlegbar sind.**

(e) Alltagsaussagen sind handlungsorientiert, während wissenschaftliche Aussagen die Handlungsorientierung völlig ausschließen.
3. Hinsichtlich der Zielsetzung wissenschaftlichen Vorgehens lassen sich Grundlagenwissenschaften, Anwendungswissenschaften und Handlungswissenschaften unterscheiden. Welche Aussagen kennzeichnen deren Prinzipien? Zutreffende Aussagen:
  (a) Realwissenschaften sind immer Grundlagenwissenschaften.
  (b) Erkenntnisse einer Grundlagenwissenschaft lassen sich prinzipiell nicht auf die Praxis übertragen.
  (c) **Kriterium für die Güte einer Theorie ist in den Grundlagenwissenschaften die Übereinstimmung mit der Realität, während in den Anwendungswissenschaften die Tauglichkeit in der Praxis entscheidend ist.**
  (d) **Grundlagenwissenschaften abstrahieren vom Einzelfall, während Handlungswissenschaften ihre Erkenntnisse auf den Einzelfall konkretisieren.**
  (e) **Die Betriebswirtschaftslehre versteht sich in erster Linie als eine Anwendungswissenschaft mit dem Schwergewicht auf der Handlungsorientierung.**
  (f) Anwendungswissenschaftliche Erkenntnisse setzen immer grundlagenwissenschaftliche Erkenntnisse voraus.
4. Hinsichtlich des Gegenstandsbereichs von Wissenschaften lassen sich Realwissenschaften von Formalwissenschaften unterscheiden. Zutreffende Aussagen:
  (a) **Realwissenschaften sind empirische Wissenschaften, während Formalwissenschaften analytische Wissenschaften sind.**
  (b) In den Realwissenschaften gelten grundsätzlich andere Prinzipien und Methoden als in den Formalwissenschaften.
  (c) **Zu den Realwissenschaften zählen sowohl die Naturwissenschaften als auch die Kulturwissenschaften.**
  (d) **Die Betriebswirtschaftslehre ist den Realwissenschaften zuzuordnen.**
5. Bei der Beurteilung der Angemessenheit wissenschaftlichen Vorgehens müssen bestimmte Normen eingehalten werden. Ein Beispiel für eine Norm wäre das Verbot des Plagiats. Welcher Art von Normen ist das Plagiatsverbot zuordnen? Zutreffende Aussage:
  (a) Das Plagiatsverbot ist eine Erkenntnisnorm.
  (b) **Das Plagiatsverbot ist eine ethische Norm.**
  (c) Das Plagiatsverbot ist eine Wertnorm.
  (d) Das Plagiatsverbot ist eine Handlungsnorm.

Verständnisfragen Kap. 2

1. Was ist der Gegenstandsbereich der Realwissenschaften? Eine der folgenden Aussagen ist **nicht** zutreffend. Unzutreffende Aussage:
  (a) Die Betriebswirtschaftslehre ist den Realwissenschaften zuzurechnen.

(b) Realwissenschaften haben die Beschaffenheit der realen Welt zum Gegenstand.
(c) Die notwendige Bedingung zur Gewinnung von Aussagen in den Realwissenschaften ist Erfahrung, daher nennt man die Realwissenschaften auch „Erfahrungswissenschaften" oder „empirische Wissenschaften.
(d) **Die Betriebswirtschaftslehre ist eine Formalwissenschaft, da sie die betrieblichen Strukturen unabhängig und losgelöst von der Realität untersucht.**
(e) Ebenso wie andere Realwissenschaften bedient sich die Betriebswirtschaftslehre der Formalwissenschaften, indem sie deren Prinzipien und Methoden anwendet.

2. In der Betriebswirtschaftslehre lassen sich unterschiedliche Forschungsansätze unterscheiden. Einer davon ist der Ansatz der Institutionenökonomik. Was kennzeichnet diesen Ansatz? Zutreffende Aussagen:
   (a) Die Wirklichkeit ist nicht objektiv gegeben, sondern wird vom Menschen konstruiert.
   (b) Ziel des Ansatzes ist die langfristige Gewinnmaximierung.
   (c) Im Mittelpunkt stehen präskriptive Entscheidungsmodelle.
   (d) **Die Wertschöpfungskette wird als Transaktionsprozess betrachtet.**
   (e) Die betrieblichen Strukturen werden unabhängig und losgelöst von der Realität untersucht.
   (f) **Ziel des Ansatzes ist die bestmögliche Gestaltung von Verträgen.**

Verständnisfragen Kap. 3

1. In der Betriebswirtschaftslehre – wie auch in anderen Realwissenschaften lassen sich „Erfahrungsobjekt" und „Erkenntnisobjekt" voneinander unterscheiden. Zutreffende Aussagen:
   (a) **Das Erfahrungsobjekt ist derjenige Realitätsausschnitt, der den Ausgangspunkt des Erkenntnisstrebens darstellt.**
   (b) **In der Betriebswirtschaftslehre ist das Erfahrungsobjekt der Betrieb, also eine planvoll organisierte Wirtschaftseinheit, die Produktionsbedingungen schafft und kombiniert, um Güter und Dienstleistungen herzustellen und anzubieten.**
   (c) **Der Betrieb kann auch Erfahrungsobjekt anderer wissenschaftlicher Disziplinen sein.**
   (d) In der Betriebswirtschaftslehre ist das Erfahrungsobjekt zugleich das Erkenntnisobjekt.
   (e) **Das Erkenntnisobjekt ist das Ziel der wissenschaftlichen Untersuchung eines Erfahrungsobjektes.**
   (f) **Das Erkenntnisobjekt beinhaltet die Perspektive, aus der das Erfahrungsobjekt betrachtet wird.**
   (g) **In der Betriebswirtschaftslehre wird der Betrieb aus der Perspektive des ökomischen Prinzips betrachtet.**

(h) **Das Erkenntnisobjekt der Betriebswirtschaftslehre kann als „Wirtschaften im Betrieb" bezeichnet werden.**
2. Eine zentrale Aufgabe einer Realwissenschaft besteht im Erklären. Durch die Erklärung soll ein vorliegender Sachverhalt verstanden und in das vorhandene Wissen eingeordnet werden. Differenziert werden muss zwischen verschiedenen Arten wissenschaftlicher Erklärung.

Text mit Lösungen
Eine **kausale** Erklärung deckt einen Zusammenhang zwischen Ursache und Wirkung auf. Es sollen allgemeine Gesetzmäßigkeiten gefunden werden, die den Zusammenhang zwischen vorausgehenden Bedingungen (**Antezedenzien**) und entstehenden Folgen (**Wirkungen**) kennzeichnen.

Eine **teleologische** oder **finale** Erklärung besteht darin, dass die von den Handelnden verfolgten **Zwecke** aufgedeckt werden. Man fragt also nach den mit der Handlung verbundenen **Absichten.**

Eine **funktionale** Erklärung betrachtet die zu erklärenden Phänomene als Komponenten eines Systems, die eine spezifische Aufgabe erfüllen und damit zum angemessenen Funktionieren des Gesamtsystems beitragen.

Eine besondere Form der funktionalen Erklärung stellt das **„Verstehen"** von Sinnzusammenhängen, die so genannte **Hermeneutik,** dar. Auch hier werden Phänomene als Teile eines größeren Ganzen betrachtet, im Unterschied zur Systemtheorie wird aber nicht nach allgemeinen Gesetzmäßigkeiten, sondern nach Sinnzusammenhängen gesucht.

3. Vorhersagen in der Betriebswirtschaftslehre beziehen sich auf die Übertragbarkeit von Forschungsergebnissen auf neue Gegebenheiten. Zutreffende Aussagen sind:
   (a) **Es muss unterschieden werden zwischen generalisierenden, individualisierenden und prognostischen Vorhersagen.**
   (b) Vorhersagen müssen auf vorausgehenden Erklärungen basieren.
   (c) **Bei generalisierenden Vorhersagen werden Erkenntnisse früherer Forschungen verallgemeinert.**
   (d) **Bei individualisierenden Vorhersagen werden Erkenntnisse früherer Forschungen auf den Einzelfall übertragen.**
   (e) **Prognostische Vorhersagen beziehen sich auf Gegebenheiten in der Zukunft.**
   (f) Vorhersagen beziehen sich immer auf Tatbestände in der Zukunft.
4. Eine wichtige Aufgabe der Betriebswirtschaftslehre besteht in der Gestaltung von Handlungsmaßnahmen. Was muss bei der Gestaltung von Handlungsmaßnahmen beachtet werden? Zutreffende Aussagen:
   (a) Die Ableitung von Handlungsmaßnahmen hat die Erklärung betriebswirtschaftlicher Erklärungen zur Voraussetzung.
   (b) Die Ableitung von Handlungsmaßnahmen besteht in der Anwendung grundlagenwissenschaftlicher Erkenntnisse.

(c) Handlungsempfehlungen werden häufig aus der betrieblichen Alltagserfahrung abgeleitet und entziehen sich daher notwendigerweise einer wissenschaftlichen Betrachtung.
(d) **Handlungsempfehlungen können mit wissenschaftlichen Methoden im Hinblick auf ihre Tauglichkeit geprüft werden.**
(e) **Handlungsempfehlungen können durch Evaluierung im Hinblick auf ihre Wirksamkeit überprüft werden.**
(f) Handlungsempfehlungen haben Einzelfallanalysen zur Voraussetzung.
(g) Aus der wissenschaftlichen Betriebswirtschaftslehre können grundsätzlich keine Handlungsempfehlungen abgeleitet werden.

Verständnisfragen Kap. 4

1. Beim wissenschaftlichen Schlussfolgern lassen sich Induktion, Deduktion, Abduktion und hermeneutisches Schließen unterscheiden. Welche Unterschiede bestehen zwischen Induktion und Abduktion? Zutreffende Aussagen:
   (a) Induktion geht von der Erfahrung aus, während Abduktion von allgemeinen Gesetzmäßigkeiten ausgeht.
   (b) **Während bei der Induktion Einzelfälle die alleinige Basis für die generalisierende Schlussfolgerung bildet, zieht man bei der Abduktion Hintergrundinformationen über den vorliegenden Fall heran.**
   (c) **Bei der Induktion schließt man aus Einzelfällen auf allgemeine Gesetzmäßigkeiten, während man bei der Abduktion nach der besten Erklärung für den vorliegenden Einzelfall sucht.**
2. Das Prinzip der Abduktion macht sich auch der Bayes'sche Ansatz zunutze. Er arbeitet mit Wahrscheinlichkeiten. Kernaussage ist, dass sich die ursprüngliche Wahrscheinlichkeit („Prior-Wahrscheinlichkeit") für das Eintreten eines Ereignisses zu einer späteren Wahrscheinlichkeit („Posterior-Wahrscheinlichkeit") ändern kann, nachdem ein bestimmtes Ereignis eingetreten ist. In der folgenden Aufgabe soll der Bayes'sche Ansatz an einem Beispiel angewendet werden.

Beispiel
Ein Kreditinstitut möchte die Kreditwürdigkeit des Kunden Maier anhand des Insolvenzrisikos einschätzen. Generell wird das Insolvenzrisiko eines Kreditnehmers auf 6 % geschätzt (Prior-Wahrscheinlichkeit). Das Kreditinstitut geht weiterhin davon aus, dass die im Hause vorgenommene Bonitätsprüfung mit 85 % ein korrektes Urteil liefert. Die Bonitätsprüfung bei Kunden Maier fällt negativ aus. Für wie hoch hält das Kreditinstitut die Wahrscheinlichkeit, dass der Kunde Maier insolvent ist (Posterior-Wahrscheinlichkeit)? Gesucht ist also $P(A|B)$.

Folgende Informationen sind gegeben:
$P(A)$ = Prior-Wahrscheinlichkeit für Insolvenz

$P(B|A)$ = Wahrscheinlichkeit für ein korrektes Insolvenzurteil bei der Bonitätsprüfung
Berechnen Sie die Wahrscheinlichkeit dafür, ein negatives Prüfergebnis anzutreffen, also $P(A|B)$!

Gemäß dem Bayes'schen Ansatz errechnet sich $P(A|B)$ nach folgender Formel:

$$P(A|B) = \frac{P(A) * P(B|A)}{P(B)}$$

Setzen Sie die entsprechenden Zahlen ein.
Welches Ergebnis erhalten Sie?

Lösung

Apriori-Wahrscheinlichkeit für Bonität = $1 - P(A) = 0{,}94$
Wahrscheinlichkeit für ein korrektes Insolvenzurteil $= 0{,}85$
Wahrscheinlichkeit für ein falsches Insolvenzurteil $= 1 - 0{,}85 = 0{,}15$

$P(B)$ = Wahrscheinlichkeit dafür, ein negatives Prüfergebnis anzutreffen = Wahrscheinlichkeit für ein korrektes Insolvenzurteil * Apriori-Wahrscheinlichkeit für Insolvenz + Wahrscheinlichkeit für ein falsches Insolvenzurteil * Apriori-Wahrscheinlichkeit für Bonität $= 0{,}85 * 0{,}06 + 0{,}15 * 0{,}94 = 0{,}192$

Gesuchte Wahrscheinlichkeit $P(A|B) = 0{,}85 * 0{,}06/0{,}192 = 0{,}266$

Die Wahrscheinlichkeit, dass der Kunde Maier insolvent ist, beträgt also 0,266, d. h. 26,6 %.

3. Eine Form des wissenschaftlichen Schlussfolgerns ist das hermeneutische Schließen. Wie lässt sich hermeneutisches Schließen charakterisieren? Zutreffende Aussagen:
   (a) **Ebenso wie die Abduktion greift das hermeneutische Schließen auf Hintergrundwissen zurück.**
   (b) Das hermeneutische Schließen baut auf dem Prinzip der Deduktion auf.
   (c) Beim hermeneutischen Schließen schließt man aus Einzelfällen auf allgemeine Gesetzmäßigkeiten.
   (d) **Beim hermeneutischen Schließen versucht man Sinnzusammenhänge zu verstehen.**
   (e) **Beim hermeneutischen Schließen vollzieht sich der Erkenntnisprozess als fortschreitender Kreisprozess vom Einzelnen zum Ganzen und vom Ganzen zum Einzelnen.**
4. In den Realwissenschaften unterscheidet man zwischen dem „Explanandum" und dem „Explanans". Welche der folgenden Aussagen bezieht sich auf das Explanandum? Zutreffende Aussage:
   (a) Billige Produkte sind von minderwertiger Qualität.
   (b) Wenn ein Betrieb marktorientiert arbeitet, ist er erfolgreich.
   (c) Betrieb X erzielt hohe Gewinne, weil er marktorientiert wirtschaftet.
   (d) **Betrieb X erzielt hohe Gewinne.**
   (e) Betrieb X ist erfolgreich, weil er marktorientiert arbeitet.

(f) Wenn sich ein Betrieb nicht am Markt orientiert, kann er nicht erfolgreich sein.

Verständnisfragen Kap. 5

1. Betrachten Sie folgende Aussage:
   Herr Hinterhuber hat die Prinzipien der Investitionsrechnung falsch angewendet und dadurch dem Betrieb großen Schaden zugefügt. Zutreffende Aussagen:
   (a) Es handelt sich um eine analytische Aussage.
   (b) **Es handelt sich um eine synthetische Aussage.**
   (c) **Es handelt sich um eine idiographische Aussage.**
   (d) Es handelt sich um eine nomologische Aussage.
   (e) Es handelt sich um eine probabilistische Aussage.
   (f) **Es handelt sich um eine deskriptive Aussage.**
   (g) **Es handelt sich um eine empirische Aussage.**
2. Was ist eine „tautologische Transformation"? Zutreffende Aussage:
   (a) **Übertragung von Ursache-Wirkungs-Beziehungen auf Ziel-Mittel-Beziehungen**
   (b) eine Leer-Aussage
   (c) Ableitung einer Ursache-Wirkungs-Beziehung aus wiederholten Beobachtungen
   (d) Generalisierung eines empirische Befundes von der untersuchten Stichprobe auf die Population
   (e) Schluss von einem Einzelfall auf eine nomologische Aussage
3. Welches sind die Kritikpunkte an der Richtigkeit einer tautologischen Transformation? Zutreffende Aussagen:
   (a) **Wenn-Dann-Beziehungen sind nicht umkehrbar.**
   (b) **Eine Theorie lässt sich nicht ohne weiteres auf eine konkrete Handlungssituation übertragen.**
   (c) **Es fehlt eine Beurteilung der einzusetzenden Mittel in Bezug auf deren Effektivität.**
   (d) **Die Gültigkeit einer Theorie bemisst sich an ihrem Wahrheitsgehalt, während das Gültigkeitskriterium für Handlungsanweisungen deren Tauglichkeit für zweckgerichtetes Handeln ist.**
   (e) Technologische Handlungsanweisungen setzen eine erklärende Theorie voraus.

Verständnisfragen Kap. 6

1. Was versteht man unter einem „Indikator"? Zutreffende Aussage:
   (a) Bei einem Indikator handelt es sich um ein Anzeichen, das für eine Prognose genutzt werden kann.
   (b) **Ein Indikator ist ein beobachtbares Phänomen oder Merkmal, das einen zugrunde liegenden inhaltlichen Begriff repräsentiert.**

(c) Bei einem Indikator handelt es sich um eine inhaltliche Definition des zu untersuchenden Gegenstandsbereiches.
(d) Ein Indikator zeigt eine Zustandsveränderung an.
2. Was versteht man unter einer „Operationalisierung"? Zutreffende Aussagen:
   (a) **Eine Operationalisierung setzt die inhaltliche Definition eines Tatbestandes so um, dass sie einer Messung zugänglich wird.**
   (b) **Durch die Operationalisierung erhält man messbare Größen, die in ihrer Ausprägung variieren können und deswegen als „Variablen" bezeichnet werden.**
   (c) Bei der Operationalisierung handelt es sich um eine genaue Beschreibung des zu untersuchenden Sachverhaltes.
   (d) Bei der Operationalisierung handelt es sich um eine inhaltliche Definition des zu untersuchenden Gegenstandsbereiches.
3. Was ist eine „Hypothese"? Zutreffende Aussage:
   (a) eine Annahme über Ursache-Wirkungs-Beziehungen
   (b) **eine Annahme, deren Zutreffen mit Hilfe systematischer Methoden an der Realität überprüft werden kann**
   (c) eine analytische Aussage, deren Zutreffen sich durch logische Ableitungen überprüfen lässt
   (d) eine empirisch begründete Aussage über Merkmalsunterschiede
   (e) eine formal-logische Aussage, die sich mittels Deduktion aus einer Theorie ableiten lässt
4. Welche der folgenden Aussagen über das Wesen einer „Theorie" sind **nicht** richtig? Unzutreffende Aussagen:
   (a) **Eine Theorie steht im Gegensatz zur Praxis.**
   (b) Eine Theorie ist eine zusammenfassende Gesamtsicht eines Erkenntnisbereichs.
   (c) Eine Theorie besteht aus Axiomen, Definitionen und Aussagen.
   (d) **Eine Theorie ist die notwendige Voraussetzung zur Ableitung betrieblicher Gestaltungsmaßnahmen.**
   (e) Eine Theorie ist eine abstrahierende Darstellung eines Erkenntnisbereiches.
5. Was bedeutet „Falsifikation"? Zutreffende Aussagen:
   (a) **Falsifikation bedeutet die Widerlegung von Aussagen oder Theorien.**
   (b) **Eine Falsifikation dient der Überprüfung von Aussagen.**
   (c) **Eine Theorie wird falsifiziert, wenn empirische Befunde in Widerspruch zu den aus ihr abgeleiteten Aussagen, also den Hypothesen, stehen.**
   (d) **Sowohl die Nullhypothese als auch die Alternativhypothese kann falsifiziert werden.**
   (e) **Eine Aussage gilt dann als falsifiziert, wenn die vorliegenden Befunde ihr Zutreffen als unwahrscheinlich erscheinen lassen.**
   (f) Wenn eine Nullhypothese nicht falsifiziert wird, heißt das, dass die Nullhypothese zutreffend ist.

6. Was sind zentrale Kriterien für die Güte einer Theorie in den Realwissenschaften? Welches der folgenden Kriterien gehört **nicht** zu den zentralen Kriterien? Unzutreffende Aussage:
   (a) Widerspruchsfreiheit
   (b) Sparsamkeit
   (c) Reichweite
   (d) **Komplexität**
   (e) empirische Überprüfbarkeit
   (f) praktische Anwendbarkeit

Verständnisfragen Kap. 7

1. Was haben Modelle und Theorien gemeinsam, und wo liegen die Unterschiede? Zutreffende Aussagen:
   (a) **Ein Modell stellt ebenso wie eine Theorie ein vereinfachtes System von Beziehungen innerhalb eines Gegenstandsbereichs dar.**
   (b) **Während eine Theorie das System in Form sprachlicher Aussagen konkretisiert, stellt das Modell die Beziehungen durch Visualisierungen oder mathematische Formeln dar.**
   (c) **Sowohl ein Modell als auch eine Theorie erfordert eine Abstraktion, d. h. eine Reduktion der Komplexität eines Gegenstandsbereichs.**
   (d) Modelle müssen immer der Erklärung realer Tatbestände dienen.
2. Bei Modellen lassen sich White-Box-Modelle von Black-Box-Modellen unterscheiden. Zutreffende Aussagen:
   (a) **Ein White-Box-Modell bildet reale Strukturen ab, während ein Black-Box-Modell die innere Struktur des Gegenstandsbereichs unberücksichtigt lässt.**
   (b) Mathematische Modelle müssen immer White-Box-Modelle sein.
   (c) Black-Box-Modelle können im Gegensatz zu White-Box-Modellen zur Prognose künftiger Entwicklungen herangezogen werden.
   (d) **Kriterium für die Gültigkeit eines White-Box-Modells ist dessen Übereinstimmung mit der Realität („Wahrheit"), während das Kriterium für die Gültigkeit eines Black-Box-Modells dessen Tauglichkeit („Wirksamkeit") ist.**

Verständnisfragen Kap. 8

1. Was bedeuten die Begriffe „ontologischer Realismus" und „epistemischer Realismus"? Zutreffende Aussagen:
   (a) Der ontologische Realismus beinhaltet die Auffassung, dass man mit Hilfe der Induktion aus der Erfahrung die Wirklichkeit erkennen kann.

(b) **Der ontologische Realismus beinhaltet die Auffassung, dass es eine vom Beobachter unabhängige Wirklichkeit gibt.**
(c) **Der epistemische Realismus beinhaltet die Auffassung, dass die Wirklichkeit prinzipiell erkennbar ist.**
(d) Der epistemische Realismus beinhaltet die Auffassung, dass man mit Hilfe der Induktion aus der Erfahrung die Wirklichkeit erkennen kann.
(e) Der epistemische Realismus betrachtet ontologische Fragestellungen als unwissenschaftlich, man sollte sich daher auf die Untersuchung sinnlich erfassbarer Erscheinungen beschränken.

2. Was kennzeichnet den „kritischen Rationalismus"? Zutreffende Aussagen:
   (a) **Gemäß dem kritischen Rationalismus ist der Prüfstein des Erkenntnisgewinns die Erfahrung.**
   (b) Jegliche Erkenntnis beruht auf Induktion.
   (c) **Eine Theorie wird aus Hypothesen ermöglicht, die aus der Theorie deduktiv abgeleitet werden.**
   (d) **Der kritische Rationalismus geht nach der so genannten hypothetisch-deduktiven Methode vor.**
   (e) Gemäß dem kritischen Rationalismus ist die Induktion ein wichtiger Baustein wissenschaftlicher Erkenntnis.

3. Vergleichen Sie die deduktiv-nomologische mit der hypothetisch-deduktiven Vorgehensweise. Zutreffende Aussagen:
   (a) Gemäß der deduktiv-nomologischen Vorgehensweise lassen sich mittels Deduktion allgemeine Gesetzmäßigkeiten aus der Erfahrung ableiten, während gemäß der hypothetisch-deduktiven Vorgehensweise sich aus der Erfahrung nur Vermutungen ableiten lassen.
   (b) **Prüfstein des Erkenntnisgewinns ist gemäß beiden Vorgehensweisen die Erfahrung.**
   (c) Gemäß beiden Vorgehensweisen lassen sich aus der Erfahrung allgemeine Gesetzmäßigkeiten mittels Induktion ableiten.
   (d) **Stimmen die empirischen Befunde nicht mit der Theorie überein, können gemäß dem deduktiv-nomologischen Ansatz neue Befunde zur Stützung der Theorie herangezogen werden, während gemäß dem hypothetisch-deduktiven Ansatz die Theorie als widerlegt gilt.**

4. Was kennzeichnet den „Konstruktivismus"? Zutreffende Aussagen:
   (a) **Die Basis der Erkenntnis ist die soziale Erfahrung.**
   (b) Gemäß dem Konstruktivismus ist die uns umgebende Wirklichkeit real vorfindbar und kann vom Wissenschaftler entdeckt werden.
   (c) Die notwendige Voraussetzung zur Ableitung betrieblicher Gestaltungsmaßnahmen ist eine Theorie.

(d) **Kriterium für die Angemessenheit einer Theorie ist nicht deren Übereinstimmung mit der realen Welt, sondern deren Tauglichkeit für zweckgerichtetes Handeln.**
(e) **Das konstruktive Vorgehen zielt nicht auf das Erklären von Ursache-Wirkungs-Beziehungen, sondern auf das Verstehen von Sinnzusammenhängen.**

5. Was versteht man unter einem wissenschaftlichen Paradigma? Zutreffende Aussagen:
   (a) Ein wissenschaftliches Paradigma ist ein beispielhafter Einzelfall.
   (b) **Ein wissenschaftliches Paradigma ist ein wissenschaftliches Leitbild, das von den meisten Forschern in einer bestimmten Zeit geteilt wird.**
   (c) **Ein wissenschaftliches Paradigma ist ein Satz von Vorgehensweisen, die bestimmen, welche Art von Fragen gestellt werden und welche Arten der Überprüfung dieser Fragen zulässig sind.**
   (d) Ein wissenschaftliches Paradigma gibt die Anordnung unabhängiger und daraus abgeleiteter abhängiger Variablen für die in einem Experiment zu überprüfenden Hypothesen vor.
   (e) Ein wissenschaftliches Paradigma ist die zulässige Art und Weise, wie theoretische Erkenntnisse in praktische Handlungsanweisungen umzusetzen sind.

Verständnisfragen Kap. 9

1. Wissenschaftliches Vorgehen muss bestimmten Anforderungen genügen, die als „Gütekriterien" bezeichnet werden.

Text und Lösung
Das grundlegende Gütekriterium ist **Objektivität**. Es bedeutet, dass die angewandte Methode oder die angewandte Forschungsstrategie **nicht** an die Person des Forschers oder Untersuchers gebunden ist. Das Vorgehen und das jeweils erhaltene Ergebnis müssen **intersubjektiv** nachvollziehbar sein.

Das zweite Gütekriterium ist **Reliabilität**. Die **Reliabilität** einer Methode bezieht sich auf deren **Zuverlässigkeit**. Eine Methode ist dann **zuverlässig,** wenn sie bei wiederholten Messungen unter vergleichbaren Bedingungen dasselbe Ergebnis erbringt. Die Wiederholung kann sowohl **zeitlich** als auch **inhaltlich** definiert werden. Die zeitliche **Reliabilität** ist gegeben, wenn das Ergebnis der Anwendung der Methode unabhängig davon ist, zu welchem Zeitpunkt die Methode durchgeführt wird, d. h. das Ergebnis muss wiederholbar bzw. reproduzierbar sein. Die zeitliche **Reliabilität** bezeichnet man als **„Stabilität"**. Der inhaltliche Aspekt der **Reliabilität** bezieht sich darauf, inwieweit die einzelnen Bestandteile eines Messverfahrens untereinander stimmig, d. h. **konsistent**, sind. Die Vergleichbarkeit kann dadurch überprüft werden, dass der Grad der Übereinstimmung von Ergebnissen, die zum selben Zeitpunkt mit unterschiedlichen Bestandteilen des Messverfahrens erzielt wurden, berechnet wird. Ermittelt wird entweder die **Parallel-Test-Reliabilität** oder die **interne Konsistenz**.

Das dritte Gütekriterium ist **Validität**. Im Allgemeinen lässt sich sagen, dass **Objektivität** und **Reliabilität** die notwendigen Voraussetzungen, jedoch nicht die hinreichenden Bedingungen für die **Validität** darstellen. Die **Validität** (= **Gültigkeit**) bezieht sich als zentrales Gütekriterium auf die Angemessenheit sowohl der methodischen Herangehensweise als auch auf die Ergebnisse von Untersuchungen in Bezug auf die untersuchte Fragestellung. Der **Konstruktvalidität** liegt die Frage zugrunde, ob das Messinstrument geeignet ist, das in Frage stehende begriffliche Konstrukt zu **operationalisieren**. Ihre Überprüfung geschieht Hilfe statistischer Prozeduren. Die Prozeduren sollen sicherstellen, dass zwei Forderungen erfüllt sind: Einerseits müssen die einzelnen Bestandteile des Messinstruments dasselbe Konstrukt abbilden (**konvergente Validität**), und andererseits müssen die Messergebnisse sich hinreichend von Messungen, die sich auf andere Konstrukte beziehen, unterscheiden (**diskriminante Validität**).

2. Die Überprüfung der Validität einer Forschungsstrategie beinhaltet die Beurteilung, inwieweit mit der durchgeführten Untersuchung das Untersuchungsziel erreicht wurde und welche Schlussfolgerungen aus der Untersuchung gezogen werden können. Man unterscheidet zwischen „interner" und „externer" Validität. Die Überprüfung der Validität einer Forschungsstrategie beinhaltet die Beurteilung, inwieweit mit der durchgeführten Untersuchung das Untersuchungsziel erreicht wurde und welche Schlussfolgerungen aus der Untersuchung gezogen werden können. Man unterscheidet zwischen „interner" und „externer" Validität. Zutreffende Aussagen:
   (a) **Eine Untersuchung ist dann intern valide, wenn das in der Untersuchung erzielte Ergebnis eindeutig interpretierbar ist.**
   (b) Die interne Validität ist dann gegeben, wenn sich die Untersuchungsergebnisse verallgemeinern lassen, d. h. auf andere Personen, andere Umgebungsbedingungen und auf zukünftige Gegebenheiten übertragen lassen.
   (c) **Die externe Validität bezieht sich auf die Generalisierbarkeit der erhaltenen Untersuchungsergebnisse.**
   (d) **Die interne Validität ist Voraussetzung für die externe Validität.**
   (e) **Die interne Validität einer Untersuchung ist nicht gegeben, wenn alternative Erklärungen der Untersuchungsergebnisse möglich sind.**
   (f) Die Validität eines formalen Modells ist nur dann gegeben, wenn das Modell die Strukturen der realen Welt abbildet.

Verständnisfragen Kap. 10

1. In den Realwissenschaften lassen sich zwei methodologische Sichtweisen unterscheiden: die nomothetische und die idiographische Sicht. Zutreffende Aussagen:

(a) Das Begriffspaar „nomothetisch" vs. „idiographisch" beschreibt den Unterschied zwischen Deduktion und Induktion.
(b) **Das Begriffspaar „nomothetisch" vs. „idiographisch" soll den Unterschied zwischen dem erklärenden Vorgehen der Naturwissenschaften und dem verstehenden Vorgehen der Geisteswissenschaften charakterisieren.**
(c) **In der Betriebswirtschaftslehre versucht man aus nomothetischer Sicht wirtschaftliche Phänomene als verallgemeinerte Zusammenhänge zwischen Ursache und Wirkung zu erklären, während aus idiographischer Sicht der zu untersuchende Sachverhalt eingehend beschrieben wird.**
(d) **Aus idiographischer Sicht versucht man die Bedeutung wirtschaftlicher Phänomene für den jeweiligen Handlungskontext zu erfassen.**
(e) **Im Mittelpunkt des idiographischen Vorgehens steht der Einzelfall, während man beim nomothetischen Vorgehen allgemeine Gesetzmäßigkeiten aufdecken will.**

2. Auf der Suche nach einer Erklärung für vorliegende Sachverhalte besteht der erste Schritt häufig darin, dass man nach einem Zusammenhang zwischen unterschiedlichen Gegebenheiten oder Merkmalen sucht. Welches der folgenden Vorgehensweisen ist **nicht** einer Zusammenhangsanalyse zuzurechnen? Unzutreffende Aussage:
   (a) Regressionsanalyse
   (b) Diskriminanzanalyse
   (c) Clusteranalyse
   (d) **Merkmalsanalyse**
   (e) Faktorenanalyse

3. Aus einer Korrelation zwischen zwei Variablen lassen sich verschiedene Schlussfolgerungen ableiten. Die folgenden Sätze machen Aussagen über Befunde und Schlussfolgerungen. Zutreffende Aussagen:
   (a) Die Korrelation zwischen der Ausschussrate und der Höhe der Ersatzinvestitionen in einem Betrieb ergibt einen Korrelationskoeffizienten von $r = -0{,}91$. Man kann daraus schließen, dass man die Zahl der Ersatzinvestitionen erhöhen muss, um die Ausschussrate zu verringern.
   (b) **Eine lineare Nullkorrelation zwischen zwei Variablen bedeutet, dass kein linearer Zusammenhang zwischen den beiden Variablen besteht.**
   (c) Eine Zusammenhangsanalyse zwischen Arbeitsleistung (produzierte Stückzahl pro Zeiteinheit) und der Höhe der Ersatzinvestitionen erbringt einen Korrelationskoeffizienten von $r = 0{,}85$. Man kann daraus schließen, dass die Arbeitsleistung umso höher ist, je mehr Ersatzinvestitionen vorgenommen werden.
   (d) **Eine partielle Korrelation zwischen Arbeitsleistung und Modernisierungsgrad in einem Betrieb unter Ausschaltung des Alters der Mitarbeiter erweist sich als signifikant und in ihrem Ausmaß bedeutsam. Man kann daraus schließen, dass der positive Zusammenhang zwischen Arbeitsleistung und Modernisierungsgrad auch dann noch erhalten bleibt, wenn man das Alter kontrolliert.**

4. Stellen Sie sich vor, man habe den Effekt eines Trainingsprogramms zur Motivationserhöhung in einem Vorher-Nachher-Versuchsplan untersucht. Tatsächlich hat sich die Arbeitsleistung der Mitarbeiter nach dem Training signifikant erhöht. Welche Schlussfolgerungen lassen sich daraus ziehen? Zutreffende Aussage:
    (a) Das Trainingsprogramm ist der kausale Faktor für die Erhöhung der Arbeitsleistung,
    (b) Die Validität der Untersuchung wird dadurch in Frage gestellt, dass die Vorher-Werte der Trainingsteilnehmer nicht homogen waren.
    (c) **Es besteht die Möglichkeit, dass sich die Arbeitsleistung durch die Einwirkung externer Faktoren erhöht hat.**
    (d) Der Versuchsplan ist ungeeignet, da es sich um einen Versuchsplan mit abhängigen Stichproben handelt.
5. Was versteht man unter einer „Meta-Analyse"? Zutreffende Aussage:
    (a) Bei der Meta-Analyse werden die Meta-Daten einer Untersuchung unter die Lupe genommen.
    (b) Eine Meta-Analyse beinhaltet eine qualitative Würdigung aller Studien zu einer bestimmten Forschungsfrage.
    (c) **Eine Meta-Analyse hat das Ziel, mehrere publizierte empirische Einzelstudien statistisch zusammenzufassen und auf der Basis der betrachteten Studien eine quantitative Bewertung zu erstellen.**
    (d) Eine Meta-Analyse hat das Ziel, existierende Theorien und Modelle einer theoretischen Analyse zu unterziehen und eventuell sogar neue Erklärungsansätze vorzuschlagen.
    (e) Eine Meta-Analyse besteht im Wesentlichen aus der kritischen Würdigung der bestehenden Forschungsliteratur zu einer Forschungsfrage.
6. Was versteht man unter einer „organismischen Variablen"? Zutreffende Aussage:
    (a) Bei organismischen Variablen handelt es sich um Störfaktoren, die grundsätzlich nicht untersucht werden können.
    (b) Bei organismischen Variablen handelt es sich um Moderatorvariablen, die den Einfluss einer unabhängigen Variablen auf die abhängige Variable verändern.
    (c) **Bei organismischen Variablen handelt es sich um „natürliche" Merkmale einer Person oder Organisation, die grundsätzlich nicht manipuliert werden können.**
    (d) Bei organismischen Variablen handelt es sich um Mediatorvariablen, die einen vermittelnden Einfluss zwischen einer unabhängigen und einer abhängigen Variable ausüben.
7. In einer Untersuchung über den Zusammenhang zwischen Marktorientierung des Betriebs und der Kundenzufriedenheit wurde festgestellt, dass die Kundenzufriedenheit umso höher ist, je stärker die Marktorientierung des Betriebs ist. Die Nullhypothese wurde daher verworfen. Es ist jedoch nicht auszuschließen, dass das Ergebnis durch Zufallseinflüsse bei der Stichprobenauswahl zustande gekommen ist. Um welche Art von statistischem Fehler handelt es sich hierbei? Zutreffende Aussage:.

(a) **Fehler erster Art**
(b) Fehler zweiter Art
(c) publication bias
(d) cognitive bias
(e) Wahl eines zu niedrigen Signifikanzniveaus

8. Was kennzeichnet eine Faktorenanalyse? Zutreffende Aussagen:
   (a) **Eine Faktorenanalyse dient der Zusammenfassung von einzelnen Variablen zu Variablen höherer Ordnung.**
   (b) Eine Faktorenanalyse dient Ermittlung von Faktoren als Einflussgrößen für die Ausprägung bestimmter Merkmale.
   (c) **Eine Faktorenanalyse beinhaltet die Reduktion einer größeren Anzahl von Variablen auf wenige Variablengruppen.**
   (d) Mit Hilfe der Faktorenanalyse werden Produktionsfaktoren spezifiziert.
   (e) **Eine Faktorenanalyse stellt eine Weiterführung der multiplen Korrelationsrechnung dar.**
   (f) Mit Hilfe der Faktorenanalyse können kausale Beziehungen zwischen einzelnen Variablen ermittelt werden.

9. Angenommen, Sie die reduzieren die 50 Fragen eines Fragebogens zur Einstellung zum Kauf von Bio-Lebensmitteln mit Hilfe einer Faktorenanalyse zu drei orthogonalen Faktoren, die Sie als „Gesundheit und Fitness", „Verantwortungsbewusstsein" und „Zahlungsbereitschaft" bezeichnen. Welche Schlüsse können Sie aus dieser Untersuchung ziehen? Zutreffende Aussagen:
   (a) **Die ermittelten Faktoren zeigen, welche Produktmerkmale die Kaufentscheidung der Kunden bestimmen.**
   (b) **Die ermittelten Faktoren spiegeln die Einstellung der Probanden zum Kauf von Bio-Lebensmitteln wider.**
   (c) Die ermittelten Faktoren hängen miteinander zusammen.
   (d) **Die ermittelten Faktoren sind als Dimensionen der Einstellung der Probanden zum Kauf von Bio-Lebensmitteln zu betrachten.**

Verständnisfragen Kap. 11

1. Wodurch können Verfälschungen bei der Beantwortung von Fragen in einem Interview, einer Umfrage oder in einem Fragebogen entstehen? Zutreffende Aussagen:
   (a) **Die Fragen werden falsch oder ungenau verstanden.**
   (b) **Die Fragen werden nicht wahrheitsgemäß beantwortet, weil es der befragten Person peinlich ist bzw. sie in einem günstigeren Licht erscheinen will.**
   (c) **Die Art der Frageformulierung kann zu Verzerrungen führen.**
   (d) Die Antworten in einem Fragebogen sind nicht quantifizierbar.

(e) **Die Fragen werden falsch oder ungenau beantwortet, weil sich die befragte Person nicht mehr oder ungenau daran erinnert, was sie in der Vergangenheit getan hat.**
2. Was charakterisiert eine „Zufallsstichprobe"? Zutreffende Aussagen:
   (a) Eine Zufallsstichprobe ist eine gerade verfügbare Stichprobe.
   (b) **Bei einer Zufallsstichprobe wird die Auswahl der Untersuchungseinheiten nach dem Zufallsprinzip vorgenommen.**
   (c) **Wenn die Stichprobe nach dem Zufallsprinzip aus der in Frage stehenden Population gewonnen wurde, lässt sich die Repräsentativität quantitativ mit Hilfe der Berechnung des Stichprobenfehlers bestimmen.**
   (d) Eine Zufallsstichprobe spiegelt die Auftretenshäufigkeit sachrelevanter Merkmale in der Gesamtpopulation wider.
3. Unterschiede in einer Variablen lassen sich auf einer Skala darstellen. Die Skala bildet die Ausprägungen einer Variablen ab. Zutreffende Aussagen:
   (a) Ordinalskalierte Daten lassen die Bildung des arithmetischen Mittels zu.
   (b) **Eine Ordinalskala bildet Größer-Kleiner-Relationen ab.**
   (c) **Eine Intervallskala lässt sich in eine Ordinalskala überführen.**
   (d) Eine Intervallskala lässt die Bildung von Verhältnissen zu.
4. Quantitative Informationen zur Charakterisierung von Merkmalen werden oft zu Kennzahlen verdichtet. Was versteht man unter einer „Indexkennzahl"? Zutreffende Aussage:
   (a) Eine Indexkennzahl ist eine absolute Kennzahl.
   (b) **Eine Indexkennzahl wird durch den Vergleich gleichartiger und gleichrangiger Größen mit unterschiedlichem Zeitbezug gebildet.**
   (c) Eine Indexkennzahl besteht aus Summen oder Differenzen von Einzelmerkmalen.
   (d) Eine Indexkennzahl bildet das Verhältnis zweier Größen ab.

Verständnisfragen Kap. 12

1. Welche der folgenden statistischen Kennwerte sind den Lageparametern zugeordnet? Zutreffende Antwortalternativen:
   (a) **Modus**
   (b) **Modalwert**
   (c) **Median**
   (d) Korrelationskoeffizient
   (e) **arithmetisches Mittel**
   (f) Standardabweichung
2. Was versteht man unter „Irrtumswahrscheinlichkeit"? Zutreffende Aussage:
   (a) eine fälschliche Entscheidung zugunsten der Alternativhypothese
   (b) den Stichprobenfehler
   (c) **die Wahrscheinlichkeit, dass die Nullhypothese zutrifft**

(d) die Wahrscheinlichkeit dafür, dass das gefundene Ergebnis mit der Alternativhypothese vereinbar ist
(e) die Wahrscheinlichkeit dafür, dass man einen Fehler begangen hat
3. Was sind die Unterschiede zwischen „deskriptiver" und „induktiver" Statistik? Zutreffende Aussage:
   (a) Die deskriptive Statistik beschreibt die in der untersuchten Stichprobe gewonnenen Daten, während die induktive Statistik sich statistischer Auswertungsmethoden bedient.
   (b) **Mit Hilfe der deskriptiven Statistik lassen sich nur Aussagen über die tatsächlich untersuchte Stichprobe gewinnen, während die induktive Statistik der Verallgemeinerung der Befunde auf die Grundgesamtheit dient.**
   (c) Mit Hilfe der deskriptiven Statistik lassen sich Einzelmerkmale beschreiben, während die induktive Statistik auch den Zusammenhang zwischen zwei oder mehr Merkmalen darstellen kann.
   (d) Die deskriptive Statistik bedient sich qualitativer Auswertungsmethoden, während die induktive Statistik nur quantitative Auswertungsmethoden zulässt.

Glossar

Abduktion: Schlussverfahren, das darin besteht, die beste Erklärung für ein beobachtetes Phänomen zu finden, wobei sowohl Informationen über allgemeine Gesetzmäßigkeiten als auch Informationen über die Besonderheit des vorliegenden Phänomens einbezogen werden.

Ad-hoc-Hypothese: Zusatzannahme, die eine bestehende Theorie leicht verändert, um sie zu „retten".

Ad-hoc-Stichprobe (anfallende Stichprobe): Stichprobe, die nach dem Kriterium der Zugänglichkeit ausgewählt wird.

Alpha-Fehler (α-Fehler): *Siehe* **Fehler erster Art**

Alternativhypothese (H_1):
mathematisch formulierte Aussage, die inferenzstatistisch auf ihre Geltung überprüft werden soll. Die Gegenhypothese zur Alternativhypothese ist die Nullhypothese (H_0).

analytische Aussage: Aussage, die allein durch Denken zustande kommt und von der Realität unabhängig ist. Ihre Richtigkeit kann nur logisch überprüft werden.

analytische Wissenschaftstheorie: Wissenschaftstheorie, die sich als angewandte Logik versteht.

A-priori-Wahrscheinlichkeit: *Siehe* **Prior-Wahrscheinlichkeit**

A-posteriori-Wahrscheinlichkeit: *Siehe* **Posterior-Wahrscheinlichkeit**

Autokorrelation: Zusammenhang von Einzelwerten einer Zeitreihe mit sich selbst nach einer bestimmten zeitlichen Verzögerung. Die Autokorrelationsfunktion erlaubt die Identifikation der Dauer von Zyklen.

Axiom: Als gültig anerkannter Grundsatz, der vorausgesetzt wird und nicht bewiesen werden muss.

Bayes'sches Theorem: mathematisch formulierte Aussage, die die Berechnung bedingter Wahrscheinlichkeiten beschreibt. Mit Hilfe des Bayes-Theorems lassen sich Prior-Wahrscheinlichkeiten (Vorwissen und empirische Befunde) in eine Posterior-Wahrscheinlichkeit (zusammenfassende Wahrscheinlichkeit) überführen.

Bayes-Statistik: statistische Entscheidungstheorie, bei der Wahrscheinlichkeiten für unterschiedliche Hypothesen unter der Bedingung eines empirisch ermittelten Ergebnisses ermittelt werden.

bedingte Wahrscheinlichkeit: Wahrscheinlichkeit unter der Voraussetzung, dass bestimmte Gegebenheiten vorliegen

Behavioral Economics: verhaltensorientierte Wirtschaftswissenschaft, auch als „Verhaltensökonomik" oder „Verhaltensökonomie" bezeichnet

Behavioral Finance: Teilbereich der deskriptiven Entscheidungsforschung, verhaltensorientierte Richtung der Finanzwirtschaft (Spezialfeld von „Behavioral Economics").

Bestimmtheitsmaß: *Siehe* **Determinationskoeffizient**

Beta-Fehler (β-Fehler): *Siehe* **Fehler zweiter Art**

Betrieb: planvoll organisierte Wirtschaftseinheit, in der Produktionsbedingungen geschaffen und kombiniert werden, um Güter und Dienstleistungen herzustellen und abzusetzen

Bias: Verzerrung im Wahrnehmen, Denken und Urteilen oder bei der Auswahl von Objekten.

bimodale Verteilung: Verteilung mit zwei Gipfeln (und damit mit zwei Modalwerten).

Binomialverteilung: Wahrscheinlichkeitsfunktion, die angibt, wie hoch die nach Zufall erwartete Häufigkeit eines Ereignisses A bei n Wiederholungen ist. A tritt dabei bei jedem Versuch mit der Wahrscheinlichkeit p ein. Außer A gibt es ein und nur ein Gegenereignis (Nicht-A) mit Wahrscheinlichkeit $q = 1-p$.

bivariate Korrelation: Zusammenhang zwischen zwei Variablen.

Black-Box-Modell: System, bei dem der innere Aufbau vernachlässigt wird und nur Input- und Output-Größen betrachtet werden.

Chi-Quadrat-Anpassungstest: Signifikanztest, der die Übereinstimmung *(goodness of fit)* der beobachteten mit den erwarteten Häufigkeiten prüft.

Chi-Quadrat-Test: Signifikanztest zur Analyse von Häufigkeitsunterschieden.

Clusteranalyse: statistisches Verfahren zur Identifikation von neuen (d. h. vorher nicht bekannten) Gruppen (Cluster) in vorliegenden Datenbeständen

Definition: inhaltliche Klärung und Abgrenzung eines Begriffs.

Deduktion: Schluss vom Allgemeinen auf das Besondere.

deskriptive Statistik: Statistik, die die Daten einer Stichprobe beschreibt, z. B. durch Grafiken oder Kennwerte wie Mittelwert oder Standardabweichung.

Determinationskoeffizient: Anteil der durch die Regressionsfunktion erklärten Variation an der Gesamtvariation der vorhergesagten y-Werte, entspricht dem Quadrat des Korrelationskoeffizienten (r^2) für die Variablen x und y.

deterministisch: mit Sicherheit gültig.

Dispersion: *Siehe* **Streuung**

diskretes Merkmal: Variable, deren Ausprägung nur bestimmte (abzählbare) Werte annehmen kann (z. B. Stückzahl).

diskriminante Validität: Ausmaß, in dem sich Messergebnisse, die sich auf ein bestimmtes Konstrukt beziehen, sich hinreichend von Messungen, die sich auf andere Konstrukte beziehen, unterscheiden.

Diskriminanzanalyse: statistisches Verfahren, das aufgrund der linearen Gewichtung eines Satzes von Prädiktoren zu einer maximalen Trennung von vorher definierten Gruppen führt.

Effektgröße: *Siehe* **Effektstärke**

Effektstärke (Wirkungsausmaß): standardisiertes Maß für die Größe des Mittelwertsunterschieds zwischen zwei oder mehr Stichproben bzw. für die Stärke des Zusammenhangs zwischen zwei oder mehr Variablen.

Einfachheitsprinzip: *Siehe* **Sparsamkeitsprinzip**

einseitiger Test: Signifikanztest zur Überprüfung einer *gerichteten* Hypothese (im Gegensatz zu einer *ungerichteten* Hypothese, bei der ein zweiseitiger Test durchzuführen ist).

empirische Aussage: synthetische Aussage, die sich auf die Realität bezieht und deren Richtigkeit an der Realität überprüft werden kann.

epistemisch: Art und Weise, wie man zu wissenschaftlichen Erkenntnissen gelangt.

Epistemologie: Erkenntnislehre.

Ereigniswahrscheinlichkeit: Wahrscheinlichkeit für das Auftreten der vorliegenden Untersuchungsergebnisse.

Erkenntnistheorie: Teilgebiet der Philosophie, das die Möglichkeit und die Voraussetzungen menschlicher Erkenntnis analysiert.

Erklärung: Antwort auf eine *Warum*-Frage. Unterschieden werden *kausale* Erklärung (Ursache-Wirkungs-Zusammenhang), *finale* oder *teleologische* Erklärung (Handlungszweck) und *funktionale* Erklärung (Rolle in einem Gesamtsystem).

Evaluation (Evaluierung): Überprüfung der Wirksamkeit einer Maßnahme (z. B. Trainingsprogramm).

Evidenznachweis: quantitative Abwägung der Wahrscheinlichkeit des Zutreffens einer Hypothese.

Experiment: Untersuchungsmethode, bei der bestimmte Bedingungen (unabhängige Variable) planmäßig variiert und die dadurch bei den Untersuchungsteilnehmern hervorgerufenen Reaktionen (abhängige Variable) systematisch erfasst werden.

Explanandum: vorliegender Tatbestand, der erklärt werden soll.

Explanans: Aussage, die eine Erklärung für einen vorliegenden Tatbestand liefert.

externe Validität: Generalisierbarkeit eines Untersuchungsergebnisses auf andere Personengruppen, Untersuchungsbedingungen und Zeitpunkte.

Faktor: (a) unabhängige Variable beim *experimentellen Vorgehen*, (b) Zusammenfassung mehrerer Variablen mit ähnlichem Inhalt bei der *Faktorenanalyse*, (c) Wirtschaftsgut (als unabhängige Variable), das zur Erstellung (Produktion) anderer Wirtschaftsgüter (als abhängigen Variablen) eingesetzt wird in der *Produktionstheorie*.

Faktorenanalyse: statistisches Verfahren, das zur Reduktion einer Anzahl von wechselseitig korrelierenden Variablen dient.

Fallibilismus: Annahme der grundsätzlichen Fehlbarkeit der menschlichen Vernunft.

Falsifikation: Widerlegung von Aussagen (Hypothesen oder Theorien).

Fehler erster Art (α-Fehler): fälschliche Entscheidung zugunsten der Alternativhypothese (H_1), d. h. man verwirft die Nullhypothese (H_0), obwohl sie zutreffend ist.

Fehler zweiter Art (β-Fehler): fälschliche Entscheidung zugunsten der Nullhypothese (H_0), d. h. man behält die Nullhypothese (H_0) bei, obwohl die Alternativhypothese (H_1) zutreffend ist.

Felduntersuchung: Untersuchung, die in einer natürlichen Umgebung stattfindet.

finale Erklärung (teleologische Erklärung):
Antwort auf eine Warum-Frage durch Angabe des Zwecks bzw. Ziels einer Handlung.

formales Modell: beschreibt ein natürliches System durch formale und quantifizierbare Beziehungen. Daraus werden Folgerungen abgeleitet, die sich allein aus den formalen Regeln ergeben und unabhängig von der inhaltlichen Interpretation des Modells sind.

Formalwissenschaften (analytische Wissenschaften):
untersuchen Strukturen unabhängig und losgelöst von der Realität. Beispiele sind Logik und Mathematik.

Geltungsbereich (Reichweite):
Ausschnitt der Realität (z. B. bestimmte Personenkreise oder Umgebungsbedingungen), auf den eine Theorie bzw. eine Hypothese zutrifft.

Generalisierung: Verallgemeinerung von Untersuchungsergebnissen auf andere Stichproben und andere Umgebungsbedingungen.

gerichtete Alternativhypothese: Annahme, die einen Unterschied oder einen Zusammenhang in eine bestimmte Richtung behauptet. Beispiele: „Männer verdienen *mehr* als Frauen", „Zwischen Gehaltshöhe und Leistung besteht ein *positiver* Zusammenhang".

geschichtete (stratifizierte) Stichprobe: die Auswahl der Untersuchungseinheiten wird auf der Basis bestimmter *sachrelevanter Merkmale* – beispielsweise Alter oder Dienststellung – vorgenommen. Die Untersuchungseinheiten sind in Bezug auf diese Merkmale repräsentativ für die Grundgesamtheit.

goodness of fit-Test: Signifikanztest zur Prüfung der Übereinstimmung zwischen beobachteten und erwarteten Daten (z. B. Chi-Quadrat-Anpassungstest).

Gütekriterien: Maßstäbe zur Einschätzung der Qualität von methodischen Vorgehensweisen

Grundgesamtheit: *Siehe* **Population**

Handlungswissenschaften: Wissenschaften mit der Zielsetzung der Ableitung von Handlungsentscheidungen in konkreten Situationen.

H–O-Schema: *Siehe* **Hempel-Oppenheim-Schema**

Hempel-Oppenheim-Schema: deduktiv-nomologische Erklärung, die darin besteht, dass eine zu erklärende Einzeltatsache („Explanandum") unter ein allgemeines Gesetz („nomologische Aussage"), das unter bestimmten Randbedingungen („Antezedenzien") gilt, subsumiert wird. Die Gesetzesaussage bildet zusammen mit den Randbedingungen die Erklärung („Explanans").

Hermeneutik: Ganzheitliches *Verstehen* von Sinnzusammenhängen, das dem naturwissenschaftlichen *Erklären* von Ursache-Wirkungs-Zusammenhängen gegenübergestellt wird.

Histogramm: Diagramm, das die Häufigkeitsverteilung der in einer Untersuchung erhaltenen Skalenwerte entweder einzeln oder zu Klassen gruppiert wiedergibt.

homo oeconomicus: Modell des rational denkenden und handelnden Menschen, dessen ausschließliches Ziel die Nutzenmaximierung ist.

Hypothese: Annahme, deren Zutreffen mit Hilfe systematischer Methoden an der Realität überprüft werden kann.

hypothetisch-deduktive Methode: empirische Methode des Erkenntnisgewinns, bei der aus Erfahrung und Theorien Hypothesen abgeleitet (deduziert) werden, die an der Realität überprüft werden können.

hypothetisches Konstrukt: auf theoretischen Überlegungen beruhender Begriff

idiographischer Ansatz: Einzelfallbeschreibungen, bei denen die Phänomene aus der Perspektive der Betroffenen betrachtet und in Sinnzusammenhänge eingeordnet werden.

Indexkennzahl: bildet die Veränderung der Ausprägung einer Variablen ab.

Indikator: beobachtbares Phänomen oder Merkmal, das einen Begriff repräsentiert.

Individualisierung: Übertragung gewonnener Erkenntnisse auf den Einzelfall.

Induktion: Schluss vom Besonderen auf das Allgemeine

induktive Statistik: *Siehe* **Inferenzstatistik**

Induktivismus: Auffassung, dass der Ausgangspunkt jeglicher Erkenntnis die sinnliche Erfahrung ist, die durch Beobachtungen und Experimente gewonnen wird.

Inferenzstatistik (induktive Statistik): Statistik, die auf der Basis von Stichprobenergebnissen Rückschlüsse auf die zugrundeliegende Population (Grundgesamtheit) vornimmt und die zur Überprüfung von Hypothesen eingesetzt wird.

interne Konsistenz: Ausmaß, in dem alle Bestandteile eines Messverfahrens miteinander in Beziehung stehen, d. h. zu einem ähnlichen Messergebnis führen.

interne Validität: Eindeutigkeit eines Untersuchungsergebnisses im Hinblick auf die Untersuchungsfrage.

Irrtumswahrscheinlichkeit: Wahrscheinlichkeit dafür, dass das gefundene Ergebnis mit der Nullhypothese (H_0) vereinbar ist.

Kardinalskala (metrische Skala): zusammenfassende Bezeichnung für Intervall- und Verhältnisskala.

Kennzahl: Verdichtete quantitative Information zur Charakterisierung von Merkmalen bzw. Merkmalskombinationen.

Klumpenstichprobe: zufallsgemäße Auswahl von inhaltlich angemessenen („natürlichen") Teilgruppen (Klumpen) einer Population mit anschließender Vollerhebung innerhalb der Teilgruppen.

Konfidenzintervall (Vertrauensintervall): derjenige Bereich, innerhalb dessen der Populationsparameter mit wählbarer Wahrscheinlichkeit (95 % oder 99 %) liegt. Mit abnehmendem Umfang des Konfidenzintervalls erhöht sich die Präzision der Messung.

Kontingenzkoeffizient: Maß des Zusammenhangs (der Korrelation) zweier nominalskalierter Variablen.

Konstruktivismus: Auffassung, dass die Wirklichkeit nicht objektiv gegeben, sondern vom Menschen konstruiert ist.

Kontrollvariable: Variable, die für die Fragestellung selbst nicht bedeutsam ist, aber zur Neutralisierung von Störeinflüssen eingeführt wird.

konvergente Validität: Ausmaß, in dem unterschiedliche Bestandteile eines Messinstruments, die sich auf dasselbe Konstrukt beziehen, zu einem ähnliche Messergebnis führen.

Korrelation: Zusammenhang zwischen zwei oder mehr Variablen. Der Korrelationskoeffizient, der zwischen -1 und $+1$ variieren kann, ist ein quantitatives Maß für die Richtung und den Grad des Zusammenhangs. Er ist unabhängig vom Maßstab der gemessenen Variablen.

Kriteriumsvariable: Variable, deren Ausprägung durch eine oder mehrere Prädiktorvariablen und eine Regressionsgleichung vorhergesagt werden kann.

Kriteriumsvalidität: Ausmaß, in dem das Messergebnis eines Messinstruments mit einem inhaltlich verwandten Außenmerkmal (Außenkriterium) korreliert.

Kunstlehre: technologische Wissenschaft als spezielle Form einer Handlungswissenschaft

Likelihood: Wahrscheinlichkeit für das Zutreffen einer Erklärung unter bestimmten Voraussetzungen bzw. Wahrscheinlichkeit dafür, dass die erhaltenen Untersuchungsergebnisse durch das Zutreffen einer bestimmten Hypothese zustande gekommen sind.

Mediatorvariable: Variable, die einen *vermittelnden Einfluss* zwischen einer unabhängigen und einer abhängigen Variable ausübt.

Merkmal: Charakteristikum oder Eigenschaft eines Phänomens

Messwiederholung: unterschiedliche Messungen (entweder eines einzigen Merkmals oder mehrerer Merkmale) an ein und derselben Stichprobe.

Meta-Analyse: Zusammenfassung der Ergebnisse mehrerer Einzelstudien zu einer quantitativen Gesamtschätzung der Effektstärke.

Meta-Ebene: *übergeordnete* Ebene der Betrachtung eines Gegenstandsbereichs.

Methodologie: philosophische Reflexion wissenschaftlicher Vorgehensweisen.

metrische Skala: *Siehe* **Kardinalskala**

Modell: vereinfachte Abbildung eines Gegenstandsbereichs entweder in Form einer Visualisierung oder durch eine mathematische Beschreibung.

Modell-Platonismus: Modell, das sich aufgrund seines mangelnden Realitätsbezugs einer empirischen Überprüfung entzieht.

Moderatorvariable: Variable, die den Einfluss einer unabhängigen Variablen auf die abhängige Variable *verändert*.

Monte-Carlo-Methode (Methode der statistischen Versuche): Simulationsmethode, bei der aus einer festgelegten Population nach dem Zufallsprinzip Stichproben gezogen werden, um zu erfahren, wie sich statistische Kennwerte verteilen.

nomologische (nomothetische) Aussage: Aussage, die allgemeine Gesetzmäßigkeiten beschreibt.

nomothetischer Ansatz: Forschungsansatz mit dem Ziel der Feststellung allgemeiner Gesetzmäßigkeiten.

Normalverteilung: wichtigste Verteilung metrisch (kardinal) skalierter Werte, deren Form einer Glocke ähnelt und die symmetrisch ist. Sie ist eindeutig definiert durch die Parameter μ (Mittelwert) und σ (Standardabweichung).

Normen: Vorschriften oder Soll-Vorgaben. Unterschieden werden innerwissenschaftliche und außerwissenschaftliche Normen.

Nullhypothese: (H_0) mathematisch formulierte Aussage, die besagt, dass der in der Alternativhypothese (H_1) behauptete Unterschied bzw. Zusammenhang nicht besteht. Sie ist die Gegenhypothese zur Alternativhypothese und kann inferenzstatistisch falsifiziert werden.

Objektivität (Sachlichkeit): Ausmaß, in dem das Ergebnis einer Methode unabhängig von der Person ist, die die Methode anwendet.

Ontologie: Seinslehre.

Ontologisch: Art der Vorstellung über die Beschaffenheit der Realität.

Operationalisierung: Konkretisierung des Inhaltes eines Begriffs dahingehend, dass er empirisch messbar bzw. erfassbar wird.

Optimierung: Bestimmung der bestmöglichen Handlungsalternative unter Einhaltung vorliegender Bedingungen.

organismische Variable: unabhängige Variable, deren Ausprägung nicht planmäßig manipuliert werden kann.

Paradigma: wissenschaftliches Leitbild, das von den meisten Forschern in einer bestimmten Zeit geteilt wird.

Paradigmenwechsel: Auflösung eines etablierten wissenschaftlichen Leitbildes zugunsten einer neuen Lehrmeinung.

Parallel-Test-Reliabilität: Ausmaß, in dem zwei vergleichbare Hälften eines Messverfahrens zum selben Messergebnis führen.

Parameter: statistischer Kennwert einer Verteilung.

Partialkorrelation (partielle Korrelation): Zusammenhang zweier Variablen unter Ausschaltung bzw. statistischen Kontrolle einer dritten Variablen.

Pfaddiagramm: graphische Veranschaulichung eines Kausalmodells.

Phänomen: beobachtbarer Tatbestand.

Philosophy of Science: Bezeichnung für die Disziplin der Wissenschaftstheorie im anglo-amerikanischen Sprachraum.

Population (Grundgesamtheit): Gesamtheit der potentiell untersuchbaren Einheiten im interessierenden Erfahrungsbereich.

Positivismus: Beschränkung der wissenschaftlichen Untersuchung auf die Welt der sinnlich erfassbaren Erscheinungen (positive Befunde) und Ausklammerung von ontologischen Fragestellungen nach dem Wesen der Dinge.

Posterior-Wahrscheinlichkeit (A-posteriori-Wahrscheinlichkeit): Wahrscheinlichkeit, die sich ergibt, nachdem bestimmte Ereignisse oder Untersuchungsbefunde eingetreten sind.

Prädiktorvariable: Variable, mittels derer unter Verwendung einer Regressionsgleichung eine andere Variable (Kriteriumsvariable) vorhergesagt werden kann.
Prämisse: *Siehe* **Axiom**
Präskriptiv: *vor*schreibend (normativ) im Gegensatz zu deskriptiv (die Realität *be*schreibend).
Präzision: Genauigkeit.
Prior-Wahrscheinlichkeit (A-priori-Wahrscheinlichkeit): anfängliche Wahrscheinlichkeit von Ereignissen, Untersuchungsbefunden oder Hypothesen.
probabilistisch (stochastisch): mit einer bestimmten Wahrscheinlichkeit zutreffend.
Produktionsfaktor: Wirtschaftsgut, das zur Erstellung (Produktion) anderer Wirtschaftsgüter eingesetzt wird.
Prognose: Vorhersage von zukünftigen Gegebenheiten bzw. Entwicklungen.
qualitativ: Darstellung oder Einschätzung von Phänomenen ohne zahlenmäßige Beschreibung.
quantitativ: Darstellung oder Einschätzung von Phänomenen durch zahlenmäßige Beschreibung.
Quasi-Experiment: Vorgehen analog zu einem Experiment, das aber eine oder mehrere unabhängige Variablen (organismische Variablen) enthält, die nicht planmäßig manipuliert werden können.
Quotenstichprobe: die Auswahl der Untersuchungseinheiten erfolgt willkürlich auf der Basis eines bestimmten Schlüssels wie beispielsweise der Auftretenshäufigkeit sachrelevanter Merkmale. Entsprechend diesem Schlüssel werden Anteile (Quoten) für die einzelnen Untersuchungsgruppen vorgegeben, die bei der Ziehung berücksichtigt werden müssen.
Rasiermesser-Prinzip: bezeichnet das erstmals im 13. Jahrhundert von William Okham formulierte Prinzip der Sparsamkeit (*Siehe* auch **Sparsamkeitsprinzip**).
Realwissenschaften: untersuchen die Beschaffenheit der uns umgebenden Welt. Da sie von der Erfahrung bzw. Empirie abhängig sind, nennt man sie auch „Erfahrungswissenschaften" oder „empirische Wissenschaften".
Regression: Rückschluss von der Ausprägung einer oder mehrerer Variablen (Prädiktoren) auf die Ausprägung einer anderen Variablen (Kriterium).
Reichweite: *Siehe* **Geltungsbereich**
Reliabilität (Zuverlässigkeit): Ausmaß, in dem eine Methode bei wiederholten Messungen unter vergleichbaren Bedingungen dasselbe Ergebnis erbringt.
Repräsentativität: Ausmaß, in dem die in der Stichprobe erhobenen Parameter die entsprechenden Parameter in der Population widerspiegeln.
Review: Zusammenfassung und qualitative Bewertung aller Studien zu einer Forschungsfrage.
Robustheit: Stabilität einer Funktion gegenüber Veränderungen der Eingangsgrößen.
Rohwert: erhobenes Merkmal, das keinerlei Verdichtung erfährt, sondern selbst den Indikator für ein zugrundeliegendes Konstrukt bildet.

Shareholder-Ansatz: Orientierung des unternehmerischen Handelns an den Ansprüchen der Eigentümer.
Sekundärdaten: Daten, die nicht eigens erhoben werden, sondern bereits vorliegen.
Signifikanzniveau: per Konvention festgelegte Irrtumswahrscheinlichkeit, die ein Untersuchungsergebnis *höchstens* aufweisen darf, um die Nullhypothese (H_0) zu falsifizieren. Üblich ist das 5 %-Niveau.
Signifikanztest: statistisches Verfahren, das darüber Auskunft gibt, inwieweit ein Untersuchungsergebnis noch mit der Nullhypothese (H_0) vereinbar ist.
Skala: Maßstab zur Einordnung der unterschiedlichen Grade oder Arten der Ausprägung eines Merkmals.
Sparsamkeitsprinzip (Prinzip der Einfachheit, Canon of parsimony): Forderung, dass man keine zusätzlichen Annahmen machen soll, wenn dasselbe Prinzip mit weniger Annahmen erklärt werden kann.
Stakeholder-Ansatz: Orientierung des unternehmerischen Handelns an den Ansprüchen aller am Unternehmen beteiligten Personen und Institutionen.
Standardabweichung: Maß für die Variabilität kardinal skalierter Werte, definiert als die Wurzel aus der mittleren quadrierten Abweichung der Einzelwerte (x_i) vom Mittelwert (M):

$$s = \sqrt{\frac{\sum_{i=1}^{n}(x_i - M)^2}{n}}, \text{ wobei } x_i = x_1,\ldots, x_n \text{ mit } n = \text{Anzahl der Werte}$$

Standardfehler: *Siehe* **Stichprobenfehler**
stetiges Merkmal (kontinuierliches Merkmal): Variable, deren Ausprägung unendlich viele Werte annehmen kann, die fließend (kontinuierlich) ineinander übergehen (z. B. Zeit).
Stichprobe: Auswahl von Untersuchungseinheiten aus der Gesamtheit der potentiell untersuchbaren Einheiten (Grundgesamtheit oder Population).
Stichprobenfehler (Standardfehler): Maß für die durchschnittliche Abweichung des in der Stichprobe erhaltenen Parameters vom entsprechenden Populationsparameter.
Stochastisch: *Siehe* **probabilistisch**
stratifizierte Stichprobe: *Siehe* **geschichtete Stichprobe**
Streuung(Dispersion): Variabilität der in einer Untersuchung erhaltenen Werte.
synthetische Aussage: zusammengestellte Aussage (griech.: *synthesis* = Zusammenstellung), die im Unterschied zu einer analytischen Aussage (Erläuterungsaussage) als eine *Erweiterung*saussage zu betrachten ist.
Tauglichkeit: Zweckmäßigkeit für praktisches Handeln in der Realität.
tautologische Transformation: Überführung einer Ursache-Wirkungs-Beziehung in eine Ziel-Mittel-Beziehung.
teleologische Erklärung: *Siehe* **finale Erklärung**
Theorie: System von aufeinander bezogenen und untereinander stimmigen Aussagen zur Beschreibung, Erklärung und Vorhersage von empirischen Tatbeständen sowie zur Ableitung von Handlungsmaßnahmen.

ungerichtete Alternativhypothese: Annahme, die einen Unterschied oder einen Zusammenhang behauptet ohne dass die Richtung des Unterschieds bzw. Zusammenhangs spezifiziert wird. Beispiele: „Die Gehälter für Männer unterscheiden sich von den Gehältern für Frauen", „Zwischen Gehaltshöhe und Leistung besteht ein Zusammenhang".

Unternehmung: Betrieb in mehrheitlich privatem Eigentum, das autonom und in der Regel gemäß dem erwerbswirtschaftlichen Prinzip handelt.

Unterschiedshypothese: Annahme, die besagt, dass sich zwei oder mehr Gruppen voneinander hinsichtlich eines oder mehrerer Merkmale unterscheiden.

Validierung: Überprüfung der Gültigkeit von Methoden, Aussagen und Modellen.

Validität (Gültigkeit): zentrales Gütekriterium für die Angemessenheit einer Methode, einer Forschungsstrategie oder eines Modells sowie der Interpretation von Untersuchungsergebnissen in Bezug auf die untersuchte Fragestellung.

Variable: Veränderliche Größe (Ausprägungsart bzw. -stärke) eines Merkmals oder einer Gegebenheit, die zwei oder mehr Werte bzw. Stufen annehmen kann. Zwei Arten lassen sich unterscheiden: *Unabhängige* Variablen sind Bedingungsgrößen, deren Einfluss geprüft wird; *abhängige* Variablen sind Wirkungsgrößen, von denen angenommen wird, dass sie von Bedingungsgrößen beeinflusst werden.

Varianz: Quadrat der Standardabweichung.

Verhaltensökonomik: *Siehe* **Behavioral Economics**

Verifikation: positiver Nachweis der Gültigkeit von Aussagen. Dieser Nachweis kann zwar für empirische Aussagen, die auf Einzelereignisse bezogen sind, erbracht werden, nicht aber für empirische Aussagen mit Allgemeinheitsanspruch.

Vertrauensintervall: *Siehe* **Konfidenzintervall**

Vorhersage: Übertragung von gewonnenen Erkenntnissen auf andere Personengruppen, Betriebe, Branchen, Umgebungsbedingungen und Zeiten.

Wahrheit: Übereinstimmung (Korrespondenz) einer Aussage mit der (objektiven oder sinnlich wahrgenommenen) Realität.

White-Box-Modell: vereinfachtes Abbild der inneren Struktur eines Realitätsausschnitts im Gegensatz zu einem Black-Box-Modell, bei dem die innere Struktur des betrachteten Gegenstandsbereichs unberücksichtigt bleibt.

zentrale Tendenz: statistischer Kennwert für die Mitte bzw. das Zentrum einer Werteverteilung. Bei kardinal skalierten Werten ist dies der *Mittelwert*, bei ordinal skalierten Werten der *Median*, bei nominal skalierten Werten der *Modus* (Modalwert).

Zufallsstichprobe: Auswahl von Untersuchungseinheiten aus der Grundgesamtheit (Population) nach dem Zufallsprinzip.

Zuverlässigkeit: *Siehe* **Reliabilität**

Zusammenhangshypothese: Annahme, die besagt, dass zwei oder mehr Merkmale miteinander in Beziehung stehen.

Stichwortverzeichnis

A
Abduktion, 38, 39, 42, 70, 97, 105, 155, 223
Abstraktion, 8, 63, 76, 82
Alltagserkenntnis, 10
Alpha-Fehler (α-Fehler) s. Fehler erster Art
Alternativhypothese, 68–71
    gerichtete, 70, 226
    ungerichtete, 70, 232
Antezedenz, 29, 99, 143, 226
Anwendungswissenschaft, 6–8
A-posteriori-Wahrscheinlichkeit s. Posterior-Wahrscheinlichkeit
A-priori-Wahrscheinlichkeit s. Prior-Wahrscheinlichkeit
Äquivalenz, 117
Arbeitszeitstudie (REFA-Studie), 169
Argumentation, 5, 100, 189, 191, 193
Auftretenshäufigkeit, 51, 176, 230
    absolute, 51
    relative, 51
Aussage, 47
    Absolut-, 174
    analytische, 47, 223
    deskriptive, 50
    deterministische, 49
    empirische, 47–49, 225
    kausale, 52, 53, 126
    nomologische, 48, 49, 99
    nomopragmatische, 56
    nomothetische, 48, 49
    probabilistische, 49, 68
    technologische, 3, 54–56
Auswahlprinzip, 26
Autokorrelation, 153, 223
Axiom, 61, 62, 67, 159, 223
Axiomatisierung, 62

B
Bayes
    -Ansatz, 72
    -Statistik, 72, 224
    -Theorem, 40–42, 71, 223
Befragung, 28, 154, 167, 168, 177
Behavioral
    Economics, 53, 224
    Finance, 19, 83, 91, 147, 224
Beleg, empirischer, 77
Beobachtung, 28, 66, 74, 99, 100, 166, 167
    freie, 167
    systematische, 167
Beschreibung, 27, 28, 48–51, 63, 82, 126, 127, 179, 195
Bestimmtheitsmaß s. Determinationskoeffizient
Beta-Fehler (β-Fehler) s. Fehler zweiter Art
Betrieb, 26, 224
Betriebswirtschaftslehre (BWL), 3, 6, 7, 18–20, 25–27, 29–31, 36, 38, 48, 52, 54, 57, 62, 74, 76, 81, 82, 90, 94, 96, 99, 102, 104, 105, 107, 123, 148
Bias, 147, 224
BWL s. Betriebswirtschaftslehre

C
Canon of Parsimony, 76
Chaostheorie, 104
ChatGPT, 188

Chi-Quadrat, 88
 -Anpassungstest, 88, 224
Clusteranalyse, 128, 139, 224
Cognitive Bias, 147
Conjectures, 101
Cronbachs Alpha, 117

D
D s. standardisierter Mittelwertsunterschied
Data-Mining, 139
Daten, 50, 165, 171
 -aufbereitung, 113, 166
 -auswertung, 113, 179
 -erhebung, 113, 166
 fiktive, 132, 170
 -material, 188
 Modell-, 151
 objektive, 39
 Sekundär-, 149, 169
 zusätzliche, 40
Deckungsbeitrag, 18, 76, 89, 90, 152
Deduktion, 38, 47, 62, 96, 99, 100, 224
deduktiv-nomologisch, 99–101, 226
Definition, 62, 165, 224
Deskription s. Beschreibung
Determinationskoeffizient, 137, 156, 224
deterministisch, 38, 49, 68, 151, 152, 224
Deutsche Forschungsgemeinschaft (DFG), 5, 12, 199
DFG s. Deutsche Forschungsgemeinschaft
Dimension, 136
Diskriminanzanalyse, 127, 138, 140, 225
Diskussion, 196, 198
Dispersion s. Streuung
Dispersionsparameter s. Streuungsparameter
Disziplin
 wissenschaftliche, 4

E
Effektgröße s. Effektstärke
Effektstärke, 155–157, 184, 198, 225
Eigenschaft s. Merkmal
Einfachheitsprinzip s. Sparsamkeitsprinzip
Einkommen, 172
Einstellung, 129, 136, 144, 167, 171
Empirismus
 klassischer, 96, 98
 logischer, 96, 98, 99
Entscheidungsforschung s. Entscheidungslehre
Entscheidungslehre
 deskriptive, 11, 53, 224
 präskriptive, 10, 11, 84, 105, 107
epistemisch, 94, 95, 225
Epistemologie, 1, 94, 95, 225
Erfahrungs
 -objekt, 25, 26
 -wissenschaft, 5, 11, 19, 26, 101, 230
Erkenntnis
 -fortschritt, 102
 -gewinnung, 1, 36, 105
 -prinzip, 94, 96, 100
 wissenschaftliche, 1
Erkenntnislehre s. Epistomologie
Erklären vs. Verstehen, 29
Erklärung, 28, 225
 finale, 29, 226
 funktionale, 29, 225
 kausale, 28, 29, 57, 63, 145, 147, 148
 teleologische s. finale Erklärung
Evaluation s. Evaluierung
Evaluierung, 31, 58, 147, 160, 225
Evidenznachweis, 70, 72, 88, 225
Evolutionsbiologie, 28, 29
Experiment, 52, 120, 136, 142, 146–148, 225, 230
 Feld-, 120, 150
 Gedanken-, 90
 Labor-, 120
Experimentalgruppe, 144–147
Expertenurteil, 115
Explanandum, 36, 38, 69, 99, 225, 226
Explanans, 36, 38, 69, 99, 225, 226
Ex-Post-Facto-Untersuchung, 129, 149

F
Faktor, 136, 225
 Einsatz-, 21
 Erfolgs-, 55
 Ertrags-, 21
 experimenteller, 143–145
 orthogonaler, 136
 Produktions-, 19, 48, 136, 230
 psychologischer, 19
 Stör-, 120
 -stufe, 144

Faktorenanalyse, 127, 136, 171, 225
  exploratorische, 136
  konfirmatorische, 136
Fallbeispiel, 188
Fallibilismus, 102, 225
Fallstudie, 126, 129, 150, 176
Falsifikation, 36, 67, 68, 70, 87, 88, 91, 96, 101, 102, 225
Falsifikationismus, 103
Falsifizierbarkeit, 77
falsifizieren, 69, 101
Fehlentscheidung, 147, 184
Fehler
  erster Art, 155, 184, 225
  Standard- s. Stichprobenfehler
  Stichproben-, 182
  -varianz, 157, 158
  zweiter Art, 155
Feld
  -experiment, 147
  -studie, 150
  -untersuchung, 226
Formalwissenschaft, 5, 19, 226
Forschungs
  -frage, 154, 155, 158, 159, 166, 167, 198, 199, 230
  -stand, 195, 196, 198
Fortschritt, wissenschaftlicher, 4
Fourier-Analyse, 153
Fragebogen, 127, 136, 168, 173, 174
Fußnoten, 191
F-Wert, 149

G

Gegenaussage, 9
Geisteswissenschaft, 5, 123
Geltungsbereich, 9, 10, 54, 75, 76, 102, 175, 179, 226, 230
Generalisierbarkeit, 119, 147, 225
Generalisierung, 30, 49, 54, 120, 150, 226
Gesetzmäßigkeit
  absolute, 38
  allgemeine, 5, 29, 36, 38, 48, 49, 96, 98, 123
  probabilistische, 38
  statistische, 38
  statistisch-probabilistisch, 99

  stochastische, 38
Gestaltungsmaßnahme, 57, 83, 119, 151, 159, 196
Grounded Rules, 56
Grundgesamtheit s. Population
Grundlagenwissenschaft, 6–8
Gültigkeit s. Validität
Gütekriterium, VIII, 10, 11, 113, 114, 118, 121, 170, 177, 226

H

H_0 s. Nullhypothese; Alternativhypothese
Handelswissenschaft, 18
Handlungsempfehlung, 26, 31, 48, 55, 56, 58, 63, 89, 94, 105, 107
Handlungswissenschaft, 7, 8, 63, 226
Häufigkeit, 30, 41, 51, 73, 126, 127, 155, 173, 224
Häufigkeits
  -diagramm, 179
  -verteilung, 179
Hawthorne-Effekt, 146
Hempel-Oppenheim-Schema, 99
Hermeneutik, 29, 226
Heuristik, 103
Hilfswissenschaft, 19
Hintergrundwissen, 38, 39, 42, 58, 106, 155
Histogramm, 179, 227
Homogenitätstest, 158
homo oeconomicus, 11, 19, 21, 90, 147, 227
H-O-Schema s. Hempel-Oppenheim-Schema
Hypothese, 28, 29, 31, 48, 52, 55, 58, 61–64, 67–75, 87, 91, 96, 100–102, 105, 106, 108, 124, 126, 130, 150, 155, 157, 159, 176, 182, 183, 198, 199, 224–228, 230
  Ad-hoc-, 103, 223
  Alternativ-, 68–73, 87, 101, 155, 156, 183, 223
  explorative, 63
  gerichtete, 70, 183
  Kausal-, 52, 65
  Null-, 68–70, 72, 87, 88, 101, 155, 157, 158, 183, 184, 223, 225–227, 229, 231
  ungerichtete, 183
  Unterschieds-, 65
  Zusammenhangs-, 64, 65, 232
hypothetisch-deduktiv, 100, 101, 227

I

Indikator, 64, 165, 171, 172, 227, 230
Individualisierung, 8, 30, 54, 150, 227
Induktion, 36, 37, 96, 98–100, 107, 227
Induktivismus, 98, 100, 227
Informationsgehalt, 77
Institutionen
   -ökonomik, 21
   -orientierung, 20
Interdependenz, 103
Internetquelle, 201–203
intersubjektiv, 9–11, 28, 96, 98, 106, 113, 116, 188
Interview, 168, 204
Irrtum, 188
Irrtumswahrscheinlichkeit, 69, 88, 157, 183, 227

K

Katastrophentheorie, 104
Kausal
   -beziehung, 82, 97, 104, 119, 141, 142
   -erklärung, 54
   -hypothese, 65
   -zusammenhang, 37, 52, 119, 129, 141, 143, 149
Kennzahl, 171, 172, 227
   absolute, 171
   Gliederungs-, 171
   Index-, 171, 227
   relative, 171
KI s. Künstliche Intelligenz
Klassifikationsgüte, 88
Konfidenzintervall, 182, 227, 232
Konnektionismus, 104
Konsistenz, 114, 116, 117, 227
Konstrukt, hypothetisches, 61, 64, 227
Konstruktivismus, 21, 96, 124, 228
   Erlanger, 74, 106
   methodischer, 106
   radikaler, 106
Kontingenz
   -analyse, 134
   -koeffizient, 134, 182, 227
Kontroll
   -frage, 167
   -gruppe, 144–147
   -variable, 147, 228
Konzeptualisierung, 130
Korrelation, 131, 134
   bivariate, 134
   kanonische, 134, 135
   multiple, 134, 135
   partielle, 135
Korrelationskoeffizient, 88, 89, 131–133, 137, 153, 182, 224, 228
Korrespondenz, 95, 96, 106, 232
Kriterium, 127, 128, 137, 138
Kulturwissenschaft, 5
Kunstlehre, 18, 228
Künstliche Intelligenz (KI), 40, 41, 188
Kurzbeleg, 191, 200, 201
Kybernetik, ökonomische, 104

L

Längsschnittdesign, 144
Leitbild, wissenschaftliches, 4
Likelihood, 40, 71, 73, 228
Literatur
   -angabe, 199, 201
   -quelle, 199, 200
   -verzeichnis, 199, 200, 203
Logik der Forschung, 2

M

Managementlehre, 104, 106
Managementmodell, evolutionäres, 104
Marketing, 19, 27, 53, 83, 136, 139, 169
Markt
   -forschung, 144, 147, 167, 176
   -orientierung, 52, 57, 130, 158
Median, 181, 232
Mehrebenenanalyse, 128, 140
Merkmal, 50, 127
   diskretes, 174, 224
   Gesamt-, 171
   stetiges, 174, 231
Merkmals
   -ausprägung, 148, 149, 170, 172
   -träger, 50, 127, 128, 139, 182
Mess
   -niveau, 173
   -operation, 64

-wiederholung, 144, 145, 228
Meta
    -Analyse, 105, 130, 154–158, 193, 228
    -Ebene, 1, 228
Methoden
    qualitative, 6, 125, 230
    quantitative, 6, 125, 230
Methodik, 195, 197, 198
Methodologie, 2, 123, 228
    idiographische, 123, 126, 227
    nomothetische, 123, 126, 229
Mittelwert
    arithmetischer, 181
    geometrischer, 173
Modalwert s. Modus
Modell, 82, 228
    Black-Box-, 83, 224
    Dean-, 84
    Deckungsbeitrags-, 76
    Entscheidungs-, 84
    formales, 83, 88, 226
    Gesamtkosten-, 76
    Grey-Box-, 83
    inhaltliches, 82, 87
    mathematisches, 83, 87
    mikroökonomisches, 18
    Optimierungs-, 83
    Pfad-, 141
    -Platonismus, 18, 90, 228
    Prognose-, 87
    Simulations-, 87, 152
    stochastisches, 151, 152
    White-Box-, 82, 83, 232
Modus, 181
Monte-Carlo-Methode, 151, 228
Müller-Lyer-Täuschung, 66

N
Naturwissenschaft, 5, 94, 123, 124
Neopositivismus, 98
Netz, neuronales, 54, 87, 104
Norm, 229
    außerwissenschaftliche, 9
    innerwissenschaftliche, 8, 9
    wissenschaftliche, 10
Nullhypothese, 68–70, 87, 88, 101, 155, 157, 183

O
Objektivität, 114, 116, 229
Ontologie, 94, 95, 229
Operationalisierung, 64, 74, 113, 120, 130, 135, 138, 159, 165, 198, 229
Operations Research, 20, 83
Optimierung, 229
    betrieblichen Handelns, 104, 105
    Produktionsprogramm-, 76
    von Entscheidungen, 11, 20, 21, 83
    von Steuerungsprozessen, 104
    wirtschaftlichen Handelns, 10, 21, 31, 63, 83
OR s. Operations Research
Organisationsstruktur, 27

P
Panel, 154
Paradigma, 67, 93, 229
Paradigmenwechsel, 94, 102, 229
Parameter, 181, 229
    Lage-, 181
    Populations-, 182, 227
    Streuungs-, 181
    Zusammenhangs-, 182
Partizipationsrecht, 10
Perspektive, 4, 19, 26, 66, 104, 106, 227
Pfad
    -analyse, 53, 128, 141
    -diagramm, 141, 142, 229
Phänomen, 19, 50, 64, 125, 165, 223, 227, 229
Philosophie, 1, 225
Philosophy of Science, 2, 229
Physique Sociale, 98
Plagiat, 12, 188
Planspiel, 151
Plausibilitätskontrolle, 187
Population, 49, 68, 120, 131, 168, 175, 176, 179, 182–184, 226–229, 231, 232
Positivismus, 98, 229
Prädiktor, 137, 138, 140–142, 230
Prämisse s. Axiom
Präzision, 76
Prinzip, ökonomisches, 26
Privatwirtschaftslehre, 18
Produktivitätsorientierung, 20, 21
Produkt-Moment-Korrelation, 182

Prognose, 30, 54, 87, 120, 129, 137, 151, 153, 170, 230
   technologische, 30
Programmierung, lineare, 85, 86
Prospect Theory, 147
Publication Bias, 159

Q
Quasi-Experiment, 129, 142, 148
Querschnittsdesign, 144

R
Randbedingung, 99, 226
Rasiermesser-Prinzip, 76, 230
Rationalismus, 100
   klassischer, 96, 100
   kritischer, 67, 96, 100, 102, 107, 124
Rationalität, 11, 106
Realismus, 95, 96
   epistemischer, 95, 102
   klassischer, 95
   ontologischer, 95, 102
Realität, 8–10, 25, 29, 48, 62, 63, 67, 74, 76, 82, 87, 88, 95, 96, 99
Realwissenschaft, 5, 25, 230
Rechtschreibprüfung, 188
Reduktion, 63, 82, 127, 225
Refutations, 101
Regel, 10, 11, 35, 58, 83, 226
Regressionsanalyse, 127, 128, 136, 138, 140, 141, 153, 156
Reichweite s. Geltungsbereich
Reliabilität, 114, 116, 117, 229, 230
Repräsentativität, 175, 176, 230
Review, 154, 195, 196, 230
Robustheit, 89, 119, 160, 230
Rohwert, 171, 230

S
Sachlichkeit s. Objektivität
Schlussfolgerung, 35, 36, 38, 39, 72, 96, 99, 106, 117, 119, 168, 199
Seinslehre s. Ontologie
Sekundär
  -daten, 169, 170, 231
  -quelle, 201

Shareholder-Ansatz, 12, 231
Signifikanzniveau, 231
Signifikanztest, 155, 183, 224, 231
   einseitiger, 183
   zweiseitiger, 183
Simulation, 129, 141, 150, 151
Sinnzusammenhang, 21, 29, 73
Skala, 135, 165, 166, 172, 231
   Intervall-, 173, 174
   Kardinal-, 227
   metrische s. Kardinal-
   Nominal-, 173
   Ordinal-, 173
   Verhältnis-, 173, 174
Skalenniveau, 172, 181
Sozialwissenschaft, 5
Sparsamkeitsprinzip, 76, 231
Stabilität, 116, 153, 154
Stakeholder-Ansatz, 12, 231
Standard
  -abweichung, 156, 181, 231
  -fehler s. Stichprobenfehler
Standardfehler s. Stichprobenfehler
Standardisierter Mittelwertsunterschied (D), 156
Statistik
   deskriptive, 49, 224
   induktive s. Inferenz-
   Inferenz-, 49, 182, 227
Stichprobe, 49, 175, 182, 198, 231
   Ad-hoc-, 176, 223
   anfallende, 176, 223
   geschichtete, 175, 226
   Klumpen-, 175, 227
   Quoten-, 176, 230
   stratifizierte s. geschichtete Stichprobe
   typische, 176
   Zufalls-, 151, 175, 182, 232
Stichproben
  -auswahl, 49, 70, 120, 155, 175, 176, 198
  -fehler, 175, 182, 231
  -umfang, 70, 156, 157
  -verteilung, 131
Stress-Test, 170
Streuung, 231
System
  -orientierung, 20, 21
  -theorie, 29, 97, 103, 104, 107

T

Tauglichkeit, 9, 47, 56, 63, 67, 74, 77, 87, 89, 91, 94, 106, 107, 151, 231
Täuschungsversuch, 199
Tendenz, zentrale, 232
Test
   Chi-Quadrat-, 224
   einseitiger, 225
   goodness-of-fit-, 226
Testdorf, 147
Textteil einer wissenschaftlichen Arbeit, 194
Themengebiet, 192
Theorem, 62
Theorie, 61, 66, 75, 77, 231
   Chaos-, 104
   der Unternehmung, 48
   Entscheidungs-, 105
   Erkenntnis-, 225
   erklärende, 62, 63
   Formal-, 48, 62
   formalwissenschaftliche, 62
   Ideal-, 48, 62
   Katastrophen-, 104
   technologische, 62, 63
   Transaktionskosten-, 62
   Wissenschafts-, 1, 2
Transfereffekt, 144
Transformation, tautologische, 3, 54–56, 102, 107, 231
Treatment, 145
Trend, 153

U

Überprüfbarkeit, 8
   empirische, 75, 77, 90, 91
Umfrage, 168
Unternehmung, 26, 232
Urheber, 188
Ursache-Wirkungs-Beziehung, 3, 37, 51–54, 67, 94

V

Validierung, 58, 87, 89, 150, 160, 196, 199, 232
Validität, 115, 232
   diskriminante, 118, 224
   externe, 119, 120, 225
   Inhalts-, 115, 118
   interne, 119, 227
   Konstrukt-, 115, 118
   konvergente, 118, 228
   Kriteriums-, 115, 118
   ökologische, 91, 120
   von Forschungsstrategien, 118, 119
   von Messverfahren, 118
Variable, 50, 64, 232
   abhängige, 52
   Input-, 48
   Kriteriums-, 136, 228
   Mediator-, 141, 228
   Moderator-, 158, 228
   organismische, 148, 229
   Output-, 48
   Prädiktor-, 136
   Stör-, 120
   unabhängige, 52
Varianz, 232
Varianzanalyse, 149
   einfaktorielle, 149
   mehrfaktorielle, 149
   multivariate, 149
   univariate, 149
Verallgemeinerung s. Generalisierung
Vergleichbarkeit, 117, 170
Verhaltens
   -messung, 169
   -ökonomik s. Behavioral Economics, 19, 224
   -orientierung, 21
   -wissenschaftlicher Ansatz, 19
Verifikation, 68, 232
Vermutung, 52, 63, 100, 101
Verteilung, 131
   bimodale, 180, 224
   Binomial-, 73, 224
   Form, 181
   Normal-, 180, 181, 229
Vertrauensintervall s. Konfidenzintervall
Vierfeldertafel, 41
Visualisierung, 82, 228
Volkswirtschaftslehre, 3, 6, 18, 19, 25
Vorgehensweise, wissenschaftliche, 2
Vorher-Nachher-Versuchsplan, 145, 146
Vorhersage, 30, 136, 232
VWL s. Volkswirtschaftslehre

W

Wahrheit, 9, 47, 56, 63, 67, 87, 94, 98, 101, 102, 232
Wahrscheinlichkeit, 10, 30, 38, 39
  bedingte, 40, 105, 224
  Ereignis-, 71, 225
  Gesamt-, 40
  Posterior-, 40, 41, 71–73, 105, 106, 229
  Prior-, 39–42, 70, 72, 105, 230
  subjektive, 39, 105
Wenn-Dann-Beziehung, 37, 51, 53, 55, 57, 151, 152
Widerspruchsfreiheit, 5, 62, 75
Wiener Kreis, 99
Wirkungsausmaß s. Effektstärke
Wirtschaftswissenschaft, 6, 25
Wissenschaft, 4
Wissenschaft, empirische s. Realwissenschaft
Wissenschaft, pragmatische s. Handlungswissenschaft
Wissenschaft, technologische, 18
Wissenschaftsphilosophie, 2
Wissenschaftstheorie, analytische, 223

Z

Zeitreihenanalyse, 129, 153
Ziel-Mittel-Beziehung, 3, 54, 55, 57, 94, 102, 124, 130, 231
Zirkel, hermeneutischer, 42, 74, 124
Zitat, 199, 201
Zusammenhangs
  -analyse, 53, 127, 129, 131
  -aussage, 51
  -hypothese, 64, 65
Zweckmäßigkeit s. Tauglichkeit

If you have any concerns about our products,
you can contact us on
ProductSafety@springernature.com

In case Publisher is established outside the EU,
the EU authorized representative is:
**Springer Nature Customer Service Center GmbH
Europaplatz 3, 69115 Heidelberg, Germany**

Printed by Libri Plureos GmbH
in Hamburg, Germany